EL

CABALLERO DE RAUZAN

NOVELA ORIGINAL

DE

FELIPE PEREZ.

1887

BOGOTÁ.

IMPRENTA DE "ECHEVERRIA HS."

Editor, Cecilio Echeverria G.

EL CABALLERO DE RAUZAN

PRIMERA PARTE.

EL MATRIMONIO.

I

En 188.. llegó á la ciudad de *** el caballero José Hugo de Rauzan, ilustre viajero y político muy distinguido en su patria. Hospedose en uno de los principales hoteles, y poco después hizo distribuir las cartas de recomendación que había traído. Unas de éstas eran para banqueros, otras para hombres de letras y otras para personas de calidad. Entre esas cartas había una dirigida á la *señorita Eva de San Luz,* carta que el caballero no envió á su destino por dos razones: primera, porque no recordaba quién se la había dado, y segunda, porque encontró extraño que se le hubiera dado una carta de introducción para una mujer soltera y al parecer independiente de padres y de deudos. La carta para Eva de San Luz se quedó pues olvidada en una papelera.

Sabía el caballero que las cartas de que había sido portador debían ser entregadas por él mismo, pero no lo hizo así para dejar á las personas á quienes iban dirigidas en capacidad de hacer lo que quisiesen. Por otra parte, no tenía interés en llenarse de amistades en una ciudad en donde iba á residir por muy poco tiempo. La entrega personal de esas cartas habría contrariado sus propósitos.

El primero que se presentó á visitar al caballero fué un individuo como de cuarenta y cinco años de edad, pulcro de ropa y limpio de bolsillo, de patillas color de azafrán, nariz roja y cráneo pelado; muy instruído en asuntos de alta crónica social, perito en modas, en crítica literaria y en artes, apasionado por la música y suscritor perpetuo de *La Independencia Belga.* Llamábase Francisco Sota-Gutiérrez y Alba; pero en toda la ciudad y principalmente en el círculo de sus amigos – todos íntimos – se le daba el nombre de *Paquito*, que era para él una especie de pasaporte real, pues le permitía ir á todas partes, codearse con todo el mundo, tener puesto en todas las funciones y cubierto en todas las mesas. Decimos más: con él, le habría dicho *primo* al rey, como

les decía de *tú* á todos los ministros, si
rey y no alcalde hubiera habido en la ciudad de ***

Paquito era una notabilidad social á
quien nadie tomaba en serio, pero que era
muy seria en verdad y de influencias decisi-
vas. No tenía prebenda, ni renta, ni sueldo
(Paquito, aunque dormilón, no había querido ser empleado); pero vivía bien, porque vivía de *su secreto;* y como andaba
metido en todo – siempre para mayor honra
y gloria de la especie humana – y conocía
el lado flaco de las gentes, era una especie
de factótum acucioso, muy apreciado de
las damas y muy solicitado de los señores.

Hemos dicho que Paquito tendría unos
cuarenta y cinco años de edad, pero no
hemos dicho cosa cierta. La edad de Paquito era un enigma, y los cálculos de los
más célebres matemáticos habrían fallado
al tratar de averiguarla. Con los niños era
niño, con los viejos era viejo y con las personas de media edad, era persona de media edad. En estas pequeñeces de la vida
ordinaria era tan hábil, que estamos casi
inclinados á decir que, para intimarse y
ganarse las ajenas voluntades, tenía el
dón de acomodar su sexo al de las personas con quienes estaba ó á quienes servía
por el momento.

Al presentarse en los aposentos de don

José Hugo de Rauzan, saludó á éste con dos ó tres zalemas de muy buen tono; luégo le dijo:

—¿Estoy en presencia del ilustre caballero don José Hugo de Rauzan?

—Ciertamente, y me pongo á la disposición de usted, contestó éste y le tendió la mano.

Paquito, al estrechársela con efusión, dijo:

—Aunque usted no me lo hubiera dicho, lo habría adivinado: el hombre de mundo y el caballero sin reproche se descubren á tiro de ballesta. Soy muy feliz en ponerme á las órdenes de usted, y me pongo sin reserva ninguna.

El aspecto de Paquito y en particular el desenfado de sus modales, dieron en qué pensar al caballero y también las palabras *me pongo á su disposición sin reserva ninguna*. No obstante, díjole con la sonrisa en los labios:

—Tenga usted la bondad de decirme su nombre, para escribirlo en la lista de mis amigos.

—Francisco Sota-Gutiérrez y Alba es mi nombre de familia. Mi nombre de combate es *Paquito*.

—Paquito, repitió el caballero y pensó que ese nombre sería un diminutivo ganado por los tres pies y medio de la talla del señor de Sota-Gutiérrez y Alba.

—Qué quiere usted! exclamó éste alzando los hombros: uno no es lo que quiere sino lo que los demás quieren que uno sea.

—Ha hablado usted como un libro, don Francisco.

—No, señor, no me haga usted ruborizar diciéndome eso, ni me contraríe apellidándome de ese modo. Llámeme *Paquito* á secas, y no venga usted á introducir una novedad que ciertamente causaría escándalo. Usted sabe que todas las grandes capitales son otros tantos Olimpos, y hay que respetar los caprichos de sus dioses.

—Y de sus diosas; seré dócil.

Los dos interlocutores tomaron asiento y Paquito dijo:

—He demorado mi visita de introducción hasta hoy, porque me gusta ser mensajero de buenas cosas y quería traerle á usted los periódicos de la ciudad.... pues, los principales. Ya los he reunido y aquí los tiene usted.

—¿Los periódicos?

—Claro está, los periódicos son la voz de las gentes, es decir, el eco social; y bueno es saber lo que las gentes dicen de uno, máxime si uno es extranjero y persona de mérito. Aquí los pongo; usted los leerá despacio. En adelante le vendrán los diarios directamente, pues así lo he ordenado, y también los periódicos científicos y literarios. He hablado con el agente general de la ópera para que reserve á usted un palco para la próxima temporada. Preffeti será su sastre y Guido su zapatero. Ya están prevenidos. Si usted gusta de pasear á caballo algunas mañanas, no se moleste: ya he hablado con el mejor caballerizo de la ciudad. Ahora voy á dejar á usted; tenemos entre manos un concierto de caridad (ya le hablaré de él) y eso me tiene muy ocupado. Yo no me pertenezco.... le repito que estoy á sus órdenes sin reserva ninguna. Usted puede contar conmigo para que lo acompañe á pasear, al teatro, á la Academia, á los establecimientos públicos, á los baños, á casa de los ministros, á casa de los literatos y pintores de moda, &.ª Tengo buenas relaciones con todo el mundo y puedo informar á usted, *en confianza*, sobre las personas y sobre las cosas, cuando usted lo crea conveniente.

—Gracias, amigo.

—Amigo? no; no soslaye usted la cuestión: Paquito; es cosa convenida. Diciéndome usted *Paquito*, me inspira confianza. Ya me había olvidado de que le traía una guía de la ciudad. Léala: es muy interesante, y es bueno que usted esté al corriente de la situación de nuestros barrios, calles, plazas y edificios.

—Gracias. La leeré con atención.

—¿Quiere usted ir esta noche á la ópera? Es la última función de la temporada y la prima dona es una maravilla. ¡Qué pecho! ¡qué cara! ¡qué apostura!

—Créame usted, no me disgustaría ver á la Nasby.

—Pues la cosa está en la mano: estaré aquí á las nueve en punto.

—Lo esperaré, Paquito.

Al bajar éste las escaleras que conducían á los aposentos del señor de Rauzan dijo para sí: —El hombre no es un *nene*, pero será mío dentro de poco.

En ese mismo momento el señor de Rauzan consultaba la lista de las cartas de introducción que había traído, y aunque la leyó dos veces no halló en ella el nombre Francisco Sota-Gutiérrez de Alba.

—¡Ah! dijo, este debe ser uno de esos *tipos ciudadanos*, hombre de diligencia y talento, que tienen á su cargo las comisiones de gran tono de los cómicos, sastres, zapateros, cocheros, periodistas, relojeros, joyeros, vendedores de antiguallas, de cuadros, de libros raros, &ª para *servir* á los extranjeros cándidos y á los ministros públicos. Tomará de aquellos una buena parte y explotará á éstos con los guantes puestos y la lisonja en los labios. Esos sujetos no son una ave rara.

A la penetración del señor de Rauzan
no podía escaparse el secreto de Paquito,
y lo que el señor de Rauzan adivinaba era
una parte de dicho secreto.

II

Tomó el caballero los periódicos que le
había traído Paquito y leyó en ellos lo que
sigue.

El Siglo decía: "UN HUÉSPED NOTABLE.
Se nos asegura que está para llegar á la
ciudad don José Hugo de Rauzan, caballero de altas prendas, escritor político
muy afamado, sabio y hombre de sociedad. Esperamos que la culta *** le haga
muy grata su residencia en ella."

El Áncora decía; "VIAJERO ILUSTRE.
Ha llegado á *** el caballero de Rauzan,
persona muy conocida en el mundo científico y literario. Dicen algunos que viene
encargado de una misión diplomática y
otros que viaja por razón de compromisos
políticos. Sea de esto lo que fuere, damos
la bien venida al célebre estadista y desea-
mos que le sea agradable su residencia en
la ciudad.

El Mundo Frívolo decía : " EL IRRESIS-
TIBLE. Joven, rico, instruído, elegante y
galán es el caballero Hugo, quien viaja
por placer, ha llegado anoche á esta ciu-

dad y se ha hospedado en el hotel de San
Lucas. Se espera que nuestra sociedad de
buen tono reciba debidamente á este personaje, que ha merecido en otras capitales
el sobre-nombre de *irresistible*. *El Mundo
Frívolo* le envía su saludo y se pone á su
disposición."

Terminada la lectura, se dijo el caballero:

—Todo eso que dicen los periódicos es
muy amable y debo creerlo ingenuo....
hasta donde son ingenuos los periódicos.
Doy pues recibo sin desconfianza. Mas, ¿cómo calificar la intención con que se ha escrito eso de *irresistible?*.... ¿No será esa
una malevolencia, con el objeto de poner
en guardia á la sociedad respecto de mi?
Hay algo muy picante en esta frase: "*El
Mundo Frívolo* le envía su saludo y se
pone á su disposición." Sabré pronto lo
que esto significa.

Al cerrar su discurso, el señor de Rauzan pensó en que Paquito le ayudaría á
descubrir lo que deseaba. Hé ahí como
Paquito empezó á ser *útil* para el caballero. Por su parte, Paquito, que era menos modesto que aquel, esperaba serle *necesario*.

El caballero fué esa noche á la ópera, y
como la sociedad elegante estaba muy de-
seosa de conocerlo, pues corrían mil rumo-

res respecto de él, fué el objeto de la curiosidad pública. Dijeron unos que era un
gran personaje, algo así como un príncipe
incógnito; aseguraron . otros que era un
gran caballero de industria, un charlatán.
No faltó quienes dijesen que era un tahur
y un desterrado político. Los miembros
del Gobierno lo tomaron por un espía inglés, encargado de descubrir ciertos secretos de alta política y de contrariar las in-
trigas del gabinete ruso, á propósito de
los asuntos de Turquía. De todos modos,
no hubo quien no quisiera verlo con la
ansiedad que se ve á un tigre de Bengala
ó á un elefante blanco. Las grandes ciudades suelen ser curiosas.

El señor de Rauzan se presentó en su
palco acompañado de Paquito, y éste, que
sabía que el viajero era el objeto de todas
las miradas y de los comentarios que se
hacían, no desaprovechó tan feliz ocasión
para ostentarse familiar y francote con
él, como si los ligaran vínculos de antigua
amistad ó de parentesco. Poníale frecuentemente la mano en el hombro, para lla-
marle la atención; dábale golpecitos en
las rodillas para insinuarse, usaba más
de los gemelos del caballero que de los suyos propios, y se reía con la soltura con
que suele reirse quien está entre camaradas. No sabremos decir si el señor de Rau-

zan dió golpe en el teatro, pero sí diremos
que lo dió Paquito, exhibiéndose *á plenitud*,
cosa que le agradaba mucho, porque era
la vanidad misma y quería darlas de hombre de importancia. Es verdad que en los
detalles domésticos y en el seno de la servidumbre, era humilde, pero en público
y en general su orgullo era el de Diógenes.
—¿Qué especie de diablo es este Paquito? dijo Mortimer á Cortés al terminar la
función. Está en todas partes y es el primero en llegar. Ya le tenemos de mancor-
na del señor de Rauzan.

Mortimer era un elegante frívolo. Cortés le contestó:

—Sería injusto acusarle por su solicitud: Paquito es un individuo muy bueno.

Cortés era un hombre circunspecto y su
divisa era el proverbio chino que dice:
"El hombre es dueño de la palabra que
no pronuncia y esclavo de la que pronuncia."

Mortimer añadió:

—¿Qué dices del señor de Rauzan?

—¿Qué puedo decir?.... apenas lo he
visto.

—Se cuentan de él cosas extraordina-
rias y equívocas.

—¿De quién no se dicen cosas equívocas?

—Pero hay que quedar en algo.

—Buenas noches, Mortimer. Ya satisfarás tu curiosidad.

El señor de Rauzan no permaneció en la ópera sino una hora; pero ese tiempo fué suficiente para que los hombres estudiaran su fisonomía y sus maneras, y las mujeres su modo de vestir, la forma de sus manos, el corte de sus uñas y el uso que hacía de sus gemelos, no porque esos fueran signos seguros para calificarlo, sino porque el criterio femenino tiene sus reglas y da á esas reglas cierta infalibilidad. Un hombre sucio ó mal vestido les infunde asco, y unas manos descarnadas y poco cuidadas son para ellas anti-amatorias, rudas y tan á propósito para hacer una caricia como la pata de una grulla. En cuanto á las cualidades internas, esos son puntos de controversia social y cosa que puede dispensarse.

Desde el día siguiente al de la función de teatro, el señor de Rauzan se vió colmado de boletas de saludo de damas principales y de visitas de personajes engreídos. Su aspecto, más varonil y serio que mundano, había agradado generalmente; pero las palabras del *Mundo Frívolo* — "el irresistible" — habían caído como una bomba en medio de la ciudad y hecho en ella cierta especie de estrago. Cada cual, todos, querían acercarse al *monstruo* y averiguar por sí mismos lo que esas palabras significaban. Había elogios y vituperios; empezaban á sonar por lo bajo los nombres de *Don Juan, Lovelace* y *Richelieu.* Se decía que Rauzan era un libertino de buen tono, lo que era tanto más escandaloso cuanto que el caballero no parecía ser muy joven; que su camino en el mundo era un reguero de víctimas; que los espectros de los esposos difuntos turbaban su sueño; que estaba vigilado por la policía; que se huiría de la ciudad de la noche á la mañana; que era un endemoniado, un resucitado, un compañero del ahogador Burke, y otras mil cosas de la laya. Los hombres disputaban con calor respecto del recién venido; y las mujeres.... en cuanto á las mujeres, sólo recordaremos que la curiosidad es la compañera del bello sexo, y que era muy natural que en aquella ocasión anduviera ésta despabilada, pues eso de *irresistible,* de *resucitado* y de *estrangulador* no dejaba de exigir sus explicaciones é incitaba al examen. Sin embargo, todas callaban y ninguna quería ser la primera en extender sus manos para desgarrar el velo. Sin ponerse de acuerdo, habían resuelto esperar y tener un poco de paciencia.

Los peligros del amor tienen su atracción.

III

El señor de Rauzan había dicho á Paquito al despedirse de él la noche que habían ido juntos á la ópera:

—Vaya mañana á casa.

Y Paquito había sido puntual á la cita, pues era hombre avisado y supuso que el caballero quería pedirle algunas explicaciones sobre la palabra *irresistible*, ó mejor dicho, averiguar por medio de él las causas de ese exabrupto del *Mundo Frívolo*. Como ya lo sabe el lector, Paquito no se equivocaba.

El caballero dijo á éste sin preámbulo:

—Leí los periódicos que usted me trajo, y no quiero ocultarle la extrañeza que me ha causado eso de *irresistible*. Me ha parecido ese un calificativo sospechoso, que, á la par que me compromete, me acarreará malas voluntades y desconfianzas.

—¿Lo encuentra usted injusto?

—Lo encuentro impertinente, dijo el caballero eludiendo la cuestión que le proponía Paquito.

—¿Por qué impertinente?

—Porque si esa es, en el fondo, una buena calidad, no lo es en la apariencia; y porque si es una mala calidad, es claro que lo que se ha querido es dar una voz de *alerta* respecto de mí.

—Irresistible es lo que no se puede resistir; y tratándose de una persona, esa calidad no arguye nada malo respecto de ella. Supongamos que se tratara de una mujer. Una mujer irresistible es la que tiene tales encantos, que no se puede verla ni tratarla sin amarla. Eso debe ser lo que se ha querido decir de usted.

—Sí, eso se dice hablando de una mujer, pero de un hombre....?

—El vocablo no cambia de naturaleza porque se cambie de sexo.

—Eso es estrictamente lógico, y en una cátedra no tendría contestación; pero en el mundo de los hechos las cosas son muy distintas de las del mundo de las palabras. Hay muchos maestros de lógica que no tienen ninguna en sus procedimientos. ¿Por qué? Por eso. La sociedad, amigo Paco, no es una aula de retórica. Entre la teoría y la práctica hay la misma diferencia que entre lo material y lo espiritual; y los teóricos no medran en el mundo.

—Es decir....

—Es decir que al denunciarme *El Mundo Frívolo* como *irresistible*, lo que ha hecho es calificarme de hombre peligroso, capaz de todo en asuntos de amor.... de hombre de quien se debe desconfiar.

—Pero.....

—Y prueba de ello es que usted mismo
debe saber la sensación que la tal palabra
está haciendo actualmente en la ciudad.
Todos los maridos, todos los padres, todos los hermanos y todos los amantes van
á mirarme ahora de reojo. Todos van á
huir de mí; todos querrán darme con las
puertas de su casa en la cara.

—Señor....

—No me afano, empero. Usted sabe que
dos terceras partes de las reputaciones
son usurpadas, ora porque la especie humana es inclinada á exagerarlo todo, bueno y malo; ora porque lo que se dice de
las gentes no lo dice por lo común el examen ni la conciencia, sino el *eco*, y el eco
sólo tiene oídos y boca. La fama es ruído.
Fuera de lo que es esencialmente cierto,
lo demás lo producen la simpatía y el odio,
y el vulgo repite sin examinar. No es la
primera vez que se me da ese calificativo
odioso; pero me tiene muy sorprendido,
no que él haya llegado hasta aquí, sino
que haya quien se haya apresurado á di-
vulgarlo. Esto me anuncia la presencia
de un enemigo.

Paquito calló como un mudo, ya porque
tenía sus razones, ya porque la serenidad
y la profundidad de la palabra del señor
de Rauzan lo imponían. Este continuó así:

—Anoche pensé valerme de usted para

que averiguara, no la intención con que
se había escrito esa palabra, porque esa
intención yo la conozco, sino la mano
que la había escrito; pero he cambiado
de idea. Ya conozco esa mano.

Las últimas palabras del señor de Rauzan helaron á Paquito, quien no era extraño al asunto, pues pensó que iba á perder
la valiosa amistad del viajero. A pesar de
eso dijo:

—¿Hay aquí algún enigma,?

—No tanto como eso: hay sólo una mala intención.

—Ser ó no ser, se dijo Paquito en lo
íntimo de su alma. Si me callo, soy perdido; si hablo, puedo salvarme: pasaré el
Rubicón.

Paquito era el que había llevado el suelto al *Mundo Frívolo*, y esto lo sabría el
señor de Rauzan cuando quisiera pregun-
társelo al editor. Si hablaba en ese momento, podría quedar bien; más tarde el
asunto tomaría el carácter de un *chisme* y
Paquito perdería su crédito de hombre
servicial y fiel. Habló pues y dijo:

—Ciertamente, no le había dado importancia al asunto, pero veo ahora que tiene.
Prométame usted guardar secreto y yo le
diré lo que hay.

—Hable usted.

—Sí, señor. Estoy inocente de la inten-

ción del escrito, pero fuí yo quien lo llevó
á la imprenta.

—Usted?

—Sí, señor. Me lo dió el embajador ruso,
quien está aquí de tránsito, y como no
hallé en ello malicia, lo llevé á la imprenta y corregí las pruebas.

El caballero se sonrió con cierta sonrisa
amarga, que le era peculiar; luégo dijo:

—¿Dígame usted quién es el embajador
ruso?.... la diplomacia rusa tiene fama de
ser formidable.

—Es el señor Rurik y Olga.

Rauzan volvió á sonreirse del mismo
modo; después dijo:

—Ya lo había sospechado. Continúe
usted, Paquito.

—El embajador me dijo que usted estaba para llegar á la ciudad. Me habló en
buenos términos de usted; y cuando supo
su llegada, como quien no da mucha importancia á lo que hace, me dijo: —" Paquito, copie con su mano estas cuatro letras y llévelas como suyas al *Mundo Frívolo*. Quiero ser amable con el señor de
Rauzan, pero mi empleo me impide meterme directamente en estas cosas." Yo, que
también gusto de ser amable con las personas distinguidas–únicas á quienes amo-
cogí la ocasión que se me venía á la mano.
Hé ahí todo. Lo mismo habría hecho con
usted, si usted me lo hubiera exigido.

—Lo comprendo ; y estoy seguro de que si yo le hubiera preguntado si usted era el autor del suelto, me habría dicho inmediatamente que sí.

—Y lo habría dicho sin malicia, porque era convenido que pasaría yo por autor de él.

—Pues bien, Paquito, confianza por confianza. El señor Rurik y Olga hizo conmigo cierto escándalo porque se le metió en la cabeza que yo tenía amores con su mujer y me llamó á un duelo. El duelo no tuvo lugar, porque yo no me bato por mujeres. A él le pasaron ó no sus celos y su enojo, pero la honra de su mujer quedó expuesta á la *piedad social*.

—Comprendo ahora todo.

—Me alegro. Al tratarse de mí, las palabras *el irresistible* en sus labios, son una acusación y un sarcasmo.

—Pero ese señor lo hiere á usted y me pone á mí de escudo.

—No: lo emplea á usted como amigo de confianza. Tenga usted paciencia, ya que habilidad no le falta, y siga como va. Cuando se tienen los años que tiene usted, tan difícil es dejar uno su camino como querellarse por cosas de poco momento. Estoy seguro de que usted se ha puesto á la disposición del diplomático ruso *sin reserva ninguna*.

El señor de Rauzan dijo todo esto con
cierta severidad, pero Paquito no cayó en
la cuenta de ella ó disimuló, pues dijo re-
signado:

—Es verdad.

—Continúe usted sirviéndole. El que
usted sea amigo de él no es razón para
que sea enemigo mío. En cuanto al secreto que le he confiado, haga usted el uso
que quiera.

—¿ Cuál secreto ?

—El de la mujer del embajador. Yo no
divulgo las cosas, pero tampoco me tomo
el trabajo de ocultarlas. Cada cual que
juzgue á su manera. Hablemos de otra
cosa. Me dijo usted en días pasados que
se ocupaba en un concierto de caridad.

—Sí, señor. Se trata de auxiliar una
casa de ciegos.

—Pues bien, yo tomo cien boletas de
entrada. Aquí tiene usted su valor. Tenga
usted la bondad de comprarlas y dárselas
á los alumnos de la escuela más acredi-
tada de la ciudad.

—Es usted magnífico, señor de Rauzan.

—Ese calificativo es más amable que el
de irresistible. Se me ha tratado como á
un Adonis de veinte años; y después llaman *bárbaros* á los rusos....

Paquito salió aturdido de la casa del
extranjero. Ahora menos que nunca creía

que aquel fuera un *nene*, y en lugar de apropiárselo como pensaba, sentía que iba á ser su esclavo por toda la eternidad.

Por un acto puramente caprichoso ó por un impulso fatal, Hugo haló el cordón de la campanilla y dijo á Man, su criado de confianza:

—Averigüe usted en dónde queda la casa, y lleve esa carta al lugar de su destino.

Man tomó la carta y salió. En el sobre de esa carta decía: *Señorita Eva de San Luz.*

En seguida el caballero se reclinó en un sofá como para descansar ó pensar, y se dijo:

—Se quiere que combata, pues combatiré; no he colgado aún mis armas.

¿Tenía esa resolución algo que ver con el hecho de haberle mandado la carta á la señorita Eva? Ya lo veremos.

IV

Aquel mismo día, por la tarde, Paquito se paseaba con el embajador ruso y le decía hombreándose con él:

—He visto al señor de Rauzan y está muy mortificado con las líneas del *Mundo Frívolo.*

—No hay nada en ellas que pueda ofen-

derle, dijo el ruso con tranquilidad. Un
hombre irresistible es un hombre eminen-
temente amable.

—Eso mismo le he dicho yo ; y aun le
he agregado que mi intención, al escribir
el citado suelto, había sido agradarlo.

—No se alcanza otra cosa.

Dos ó tres días después, Rurik y Olga
regaló á Paquito una sortija de diamantes.

—Cuitado de mí! exclamó éste, que
estuve á punto de perde semejante cliente
por quítame allá esas pajas.... y pajas
ajenas....

Paquito no era un difamador ni un hombre sin consejo, pero sí se hacía el confidente de los hombres de valer amigos de
la crónica íntima, y tenía gusto especial
en traficar con las pieles de todos ellos.
Algo parecido hacía con las damas.

Decimos *traficar*, porque las gentes de
gran tono que querían estar impuestas de
lo que ocurría, le pagaban indirecta y
espléndidamente sus informes, sin caer en
la cuenta de que lo que tenían en su intimidad era un espía. Paquito que, como
el Diablo Cojuelo, veía simultáneamente
lo que pasaba en todas las casas, *llevaba*
y *traía* cada cosa á su tiempo y en su
oportunidad. Esa era la otra parte del
secreto de este personaje. Sin embargo,
de lo del duelo del embajador con el señor

de Rauzan no le dijo á nadie una palabra. Cuando el tiempo era peligroso, Paquito no salía á la mar.

Tenía Paquito, además, otra habilidad. Oía y recogía con sumo cuidado las palabras y conceptos de los personajes con quienes trataba, y luégo los repetía, con reposo é intención, en sus conversaciones. Esto hacía que se le tuviera por hombre de peso y de consejo entre aquellos mismos á quienes les hurtaba las ideas. Así, lo que oía al ministro, se lo espetaba al general, y lo que decía éste se lo daba como suyo al canónigo. De este modo Paquito no se repetía nunca ni corría riesgo de agotarse.

Luégo veremos su manera de agenciarse con las damas.

V

Ocho días después de que Hugo mandó la carta para Eva de San Luz, se presentó á hacerle una visita un caballero alto, seco, vestido de luto y de más de sesenta años de edad. Pasados los saludos de estilo, dijo el caballero con un tono poco dulce:

—Yo soy agricultor y por eso paso el tiempo fuera de la ciudad. Ayer he venido á ella y mi hija me ha suplicado que venga á saludar á usted y á presentarle nuestros respetos.

—Agradezco esa doble atención y me
sería muy grato saber el nombre de usted.

—Todo está dicho en estas palabras :
soy *San Luz*.

—¿Es usted el padre de la señorita
Eva?

—Para servirle á usted.

Durante este corto diálogo, San Luz
observaba atentamente al caballero de
Rauzan, como si quisiera estudiar su naturaleza y calidad.

—Debo pedirle á la señorita hija de usted
mil perdones, pues ha habido algunas
irregularidades en el modo de hacer llegar
cierta carta á sus manos....

—Algo me ha dicho Eva sobre eso....

—Pero usted, señor, sabe las dificultades de que, por lo común, se ve rodeado
un extranjero en una gran ciudad que
visita por la primera vez.

—Es verdad. Y bien, señor de Rauzan,
¿ en qué podemos serviros mi hija y yo ?

—En honrarme con vuestra amistad y
confianza.

Esta fina y oportuna contestación agra-
dó al señor de San Luz, quien soltó el
ceño. Luégo dijo :

—Aunque he dicho á usted que soy
agricultor, no siempre he tenido esa profesión. Me gustan las finanzas y alguna
vez el Gobierno me ha honrado con la
cartera de ellas.

—Es muy interesante ese estudio, puesto que de él depende la riqueza de las naciones. Las gentes superficiales creen que ser financista es manejar con embrollos y medios empíricos, un erario en bancarrota; pero se engañan. Ser financista es entender de estadística, de comercio, de agricultura, de fábricas, de aduanas, de monedas, de cambios, de crédito, de administración pública, de matemáticas, de bolsa, &ª.

—Son esas mis mismas ideas.

—Pues como yo también soy aficionado á esas materias, que 'pasan por tan áridas siendo tan fecundas, hemos de *charlar* largo sobre ellas.

El señor de San Luz, que ya había soltado el ceño, se sonrió ahora. Había venido mal dispuesto contra el caballero y éste lo había desarmado. Si hay correlación entre las personas de unas mismas virtudes y de unos mismos vicios, la hay también, y más noble y más fuerte, entre personas de unas mismas ideas. El señor de Rauzan había establecido esta correlación y con ella había encantado al señor de San Luz. El señor de Rauzan era muy hábil en estas cosas.

—Muy bien, dijo aquél despidiéndose: nos veremos con alguna frecuencia.

—Me honrareis con eso.

Cuando Eva vió á su padre corrió hacia él y le dijo:

—¿Qué me decís, papá, del ogro extranjero?

—No es ogro como lo llaman sino *irresistible.*

—¿Y qué hay de eso?

—De eso hay mucho: ya verás, ya verás.

—Pero....

—Nada: tú juzgarás por ti misma.

—¿Va á venir á nuestra casa, según eso?

—No me lo ha dicho, pero es seguro. Es un caballero del tipo de los que me gustan á mí: amable y serio, y habla de un modo tan claro y profundo que persuade y seduce al mismo tiempo.

—Papá, si alguien os oyera os censuraría. Ayer no más me decíais que había que guardarse de los *aventureros....*

—Y hoy te digo lo mismo; pero no es el caso.

Al día siguiente se presentó el señor de Rauzan en la casa de San Luz. Este no estaba en ella y el caballero se hizo anunciar á la señorita Eva. Era ésta una mujer de tipo y de alma españoles, de la clase de las altas damas de Castilla. Cabello negro abundante, ojos negros, dulces y fieros, cutis de rosa, no muy alta pero bien hecha. Estaba vestida de medio luto.

Hugo la vió y le interesó. Eva lo contempló un instante y sintió que ese hombre no tardaría en poner en movimiento su corazón, que ella creía muerto hacía tiempo.

El señor de Rauzan dijo:

—Hubiera sentido, en verdad, la ausencia del señor de San Luz; pero como esa ausencia me permite presentaros pesonalmente mis humildes respetos, casi estoy por darle gracias al cielo por no haberlo encontrado.

—Señor de Rauzan, vuestras palabras desmienten vuestros hechos.... Servíos tomar un asiento.

—Me recibís en són de guerra y eso me satisface inmensamente.

—¿Por qué?

—Porque si hay algo más dulce que el aplauso de una mujer es su reconvención.

—Casi estoy por deciros que no entiendo lo que decís, dijo Eva ruborizada, pues comprendió que había dicho una tontería.

—Lo que he dicho es tan claro como un día sereno: una mujer aplaude por aplaudir, pero no reconviene sino cuando padece un enojo cierto.

—Y....? interrumpió Eva, que hacía esfuerzos por recobrar su serenidad.

—Y una mujer no se enoja con las personas que le son indiferentes.

Eva volvió á ruborizarse.

—Yo os he contrariado, y eso os ha mortificado, continuó el caballero; pero como no soy tan fatuo que me crea la causa directa de esa contrariedad y como me sería imposible produciros otra impresión más dulce, siendo con vos, me solazo de lo que ocurre.

Eva quiso hablar, pero se contuvo: si contrariaba la tesis del caballero, se perdía. Si se callaba, producía la duda. La *duda* es para las mujeres de talento una fuerza de investigación, como lo fué para Descartes. El señor de Rauzan comprendió lo que pasaba en Eva y le dijo:

—Dejemos ese punto: veo que no quereis contradecir ni apoyar mis conceptos, y os felicito por vuestra prudencia. La falta que yo he cometido para con vos es una falta de educación, y esas no las perdonan las señoras, ni deben perdonarlas. Os he enviado con mi criado una carta que he debido traeros yo mismo, y he demorado esa carta cerca de un mes.

—Eso es cierto. Yo tenía noticia de esa carta, sabía vuestra llegada á la ciudad y la esperaba por momentos. ¿Por qué me habeis contrariado?.... Inmediatamente que llegó la carta á mi poder, le supliqué á mi padre que fuera á veros.... ya estais aquí y puedo hablaros.

—Me sorprende lo que me decís.

—Todo es muy sencillo. La carta en cuestión es de una joven muy querida mía y muy desgraciada. Se trata de un asunto que le interesa á ella sobremanera. Ya han salido tres correos y yo sólo le he escrito estas lineas: " No he visto al señor de Rauzan, ni tu carta ha llegado á mis manos." Si conocierais la historia de esa pobre criatura, os llamaría *cruel*. Como no la conoceis, os llamaré simplemente *descuidado*..... La parte que me ha tocado á mí, esa la olvido, y por lo mismo no la califico.

—Señorita, dijo el caballero, nunca he creído en ninguna *armonía preestablecida*, ni aun en la del célebre Leibnitz; pero estoy por abjurar de esa creencia negativa viendo lo que pasa entre los dos. Desde que llegué á *** no he dejado de tener esa carta presente y no la había enviado á su destino de hecho pensado....

—¿De hecho pensado?

—Ciertamente; pero no sé por qué, pues no os conocía, ni sabía lo que esa carta decía: fué una especie de capricho, ó quizá un presentimiento....

—¿Un presentimiento?

—Quizá, sin quererlo yo mismo, pensaba que esa carta nos pondría en relación, y en que eso nos perjudicaría á ambos.

—No comprendo por qué, dijo Eva; pero esta vez, en lugar de roja, se puso pálida.

—A vos por unas razones y á mí por otras.... pero tiempo nos queda para saber si me he engañado ó nó.

—Pero cambiasteis al fin de modo de pensar, puesto que me enviasteis la carta.

—Lo hice en un momento de extravío.... casi de cólera; además, creí que no viniendo á traerla yo mismo, la cosa se quedaría ahí.

—¿Os pesa?

—No; pero me aturdo: no creo en la fatalidad; pero yo, enviando la carta y vos haciendo que vuestro padre fuera á visitarme, la hemos creado. Esto me da en qué pensar, pues de tiempo atrás los hechos—siempre los hechos—me han estado diciendo: "no hay un destino absoluto, pero sí hay cierta especie de *hado* en los afectos."

Eva no observó nada. Ella también se sentía inclinada hacia el extranjero desde antes de conocerlo, pues su amiga le había escrito: "No he podido verlo ni tratarlo, pero sé que es encantador. Lo llaman el *irresistible*. Mucho me gustaría saber que se había enamorado de ti...."
Hé ahí por qué se sentía contrariada cuando todos hablaban de él en la ciudad

y se pasaban días y días sin que se presentase en su casa, ni le enviase la carta.

El señor de Rauzan se puso de pie y dijo:

—Espero de vuestra bondad, señorita, que os apresureis á corregir todas las faltas que he cometido respecto de esa carta.

—¿Y las que no pueda corregir?

—Esas las corregiré yo, si vos me lo permitís.

—Eso dependerá de vuestra conducta futura, dijo Eva y le sonrió al caballero. Señor de Rauzan, esta casa es la vuestra.

El caballero se inclinó y salió.

Tal fué la primera entrevista de Hugo y de Eva, y aunque ambos gustaban de la materia, ambos cortaron una conversación peligrosa, que los conducía á donde ninguno de ellos quería ir. Pero si no siguieron conversando, sí siguió el úno pensando en la otra, y al contrario. Eva tenía cerca de treinta años; y á semejanza de los bellos días, que se hermosean más para terminar, estaba embellecida con los rasgos de una hermosura enérgica.

El caballero de Rauzan tenía más de cuarenta años, y aunque sabía inspirar pasiones locas y sabía estimar á las mujeres, no parecía que amase á ninguna. Contrariado por la suerte en los grandes afectos de su vida, su corazón era una urna de oro, pero una urna fúnebre.

2

VI

El señor de Rauzan dejó pasar muchos días sin ir á la casa de Eva, pero trató de verse con ella en un paseo público. Eva le dijo :

—Por el aturdimiento de nuestra conversación del otro día, ó porque no lo creí oportuno, olvidé pediros cierto informe. Tengo que contestar á mi amiga mañana y deseo veros esta noche.

—¿Siempre la carta? dijo el señor de Rauzan sonriéndose.

—Sí.... tomaremos el té con mi padre. Os espero.

Eva estaba en el paseo con otras señoritas, pero no les presentó á éstas al caballero por un impulso egoista. Fuese lo que fuese lo que le reservase el porvenir respecto del señor de Rauzan – amistad, amor ó indiferencia – Eva quería tenerlo á su lado y no empujarlo hacia el lado de ninguna otra persona, y menos hacia el lado de sus amigas.

Al alejarse el caballero, dijo una de aquellas :

—¿Es éste el caballero que ha llegado últimamente á la ciudad? Parece ser muy distinguido.

Otra observó :

—Y muy elegante.

Y una tercera:

—Dicen que es muy rico y muy sabio.

Una cuarta, llamada Lais, no dijo nada, pero estuvo contemplándolo hasta que lo perdió de vista. Luégo despedazó una flor que tenía en la mano, más por un acto nervioso que voluntario. Por la mente de la persona de que hablamos, había cruzado una idea, rápida como un rayo. Esa idea era hacerse amar de ese hombre y dominarlo, triunfar de todas las beldades de la ciudad; y creía poder hacerlo teniendo, como tenía, belleza, juventud, libertad y dinero. Mas, ¿ al despedazar la flor había querido despedazarse á sí misma, ó había querido despedazar al señor de Rauzan ?.... ¿ Era un acto de impaciencia no más ?

El caballero fué puntual á la cita, y como el té se servía un poco tarde en la casa de San Luz, Eva pudo hablar largo tiempo con aquél.

—Oidme, señor de Rauzan, y juzgad por vos mismo de mi inquietud. Hay en la ciudad de donde vos habeis venido últimamente, una persona – la señorita de la carta – que está enamorada de un caballero que le ha prometido casarse con ella. Ese caballero hace años que desapareció de allí, y aunque le escribe con frecuencia y mantiene viva su esperanza,

no ha ido á cumplirle su palabra. La señorita está yá desconfiada de su amante, pues han llegado rumores de que se
ha casado, y desea con ansia saber la
verdad. Cuando salisteis para acá me escribió diciéndome : " Va para vuestro país
el caballero don José Hugo de Rauzan, á
quien no he podido ver. Él es compatriota
de Luís (este es el nombre de su novio),
tratad de hablar con él y preguntadle lo
que él sepa de aquél. Lo que el señor de
Rauzan os diga, no me lo oculteis ni me lo
disfraceis. He sufrido muchísimo y estoy
resignada. Si el señor de Rauzan no
conoce á Luís, puede escribir á su país
ó informarse. Yo haré que llegue á sus
manos una carta de introducción para vos,
mía ó de otra persona, y como él irá á visitaros, podeis hacerme el servicio que os
pido." Lo demás, continuó Eva, lo sabeis
vos. Mi amiga me ha preguntado por todos los correos qué me habeis dicho, y yo
le he contestado que no os he visto. Como
quiero mucho á mi amiga, me intereso por
su suerte, y he estado mortificada por
vuestra conducta.

—¿Cuál es el apellido de ese caballero?
—Rojas y Haro.
—No conozco á ese caballero; pero tengo modo de informarme, y vos y vuestra
amiga sereis servidas.

—Ojalá sea pronto!

—Pronto será, pues hay en *** personas que deben conocer á ese caballero.

—Ahora lo comprendereis todo: el cariño que le tengo á mi amiga, la lástima que me inspira su suerte y vuestra tardanza en enviarme la carta, todo eso me hacía pensar en ella y en vos, hasta el punto de enojarme. Cuando al fin llegó la carta á mi poder, me apresuré á suplicarle á mi padre que fuese á veros.... no había otro medio de ponerme al habla con vos; y si vos nos juzgabais mal á mi padre y á mí en el primer momento, tiempo me quedaba para explicaros las cosas. Lo importante era no dejar burlado el interés de mi amiga.

—¿Por qué la carta de introducción de la señorita no vino dirigida á vuestro padre?

—Es extraño que un hombre como vos me haga esa pregunta! ¿Cómo habría podido una señorita escribirle á mi padre introduciendo en su amistad á un caballero? Además, lo que ella quería era poneros á vos en íntima relación conmigo, para averiguar lo que deseaba, y ese no habría sido el medio. Escribiéndome á mí, yo tenía derecho de esperar vuestra visita y de hacerme vuestra amiga. Lo demás vendría naturalmente.

—Teneis razón. Vosotras las mujeres sabeis siempre escoger el mejor camino para llegar á vuestro fin.

—Ahora no falta sino que busqueis las noticias que necesitamos, y todo quedará terminado.

—¿Todo?

—Pues.... quiero decir que se habrá conseguido el objeto. Yo le escribiré mañana á mi amiga que al fin os he visto y que por el próximo correo sabrá lo que desea.

—¿Y después?

—Habré acabado de perdonaros vuestra falta de solicitud, máxime cuando espero que ahora abundareis en ella por interés de mi amiga.

—Y por deseo de agradaros á vos.

—Es posible.

—Me habeis dicho que lo olvidaríais todo....

—Está olvidado.

—Sin embargo, hay en vuestro acento cierta amargura y cierta frialdad en vuestras maneras, que os contradicen.

—Esa amargura y esa frialdad, si existen, es conmigo misma, pues me dejé llevar en nuestra primera entrevista de un enojo pueril. Me había dicho primero: ¿por qué el señor de Rauzan no me envía una carta de que se hizo portador volun-

tario ? y después : ¿ por qué no ha venido
personalmente á traerme esa carta, como
era de su deber y como se lo había prometido mi amiga ? No se trata inconvenien-
temente á nadie sin causa, y á una señorita en ningún caso. En esto hay premeditación ó prevención.

—No, Eva, dijo el señor de Rauzan.

Al oirse llamar *Eva*, ésta se extremeció
como si una chispa eléctrica hubiera cruzado su seno. Le agradaba oirse llamar
Eva, pero nadie tenía derecho de llamarla
así, excepto su padre. Dejó pues caer el so-
brecejo y dijo :

—Señor, soy la señorita de San Luz....

—No lo he olvidado y quizá no lo olvidaré jamás ; pero al daros ese nombre, que
en fin de fines es el vuéstro, no he pensado en tomarme con vos una libertad pueril ni vana. He obedecido sólo á un impulso inocente. Veo que sois orgullosa, y
me gusta. No os volveré á llamar así, y
es mejor.... iba á haceros un vaticinio ;
pero no os lo haré yá, porque tengo la desgracia de ver el porvenir, y viéndolo, acierto en mis pronósticos. Yá os he dicho que,
al detener la carta, sabía que obraba mal,
pero la detuve como obligado por una
fuerza mayor.... bien veía yo lo que iba
á suceder. En un momento de disgusto
del mundo, casi de cólera con el mundo,

porque se me provocaba á combatir, os
envié esa carta; y si vuestro padre no se
hubiera presentado en mi casa, yo habría
permanecido tranquilo en ella.

—¿Qué era lo que veíais que iba á suceder?

—La comprobación de lo que os he dicho respecto de la *fatalidad* en los afectos.

—Señor de Rauzan!....

—No os equivoqueis al juzgar mis palabras. Cuando yo leí vuestro nombre en
el sobre de la carta de vuestra amiga,
sentí que el hado revoloteaba al rededor
de mí; y como estoy tan cansado, tan mor-
talmente cansado; como tengo un gran
deseo de romper conmigo mismo; esto es,
con mi modo de ser, pensé no enviaros esa
carta, ni preguntar por vos, ni....

—Señor de Rauzan, ¿á dónde quereis
ir á parar?....

—A ninguna parte, señorita.... y como
habeis desconfiado de mí, y como me to-
mais en este momento por un hacedor de
romances al natural, ó por lo menos de
frases de doble sentido, tened la bondad
de oir lo que voy á deciros y de no olvi-
darlo.

Eva se turbó; el caballero tomó un aire
solemne y agregó:

—Nadie me ha hablado de vos, ni yo
os he visto más que las dos veces que he

tenido el honor de visitaros y esta mañana en el paseo público. Pues bien, para que veais que no me ocupo en lo que vos pensais y que mis simpatías por vos son tan puras como íntimas, voy á contaros en dos palabras vuestra propia historia. Sois hija única y heredera opulenta. Hace yá muchos años que amasteis á un hombre, que no habeis olvidado ni habeis aborrecido, porque está muerto y murió amándoos. El luto que llevais es, parte por vuestra madre y parte por él. Hace un momento, cuando os di el nombre que teneis, ese nombre os hizo estremecer, porque os recordó al que tenía derecho de dároslo.... y porque visteis en mí un falso pretendiente y un profanador de vuestro afecto, aunque no soy una cosa ni otra.... pero como una tumba no es una muralla para nuevos amores, ha llegado yá el momento de ponerle término á ese sacrificio. Se aproximan para vos nuevos tiempos; vuestro padre es de una edad avanzada y os vais á quedar sola en el mundo. Yo he llegado en el momento en que debeis tomar un partido.... Agregad á esto lo que os he dicho de la fatalidad en los afectos, y tened presente que al hablar así me refiero á vos y no á mí.

A medida que el caballero hablaba, Eva inclinaba la cabeza y meditaba. El señor de Rauzan continuó de esta suerte:

—Tuve el honor de deciros en mi primera visita, que la carta de vuestra amiga nos haría daño, y eso yá está probado.

—¿Por qué?

—Porque nos ha puesto en relación en momentos en que vos vais á alzaros sobre las nubes, y en que yo quiero descender de ellas y abismarme. Yo nada quiero de vos, pero comprendo que podría amaros. Yo leo en vuestro semblante como en un libro....

—Sí, como en un libro, aunque mi historia no está escrita.

—Pero es la que os he dicho.

—Sí, lo es. Mas, ¿cómo sabeis que lloro muerto á un sér querido, lo que ignora mi padre mismo? ¿Conoceis mi pasado?

—Lo he adivinado.... además, vos no podríais llorar á un sér ingrato ó fugitivo. Vuestro dolor es sosegado, y esa conformidad con la desgracia sólo la dan los muertos. El amor al muerto es un culto tranquilo; el amor contrariado al vivo es un *ay* perenne.

—Señor de Rauzan, me infundís miedo.

—Lo siento: quisiera sólo infundiros confianza. A mi edad, señorita, los hombres de mi temperamento no juegan al amor como los niños á las escondidas. Pasados los treinta años, así el amor del hombre como el de la mujer, no son una

fiebre ni una borrasca: son un rayo del sol,
que baña el corazón como un rayo de fortuna y de vida. A su amparo, si no se halla la felicidad, se halla una cosa que se
le parece mucho... Señorita de San Luz,
yo pido al cielo que vista ese rayo de su
mejor brillo y de sus más bellos colores,
para que alumbre y caliente vuestra vida!
Mañana sabreis lo que deseais del joven
Luís, y como vuestro padre acaba de entrar en la casa, mandad que nos sirvan
el té.

Eva miró al señor de Rauzan, suspiró
ó hizo lo que éste le mandaba. Los *enig-
mas* de aquel hombre la subyugaban,
como la subyugaba él mismo.

VII

Yá hacía tres meses que el señor de Rauzan había llegado á la ciudad de *** Ese
tiempo había sido bastante para que se
hiciese el hombre á la moda. Convites, paseos, partidas de caza, saraos, reuniones
literarias, todo se hacía en su obsequio.
Sus amigos estaban cada día más entu-
siasmados con él, y sus enemigos más fu-
riosos. Los primeros querían exaltarlo
hasta los cielos, los segundos sumirlo en
el fango. Se soñaban fiestas para agradarlo y se inventaban trampas para co-
gerlo. Era un *héroe* ó un *bribón;* los que
discutían sobre él no salían de esos ex-
tremos.

Una señora casada, "de cuyo nombre no queremos acordarnos," algo vanidosa y más mundana que vanidosa, queriendo insinuarse con el caballero, le preguntó un día como madama Staël á Napoleón, cuál era la mujer más interesante. El caballero le contestó: "la que llena mejor sus deberes." Esta respuesta hizo mucho ruído, no sólo por su verdad intrínseca sino por la lección que envolvía. La señora quedó muy irritada y juró al señor de Rauzan una enemistad eterna.

Un día que dicha señora se ocupaba con otra amiga en motejar al prójimo, preguntó á ésta:

—¿Qué decís del señor de Rauzan?

—Yo no sé qué decir, pues es tánto lo que lo adulan unos y lo vituperan otros, que es imposible formar un juicio acertado.

—Lo mismo digo yo, menos respecto de un punto.

—¿De cuál?

—Respecto de su apodo. ¿No sabeis que lo llaman el *irresistible?*

—¿Y qué?

—¿No os parece que eso huele á buque de guerra?

Las dos amigas soltaron la risa.

La señora casada agregó:

—Os recomiendo que averigüeis cuán-

tos cañones tiene por banda, y si son ó no
de nueva invención.

—¿Por qué no lo averiguais vos ?

—Porque no me importa.

Este chiste de la señora se lo refirió
Paquito al ministro ruso y luégo lo re-
cogió *El Mundo Frívolo*, no sólo para darle publicidad sino para decir *piadosamente*
que era de mal gusto poner en ridículo á
las personas respetables. Sin embargo, el
chiste lo celebró todo el mundo, y nadie
se cuidó del mal gusto de que hablaba el
periódico. Así somos.

Un lunes por la noche, después de una
comida que había dado á sus amigos el
embajador ruso, se trajo como por acaso
la conversación hacia el eterno tema : *el
señor de Rauzan*. No tenemos para qué
decir que casi no había en la embajada
esa noche sino enemigos de aquel caballero.

—Es bien singular, dijo la señora del
chiste relativo al buque de guerra, que
este hombre se haya adueñado de nuestra
sociedad en tan poco tiempo y haga en
ella todo lo que le place. Yá está padeciendo la reputación de más de una ma-
trona y de más de una doncella, y nadie
quiere darse por notificado. Se habla de
citas escandalosas, de obsequios de príncipe, de embozados de media noche, de

escaleras de seda pendientes de los balcones, qué sé yo de qué más. ¿ Qué decís de nuestros maridos y hermanos, señor Olga?

—¿Qué voy á decir sino cosas muy honrosas para ellos? Pero me parece que vos, señora, equivocais la cuestión: todas las sociedades del mundo tienen sus momentos de vértigo, y hay que esperar á que vuelvan á su estado normal. La ciudad tiene un huésped querido, y se le entrega; hé ahí todo.

—Pero es que el color de la cosa está pasando de castaño oscuro, dijo Mortimer –jefe de la moda antes de la llegada del señor Rauzan, por lo elegante de sus vestidos, por la raza de sus caballos, por los perfumes de su *tualet*, por los ramilletes que enviaba á sus cortejos, por sus partidas de billar &ª –y yá todos debemos sentirnos humillados, pues estamos indefinidamente á la sombra. Vos mismo, señor ministro, no sois yá el rey de la ciudad.

—Todo cenit tiene un ocaso, dijo el ruso riéndose.

—Pues no será por mucho tiempo, observó don Rodrigo de Navas, persona que pasaba por la más culta de la ciudad, porque era exacto en citas y en negocios, en concurrir á entierros, en hacer visitas de pésame, de pláceme y de año nuevo, en contestar cartas, en informarse de la salud de los enfermos, en concurrir á las fiestas de iglesia y en ejecutar todas aquellas cosas que nadie agradece, cuando se hacen, y que todos cobran con usura cuando se dejan de hacer.

Hemos leído en una biografía de un mariscal de Napoleón, que dicho mariscal (que fué ministro de Estado y embajador en Londres después de la caída de su amo) había debido su popularidad á no haber dejado sin contestar las cartas que le fueron dirigidas.

—¿Qué esperanza os queda entónces? preguntó un oficial de ejército, muy acepillado y bizarro, que creía que era de mal tono no mostrar interés por el gran mundo, aunque él sólo gustaba del pequeño. ¿Creeis que el caballero se fastidie al fin y se marche? Yo no veo otro remedio. Es más fácil contener á un ejército en derrota, que á las mujeres cuando dicen *marchemos de frente.*

Este oficial se llamaba Hércules, y su talla correspondía á su nombre. Lo mismo decimos de su entendimiento.

—Confío en lo imprevisto, que es también lo natural, dijo don Rodrigo.

—Pensemos seriamente en algo, dijo la señora casada. Es vergonzoso lo que sucede.

Olga se salió en ese momento, como

para dar una orden. Cortés, que era también uno de los invitados, pretextó una
diligencia urgente y se despidió. Paquito,
que hacía rato tenía cerrado un ojo, cerró
el otro, y estuvo por ponerse á roncar....
creemos que al fin roncó.

—Bien, dijo la señora casada: parece
que nos liquidamos. Liquidarse es puri-
ficarse.... es mejor estar solos que mal
acompañados. Tomemos consejo; y creed
que os hablo así por estar ausente mi
marido, que de nó, no os molestaría. Vosotros sabeis que él no aguanta pulgas en
asuntos de honor.

Hércules al oir esto miró á Mortimer;
luégo dijo:

—Lo más completo y lo más pronto es
buscarle un pleito, llevarlo detrás del convento de Capuchinos y mandárselo al diablo con dos estocadas en el cuerpo. Si
quereis, yo me encargo de eso.... casual-
mente no tengo ahora qué hacer.

—El tunante es astuto como un zorro,
y no se bate en duelo, dijo Mortimer.

—Veremos si se bate ó no, dijo Hércules con fanfarronería.

—Quizá, dijo don Rodrigo de Navas,
sería mejor evitar el derramamiento de
sangre: propongo un lance científico, en
que salga desairado.

—Vaya! un lance científico! qué nos
importan las ciencias?

—Nada, pero sí nos importa arruinar á ese *innovador* orgulloso.

Tenemos que hacer aquí un paréntesis, para informar al lector de la causa del enojo de don Rodrigo de Navas con el caballero de Rauzan. Hacía pocas semanas que el prelado de la ciudad había caído enfermo, y el caballero, en lugar de hacerle visitas, siempre importunas en casa de un doliente, iba de cuando en cuando en persona á la puerta de la casa á informarse de la salud del enfermo y á dejar su tarjeta. Esto había disgustado mucho á don Rodrigo, quien sostenía que debía entrarse hasta las alcobas á visitar á los enfermos y hacer de la casa de éstos, en esos momentos, el centro de sus verdaderos amigos. La cólera de don Rodrigo subió de punto, cuando, acaecida la muerte de una persona de calidad, el caballero, vestido de riguroso luto, llevó personalmente su tarjeta de duelo á la casa del finado, y no entró en ella para estarse callado como un mudo ó para hablar con los deudos cosas inoportunas. Todo eso lo llamaba don Rodrigo *innovaciones audaces y peligrosas.*

—Estoy por un lance de salón, dijo Mortimer.

En aquel momento Olga reprendía á sus criados y Paquito roncaba como un lego.

—Estoy por las tres cosas, dijo la señora:
un lance de *espada*, un lance de *ciencia* y
un lance de *salón*. De alguno de ellos ha
de salir mal librado.

—O en todos, dijo Hércules ; tánto mejor!.... me carga el hombrecito.

Los interlocutores se aproximaron y ha-
blaron en voz baja. Un momento después
entró el embajador, que era hombre muy
amable, trayendo él mismo un ponche
soberbio.

En cuanto á Paquito, hubo que ponerlo
de pie y sacudirlo muchas veces para que
se despertara. Ni él, ni Olga sabían nada
de lo que se había acordado. La ignorancia es ciega como la inocencia.

VIII

Habíamos olvidado decir que el caballero le había escrito á Eva el siguiente billete :

" Señorita de San Luz. Hace diez y
ocho meses que el joven que sabeis se casó
con una graciosa morena y está consagra-
do á cuidar de ella y de su primer hijo.

" Vuestro servidor, RAUZAN."

Esta noticia mortificó á Eva, pues con-
servaba algunas esperanzas en favor de
su amiga. También la mortificó el laconismo, por no decir la *frialdad*, del billete.

Como Hugo no había vuelto á su casa, quiso escribirle dándole las gracias por el informe que le daba, é hizo para ello muchos borradores. Por último, le escribió de esta manera:

" Señor de Rauzan. Gracias, mil gracias por vuestra noticia, que creo verdadera. Es desgarradora para mi pobre amiga; pero es mejor el dardo de la verdad que el bálsamo de la duda.... Ahora sí creo concluido el incidente de la carta.

"Vuestra servidora, EVA DE SAN LUZ."

No era el caballero una persona á quien hubiera que decirle las cosas. Él las veía al través del tiempo y del espacio. Interpretó, pues, el billete de Eva así: en primer lugar, laconismo por laconismo, frialdad por frialdad: no la llamé *mi amiga*, no me llamó *su amigo*. En segundo lugar, lo del dardo y el bálsamo, aunque muy bien aplicado á la señorita burlada, no se refiere á aquélla sino á Eva, quien me dice con eso que está padeciendo incertidumbres mortificantes por causa mía. Por último, eso de que *ahora sí cree concluído el incidente de la carta*, equivale á esta pregunta: ¿ será cierto que todo ha concluído entre los dos ? Eva se habrá dicho : si todo ha concluído entre los dos, Rauzan se callará; si no ha concluído y quiere ser amable conmigo, me escribirá ó vendrá para decirme: "Lo de la carta concluyó, pero nuestra amistad empieza ahora no mas."

Pues bien, agregó el caballero, ni le escribiré ni iré á verla. Yo no amo á Eva, pero la estimo en alto grado; siento que su desgracia la arrastra hacia mí, y para salvarla, la trataré como á todas las mujeres.

Algunos días después, el señor de San Luz fué personalmente á invitar á comer al señor de Rauzan. En el primer momento, éste creyó ver en esa invitación la mano de Eva y quiso excusarse; pero luégo pensó que esa sería una crueldad, injusta como son todas las crueldades, y aceptó el convite.

No se trataba de una simple comida sino de un banquete en debida forma; y ¡cosa singular! este convite puso en grandes apuros á Paquito, quien corrió á casa de Eva á informarse de si el ministro ruso estaba invitado á él; y habiendo sabido que sí, le dijo á aquélla:

—Haga usted todo lo posible, señorita, para que su papá no presente al señor de Rauzan al embajador. Hay alguna cosa entre ellos, que no les permite mirarse bien.

—Pero eso es casi imposible: mi padre tiene que poner en relación á sus convidados, y más si son personas de alto carácter.

—Evite usted eso, señorita; evite usted eso á todo trance.

—Pensaré lo que puede hacerse. ¿Tiene usted mucha intimidad con el señor de Rauzan?

—Me honro con ella.

—¿Es cierto que está enamorado de Lais?

—No crea usted eso.

—No me lo oculte, Paquito: usted sabe la verdad.

—Tal vez algún capricho pasajero.... tal vez ella....

—¿Y á quiénes más ama el señor de Rauzan?

—Cómo á quiénes *más!* ¿Se puede amar á más de una mujer?

—Estando él de tránsito en una ciudad, en donde nadie ni nada le importa, ¿por qué no y más si se tiene por nombre *el irresistible....?* él sí puede amar á más de una, agregó Eva con algo de despecho.

Paquito se rió maliciosamente.

—Vamos, Paquito, dígamelo usted todo. ¿A quiénes más ama el señor de Rauzan?

—Él ama á todas las mujeres y no ama á ninguna. El señor de Rauzan es casado.

—Casado! ¿Se chancea usted?

—Hablo seriamente.

—¿Quién se lo ha dicho á usted?

—Él mismo.

—¿Y no le ha encargado el secreto?

—Todo lo contrario : me ha dicho que lo haga decir así en *El Mundo Frívolo*, que es el periódico que más se ocupa de él.

—Ese periódico no es amable con el señor de Rauzan.

—Él se ríe de eso.

—¿Qué le ha dicho á usted el señor de Rauzan de las señoras y señoritas de la ciudad ?

—¿Él ?

—Sí, él.

—Muchas cosas.

—Buenas, por supuesto.

—Buenas y malas, según el caso.

—¿Qué le ha dicho á usted de mí ?

—Aunque me habla frecuentemente del padre de usted, nunca la menciona á usted.

—¿Me aborrecerá ?

—¿Por qué ?

—¿Me despreciará ?

—¿Por qué ?.... ¿Por qué no dice usted me *respetará* ?

Eva lanzó un suspiro ; luégo dijo :

—Estamos hablando tonterías.

—Estamos hablando cosas muy serias.

—¿Muy serias ?.... ¿Le parece á usted cosa muy seria que el señor de Rauzan no hable nunca de mí ?

—Sí, porque pareceis nacidos la una para el otro.

—¿Le adula usted á él ó cree adularme á mí, Paquito ?

—Hago á ambos justicia, simplemente.

—Pero el señor de Rauzan es casado...
y yo casi soy viuda.

—¿Quiere usted que le traiga el retrato
de la mujer del señor de Rauzan ?

—Sí, siempre que él lo ignore ; pero no,
no hay para qué.

—Está bien ; no olvide usted lo de la
presentación.

Eva tuvo dos impresiones distintas al
saber que el caballero de Rauzan era casado. La primera y la más fuerte, le fué
agradable, porque así encontraba ella
una egida con que no había contado. La
otra le fué desagradable, pues hubiera
querido vencer aquella naturaleza podero-
sa y hacerse amar hasta el punto de que
el caballero la hubiera conducido al altar.
Hay mujeres para quienes *amor é himeneo*
son cosas iguales, y Eva era una de ellas.
Respiró pues con fuerza y se sintió alivia-
da. Ella era, ahora, quien iba á dominar.
Un hombre casado es un hombre muerto
en asuntos de galantería efectiva. La noticia le había llegado á Eva muy oportunamente, y estaba resuelta á no descubrir
lo que era yá, para ella, su *pasada debilidad.* En adelante sólo dispensaría al caballero de Rauzan una indiferencia cortés.
Eso al menos creía ella.

La fatalidad disponía otra cosa: la fa-

talidad seguía arrastrándola inexorable-
mente hacia el caballero de Rauzan, esto
es, hacia el abismo, porque Rauzan era
un abismo ; y en él se hundiria como se
hunde una débil barquilla en un mar proceloso. Luchar con ese hombre, que no
combatía, era perderse, y no luchar era
perderse también. La mayor parte de las
mujeres eran en presencia de ese hombre
singular, lo que las agujas enfrente del
imán: la que no podía adherirse á él se
enloquecía. Y no era el señor de Rauzan
quien tenía la culpa, pues nunca ponía
nada de su parte. Por el contrario, cuan-
dó tenía simpatías por alguna hermosura,
huía de ella y procuraba hacerse aborrecer.
No era aquel un capricho extravagante :
era un acto de virtud. El señor de Rauzan
sabía por qué.

Eva se acostó aquella noche completamente curada de su inexplicable inclinación al caballero; pero al día siguiente se
despertó más confundida que nunca. El
casamiento del caballero no le importaba
nada. Safo sabía también que la muerte
estaba en el abismo, y sin embargo se
había arrojado en él. Por otra parte, dentro de los estrechos límites de una virtud serena, se podía amar á un hombre
como se ama un ensueño.... Eva tenía
esa virtud.

IX

Residía por aquel tiempo en la ciudad de *** un célebre médico de las facultades de París y de Viena, que gozaba de una gran reputación y cuyo dictamen se tenía como el de un oráculo. Se llamaba el doctor Remusat y tenía más de, sesenta años.

Este doctor era también uno de los invitados á la comida de San Luz. ¿Cuál había sido la causa de este convite? Vamos á decirla.

Paquito no había hecho más que fingir que dormía en la casa del embajador ruso, y por lo mismo lo había visto todo, todo lo había escuchado. Como él vivía de eso, como ese era su secreto, corrió á la casa del señor de Rauzan y con medias palabras y con medios *síes* y medios *noes* – todo esto sin comprometerse y sin comprometer á nadie – insinuole al caballero que, por tener muchos enemigos y muchos envidiosos, podía estar expuesto á lances de *salón*, de *ciencia* ó de *espada*, de los que era necesario que saliese lucido.

—¿Qué me dice usted, Paquito? ¿Quién puede en esta ciudad provocarme á lances de esa naturaleza?

—No faltan gentes mal intencionadas.

—¿Cree usted que el embajador ruso?...

—No creo nada, señor; pero de donde menos se espera salta la liebre.

—Si sabe usted algo, Paquito, ¿por qué no me habla usted claro?

—Cosa cierta, cosa determinada no sé; pero se dicen por ahí palabras y se hacen cosas, que lo obligan á úno á sospechar; y después de todo, nada se pierde con estar sobre aviso.

—Veo, Paquito, que es usted un fiel amigo mío y un hombre previsor.

—Afecto por afecto, nada más.

—A propósito de afectos, ¿conoce usted al doctor Remusat?

—Toma! es mi médico. Excelente persona....

—¿Sabe usted si él está invitado á la comida del señor de San Luz?

—No lo sé.

—Me agradaría verlo en ella.

—¿Es amigo de usted?

—Le conozco simplemente de reputación y le estimo mucho.

—Oh! es el primer sabio del siglo.... Yo haré que sea invitado, y si usted quiere se lo presentaré.

—Esa será función del señor de San Luz, dijo amablemente el caballero.

Paquito se mordió los labios; luégo dijo:

—También será función del señor de

San Luz presentar á usted al ministro de
Rusia....

—Lo creo.

—¿Y qué hará usted?

—Lo que hace un caballero, en buena
sociedad, en casos parecidos: le daré mi
mano y respetaré la casa del señor de
San Luz.

En esta vez Paquito no se mordió los
labios, pero meneó la cabeza como quien
dice: contra este hombre no hay poder
humano. En seguida dijo:

—Es verdad.

—Me habló usted en días pasados, Paquito, de que deseaba tener un Schakes-
peare completo é ilustrado. Trasegando
ayer Man mi equipaje, encontró uno que
es una verdadera obra de arte, y voy á
tener el gusto de enviárselo á su casa. Es
un regalo de lord Polker.

—Señor!....

—Consérvelo usted como un recuerdo
de este viajero *irresistible*, que nada tiene
de tal.

—Será para mí una reliquia.

El señor de Rauzan sabía lo que hacía
y Paquito también, cada uno en su escala;
hé ahí por qué este último, al salir de la
casa del primero, corrió á la casa de San
Luz y le dijo á Eva:

—¿Está invitado á la comida el doctor
Remusat?

—No lo sé, pero podemos ver la lista de invitados.

Examinada la lista, no se halló en ella el nombre del doctor.

—Pues bien, dijo Paquito á Eva, si quiere usted agradar á cierta persona, haga usted que su papá invite al doctor Remusat.

—¿A qué persona?

—A una que le agradecerá á usted eso, como una prueba de cariño.

—Dígame usted el nombre de esa persona.

—Usted me entiende: esa persona es *él*.

Eva se ruborizó.

Es cosa observada que cuando las mujeres hablan con misterio de un hombre ó permiten que se les hable de él con misterio, lo mismo que cuando en público lo nombran con su apellido ó título y en el trato familiar con su nombre de bautismo; es cosa observada, decimos, que entre ellas y esos afortunados, si no existen relaciones amorosas, por lo menos existe el germen de ellas. Esta observación se hace más cierta, cuando desaparecen por completo de la conversación el nombre y el apellido del individuo, y se habla únicamente de *él*. Lo mismo decimos de *ella*.

Eva pecó como su madre, aunque no de indiscreta, cuando no le dijo á Paquito:

¿de que *él* me habla usted? y aceptó la confidencia. Más, ¿ de qué clase era el pecado de Eva? ¿Existía yá el amor por el señor de Rauzan en su pecho, ó existía apenas el germen? Quién sabe. Yá lo hemos dicho: el caballero tenía el síno ó la habilidad de poner á las mujeres en cierto estado de confusión, en que no sabían qué era lo que sentían, ni qué era lo que dejaban de sentir por él, si miedo ó amor, atracción ó repulsión. Querían seguirlo y querían detenerse.... querían buscarlo y querian huirle, las alentaban sus galanterías y sus desdenes las herían de muerte.

Como era de esperarse, el doctor Remusat fué invitado al banquete de San Luz, y yá sabe el lector por qué. Lo que no sabe el lector es por qué el señor de Rauzan quería que se hiciera ese convite. El caballero no era persona que diera un paso, por insignificante que fuese, sin saber hacia dónde caminaba, y por eso quería hallar en casa de San Luz un hombre en cuyo carácter y honradez pudiera confiar. En todo evento, es útil la presencia de un caballero.

Como se ha visto, Paquito no perdía su tiempo ni estaba ocioso. Servía á los intereses y pasiones del señor de Rauzan, servía á los intereses de Eva, y servía también á los intereses y pasiones de Morti-

mer, de Hércules y de la buena señora
cuyo nombre hemos creído conveniente
ocultar. También le servía á Olga; y aunque es cierto que, para servirles á los unos,
traicionaba á los otros; esto es, aunque
es cierto que los traicionaba á todos, también lo es que les servía á todos, en lo cual
había una justa compensación....

X

En la mañana del día del convite en casa
de San Luz, estaban encerrados en el escritorio del embajador ruso éste y Mortimer. Hé aquí lo que pasaba allí.

—Tenemos que decidirnos por algo, porque el tiempo urge, decía Mortimer, quien
temía no ser aquella noche el rey de la
fiesta, á pesar del mucho esmero que había
puesto en el vestido que debía llevar,
en la riqueza de los perfumes con que debía ungirse y en el valor de las joyas
con que pensaba ataviarse.

—Vacilo, respondió el ruso, porque hay
cierta categoría en los lances, que di-
ficulta mi elección. Si teneis algo que hacer, dejadme solo; yo meditaré y allá os
diré lo que debemos hacer.

—Pero si lo dejamos para última hora
pueden presentarse obstáculos insuperables, y sería muy sensible perder la opor-

tunidad de hundir á ese hombre, pues tendremos esta noche eu casa de San Luz lo más selecto de la ciudad.

—Confiad en mí. He querido áyudaros en esa travesura por complacer á nuestra amiga, y no quiero salir desairado.

—Está bien.

Mortimer se despidió del ruso y pensó que éste no le decía nada por desconfianza de que fuera á trascenderse algo de lo que aquél llamaba *una travesura*. Esto mortificó su amor propio, pero se conformó con la esperanza de que todo saldría bien.

Olga se encerró en su escritorio dando doble vuelta á la llave. Una vez solo, sacó de una cómoda un portàfolio y de éste una carta, cuyo papel amarillento y cuyos caracteres descoloridos, indicaban su antigüedad. Era ésta una carta de un amigo de Olga, contestación á otra en que éste le había pedido informes sobre el caballero de Rauzan, en la época del lance ocurrido entre los dos.

Olga leyó la carta. Decía así:

" José Hugo Rauzan ó el *caballero irresistible*, no es un hombre precisamente hermoso sino varonil, y tiene la belleza de las proporciones matemáticas. Es de un gran talento y muchos estudios; y cuando quiere, tiene una palabra fácil, profunda

y oportuna. Su decir es ático, delicado y
elegante. Su método lógico es como el del
Cristo: la parábola; y deslumbra con sus
símiles. Por lo común es callado, observa-
dor hábil, y sostiene victoriosamente las
más encontradas tesis. Tiene una sonrisa
de desdén que hiela y un valor sereno de
primer orden. No es insinuante, pero cuando quiere usa con las gentes de modales que las seducen. Las mujeres dicen
de él que es un hombre *muy raro*, y los
hombres lo odian y le temen. Por orgullo,
no hace sino lo que puede hacer bien, y
se exhibe ocultándose. Calculadamente se
hace el incomprensible, el misántropo, el
hombre cansado, el hombre-enigma. Aunque no tiene fuego, es muy peligroso para
las damas, pues hace hacia ellas unas
cuantas jornadas, siembra, por decirlo así,
la semilla del amor, y luégo las abandona
por años enteros. Con las mujeres de talento ó á la moda, tiene siempre una historia principiada, que él concluye ó no, á capricho. Las que lo tratan quieren ser sus
favoritas, para dominarlo ó para desde-
ñarlo. Empresa peligrosa, porque Rauzan
produce en ellas dudas, arrebatos, casos
de celos, de despecho y luégo las abandona y olvida. Mas, el día menos esperado, echando mano de una circunstancia
insignificante, remueve la ceniza, da el

combate decisivo, y triunfa. Dicen unos
que no hace uso de sus victorias; otros
dicen que sí. No es un Lovelace ni un
Richelieu, pero es más peligroso de lo
que fueron esos dos hombres. Las personas que no le tratan hablan mal de
él, pero él rinde á sus enemigos con una
confidencia, con un servicio inesperado,
con una galantería de alto tono, que empiezan por aturdirlos y acaban por escla-
vizarlos. Es espiritual y no sensual. Sería
poeta si quisiera, pero sus talentos son
serios, lo mismo que sus estudios. Es
un gran médico, ha obtenido grandes
triunfos políticos y militares, y aunque se
dice de él que es un taumaturgo, sólo creo
que ha estudiado mucho á Lavater, á
Gall, á Spurzheim, á La Bruyère y á La
Rochefoucauld. Esto hace que conozca á
las personas á primera vista, y juegue con
sus pasiones y secretos. Ha viajado mucho, tiene mucho mundo y conoce el corazón humano como el que más. Hay grandes dudas sobre su moralidad. Es un materialista insigne. Se le acusa de haber
dado drogas á su mujer para enloquecerla
y se le mezcla en los crímenes de los ahogadores de Edimburgo. Hay quienes lo
llamen el *resucitado*. No se sabe de qué
nación es, y se dice que hizo una gran fortuna como oficial de Ab-del-Kader. Algo

3

se me queda en el tintero, pero basta lo dicho para que usted se forme una idea de él. En todo caso es mejor tenerlo de amigo."

Al terminar la lectura de la carta dijo Olga:

—Si yo hubiera tenido estos informes oportunamente, me habría ahorrado el sinsabor que me causó el choque que tuve ahora años con este hombre. Entonces era joven todavía; ahora debe estar más perfeccionado. Marcharé con tiento: he recibido una lección y no quiero recibir otra. Sin embargo, debo vengarme de él.

Después de esto, el ruso se vistió, pidió su coche y se fué á dar un paseo mientras llegaba la hora del banquete.

Al terminar el primer servicio de éste, el embajador le dijo á Mortimer:

—Opino que debemos dar la prelación á la ciencia. Esta no puede infundir sospechas á nadie, y en un concurso tan selecto como éste, otra cosa podría ser mal mirada.

—Me parece bien. ¿Qué cuestión le propondremos?

—Cuando estemos tomando el café, hablará Hércules de la mucha inteligencia que tiene su perro Héctor, y eso servirá de pié para que se trate del alma de los animales y consiguientemente de la de los

hombres. En el momento que vos lo creais
más oportuno, os encarareis con el caballero y le pedireis su opinión sobre la frenología. La materia es fecunda y amena, inte-
resaremos á todos en el debate y oiremos
lo que él diga. Puede ser que lo corone-
mos esta misma noche como á un gran
charlatán.

—Magnífico! exclamó Mortimer. Confiad en mí.

Mientras que pasaba esto entre el elegante frívolo y el astuto diplomático,
nuestra casada le decía á Paquito, al
tiempo que le pellizcaba un brazo :

—Cuidado con una traición! usted no
estaba dormido la otra noche en casa del
embajador. Si se sabe algo de lo que allí
pasó, entienda usted que me enojaré en
regla.

—¿ *Pasó algo*, pues, la otra noche en casa
del embajador ? preguntó con aire malicioso Paquito.

—Cuidadito y andar derecho.

Cuando se empezó á servir el café, Hércules estaba gesticulando y hablando hasta
por los codos del talento maravilloso de
su perro Héctor. Decía que era un animal
perfecto, pues aunque no hablaba ni es-
cribia eso lo hacía más completo, porque
lo hacía más circunspecto ; luego añadió,
dirigiéndose á Cortés :

—¿No lo crees así, Cortés ?

Todos comprendieron la pulla de Hércules y soltaron la risa. El aludido dijo, tomando el desquite:

—Si el mucho hablar es imprudente, estoy contigo, capitán.

Hércules se rascó una oreja y dijo:

—Yo no he hablado de *mucho* ni de *poco*, sino de *nada*.

—Si no hablar es bueno, hablar será malo, y hablar mucho será pésimo, observó Cortés.

Hércules iba á replicarle á Cortés, pero Mortimer le hizo seña de que no insistiera.

—En esto de la inteligencia de los animales hay cosas sorprendentes, dijo don Rodrigo de Navas. Yo tuve una monita que jugaba tresillo á las mil maravillas.

—Tresillo! exclamaron muchas personas á un tiempo.

—Sí, señores. Yá sabía yo de otro mono, uno de Amiens, que jugaba ajedrez con Carlos V y le daba jaque-mate; pero el tresillo me parece un juego más complicado, que requiere memoria, atención, mucho cálculo y ciertas combinaciones. En la contrabola mi monita era invencible.

—Eso depende de que los animales tienen alma, y muchos de ellos la tienen más grande y más limpia que la de los hombres, observó Hércules.

—Eso digo y eso sostengo yo, dijo don Rodrigo con énfasis.

—Qué disparate! exclamó una anciana:
en los animales no hay más que organismo, instintos; pero ninguno de ellos tiene
memoria, entendimiento y voluntad, que
son las tres potencias del alma.

—El organismo no piensa, y para jugar
tresillo se necesita pensar, dijo D. Rodrigo.
Además, ¿quién ignora la historia de los
tres perros?

—Yo, dijo Hércules; teued la bondad
de referirla.

—Tres caballeros escoceses tenían tres
perros, respectivamente: un terranova, un
mastín y un alano. Estos perros eran amigos y de hecho constituían la aristocracia
perruna del lugar, combatida por los perros plebeyos. El terranova – que iba todos
los días por el pan de su amo – fué atacado
una vez por todos los gozques de la vecindad y recibió empellones, mordiscos y ul-
trajes, pues no quiso soltar la hogaza que
llevaba y esto hizo muy débil su defensa.
Mas, luégo que hubo entregado el pan,
buscó al mastín y fué con éste á buscar al
alano, y reunidos los tres les dieron una
terrible batalla á los perros plebeyos, que
estaban aún reunidos y gozosos de la derrota que le habían dado al orgulloso terranova. No se puede negar que en esto hubo
premeditación de venganza, *cálculo* en los
medios de consumarla, *acuerdo* entre los

perros aliados y *plan* de ejecución. ¿Qué se objeta á esto? preguntó don Rodrigo, al concluir, con aire de triunfo.

—Plutarco, dijo el doctor Remusat, refiere cosas muy notables de un perro que representaba la farsa del envenenado, hasta morir y resucitar, y cita como testigo del hecho al emperador Vespasiano. Pueden ser recogidos en un libro los que llamaríamos *cuentos de perros*, pues á la verdad hay muchos, y si no son del todo ciertos, por lo menos están bien inventados; pero las excepciones no hacen la regla. El perro, por la pureza de sus instintos y por su domesticidad, se presta á cosas á que no se prestan los otros animales.

—Señor de Rauzan, dijo Mortimer á este caballero, que oía la conversación con interés pero sin tomar parte en ella, tened la bondad de hacernos conocer vuestra opinión. ¿Creeis en la influencia del organismo sobre el espíritu?

—No, señor, y por lo mismo no soy partidario de la frenología. Creo en las relaciones del alma con el organismo, pero no en la subordinación de aquélla á éste.

Lo rotundo de esta negación sorprendió á Olga y á don Rodrigo. Al oirse en el salón la voz del caballero, casi todos los circunstantes le rodearon, pues había ansia de escucharle.

—Inclinado desde niño á los estudios que tienen algo de maravilloso, como el magnetismo, la craneoscopia, la electricidad, &c. me dejé arrebatar, por algún tiempo, de las falsas teorías de Gall, de Spurzheim, de Lavater, de Camper, de Combe y de otros. Hoy tengo á ese respecto ideas definitivas, que me atrevo á calificar de *sólidas.*

Por lo que hace al ángulo facial de Camper y á la regularidad de las facciones, es cosa probada que las personas más hermosas y las mejor configuradas, no son siempre las más inteligentes; muy al contrario. Lavater, como lo sabeis todos vossotros, extendió su doctrina á todo el cuerpo y habló de la cabeza, del gesto, de los modales, del timbre de la voz, de los ojos, de la boca, de la nariz, de los músculos, de los cabellos, de las uñas, &ª.; pero bien se comprende que lo que no se ha podido probar del cerebro – órgano esencial – es más difícil probarlo de un pié ó de una oreja, órganos secundarios.

Los oyentes asintieron. El caballero continuó así:

Tiedeman comparó los cerebros del negro y del europeo y los encontró iguales. También encontró el cerebro del europeo igual al de las razas más bárbaras del orbe; y éste fué yá un gran motivo de duda.

Además, aceptada la teoría de los cerebros, el asno sería más inteligente que el caballo y que el elefante, el conejo más inteligente que el mono; y, lo que es más absurdo todavía, el asno y el caballo serían más inteligentes que el hombre!

En este punto, Paquito, que empezó á ver de qué lado se iba inclinando la balanza, dijo:

—Si fuera así, nuestro amigo Navas podría enseñarle el tresillo á un conejo con más facilidad que á un mono.

Hubo risas por un momento. El caballero continuó de esta manera:

—Me refiero en todo á observaciones experimentales. Gall supuso que las facultades del alma estaban en la superficie del cerebro, ó que se extendían hasta esa superficie; pero Flourens probó con repetidos experimentos, que se le pueden quitar partes considerables al cerebro sin que se alteren dichas facultades. Berad y Cabanis confirmaron esto después.

Gall halló una conformidad exacta entre las protuberancias del cerebro y las de los huesos del cráneo, que son las que sirven á los frenólogos para estudiar la inteligencia, el carácter y las pasiones de los individuos; pero Magendie descubrió que el cráneo no está lleno de la masa del cerebro, que hay entre ésta y aquél una mem-

brana, y entre ésta y los sesos un líquido
(el céfalo-raquidio), y desapareció por tanto aquella conformidad. Hay también varias circunvoluciones del cerebro que no
están en contacto con el cráneo, y que, por
lo mismo, no pueden ser estudiadas en
las personas vivas. Esta solución de con-
tinuidad mató un sistema que había hecho tánto ruído en el mundo.

Los concurrentes escuchaban con mucho
interés. El señor de Rauzan añadió:

—He visitado la colección frenológica
de Londres, compuesta de cerca de 500
cabezas, la de Spurzheim, de 900; la de
Holms, de 400; la de Childs de Bungay,
de 300. Me he aturdido con la de Deville,
de 2.200,500, en la que se hallan vaciados
los cráneos de los más distinguidos poetas,
pintores, músicos, cómicos, oradores, matemáticos, guerreros, mecánicos, diplomáticos, eruditos, criminales, &ª; acabo de
estar en donde Fowler & Vells Co., de
Nueva York, y nada he hallado que pueda
justificar ni probar un sistema que condu-
ciría rectamente al *materialismo* y á la *fatalidad*, y que permitiría hacer á los hombres á nuestro gusto, sólo con torturarles
un poco la cabeza.

Por mucho que fué el ruído que se hizo
al principio con la frenología, esta falsa
doctrina ha ido cayendo poco á poco y hoy

se halla en completo ridículo. Los últimos experimentos la han arruinado.

—¿Podeis hablarnos de algunos, señor? preguntó Hércules con más impertinencia que curiosidad.

—Con mucho gusto, señor capitán. Mr. Stone, presidente de la Sociedad Médica de Edimburgo, al examinar los cráneos de Burke, Hare y otros célebres ahogadores, sacó consecuencias contrarias á los principios frenológicos.

—¿Hablais de los ahogadores de Edimburgo? preguntó el embajador ruso, mirando audazmente al caballero y como queriendo sorprender en éste alguna emoción.

—Sí, señor, de ellos hablo; y ese fué el resultado, respondió el caballero con gran tranquilidad. El mismo Mr. Stone tomó cincuenta cráneos de la colección de Sir W. Hamilton y comparándolos con los cincuenta que había depositado el doctor Spurzheim en el museo de Edimburgo, resultó que en los cráneos de quince de los asesinos más atroces, el órgano de la *destructibilidad* era muy pequeño; que en doce el órgano de la *benevolencia* era muy grande, y que en todos los cien cráneos estaba muy pronunciado el órgano de la *concienciabilidad.*

—Es bien singular!

—Más singular fué que, comparado el cráneo del doctor Gregory, amigo y compañero de Newton, célebre matemático, autor de muchas obras notables y eminente por sus virtudes, con el de los cien bandidos, resultó el órgano de la *destructibilidad* más desenvuelto en el doctor Gregory que en aquellos infames.

Examinados, también por Mr. Stone, los cráneos de Voltaire y del asesino Thurtell, resultó Voltaire el mayor ladrón y el más grande asesino del siglo; y Thurtell - que asesinó cobarde, cruel y pérfidamente á su amigo Weare - un hombre lleno de *veneración, benevolencia* y *amistad.*

Examinada posteriormente la calavera de una mujer que había arrojado al Támesis á su hijo, niño de pechos aún, resultó ser aquélla una mujer locamente apasionada de los niños!

Se dice que el órgano de la *configuración* estaba muy desarrollado en Rafael, Tintoretti y Vandick, pero no en Murillo, Velásquez y otros famosos pintores y escultores. En Rubens este órgano era casi nulo. Las cabezas de Bacon y de Bentham eran muy desemejantes. La frente de Bacon era alta, ancha y despejada, y la de Bentham era angosta, aplastada y más propia de un idiota que de un profundo jurisperito. No se ha encontrado en el cerebro de los locos perturbación ninguna. Cuando se nos hable de frenología, de organismo &ª, como causas de los fenómenos intelectuales, debemos exclamar como Horacio: *risum teneatis, amici.* ¿Qué decís de esto, señor de Remusat?

—Digo que habeis hablado como un sabio.

—Quisiera, señor de Rauzan, dijo entonces un joven que hacía alarde de ser materialista y de sostener la formación del universo por el acaso; quisiera, señor de Rauzan, oiros raciocinar en contra del materialismo y de la fatalidad.

El caballero miró al joven de pies á cabeza y se sonrió con esa sonrisa de cruel desdén que le era peculiar; luégo le dijo:

—Doy por sentado que vuestro deseo es sincero y me esforzaré por satisfacerlo. Si el hombre es una masa fundida en un molde, el hombre recibe de ese molde sus viciós y virtudes, ó irá hasta donde éstos lo lleven. En donde no hay libre albedrío, aunque haya razón para distinguir lo bueno de lo malo, imperará la fatalidad. Ahora, si lo que constituye el alma humana se puede ver con los ojos y tocar con las manos, amasar, mezclar y destruir, el alma humana es forzosamente material. Empero, esta doctrina lleva á conclusiones desconsoladoras, pues si el

alma humana es material, no puede ser
espiritual; y si no es espiritual, no puede
ser simple. Ahora, si el alma humana no
es simple sino compuesta, es divisible; y
si es divisible, es destructible. Si el alma
humana es destructible, no es inmortal.
Si no se inmortal, lo lógico es que perezca
con el cuerpo. Si perece con el cuerpo, no
hay penas ni recompensas de ultra-tumba,
y si no las hay, tampoco hay justicia divina ulterior. Si no hay justicia ulterior,
le falta á Dios uno de sus atributos esenciales. Faltándole á Dios uno de sus atributos esenciales, Dios no es infinitamente
perfecto; y no siéndolo, no puede existir.
Si Dios no existe, le falta al universo su
gran causa, su gran razón de ser, y el
mundo es simplemente la obra de la casualidad. Mas, como la casualidad no puede
ser providente, ni eficiente, ni omnipo-
tente, ni omnisapiente, ni eterna, el materialismo conduce rectamente al *ateismo*.
En cuanto á mí, joven, sabed que acepto
las doctrinas consoladoras de la existencia de *Dios* y del *alma*, doctrinas ligadas
con la fuerza inexorable de la lógica.

El joven quedó confundido. El doctor
Remusat dió á Rauzan un cordial apretón
de manos y le dijo:

—Habeis hablado como un semidios y
me alegro de ver en vos un poderoso cam-

peón de la espiritualidad del alma. Aunque soy médico, me río de los que se afanan buscando en los cadáveres, sin otro auxiliar que el escalpelo, la residencia del espíritu del hombre ó el órgano esencial que representa á ese espíritu. Esto es igual á buscar en una mochila vacía el tesoro que en otro tiempo estuvo en ella.

—¿ Y los hechos ? los hechos, señor de Rauzan ? dijo Navas, á quien le gustaba hablar siempre el último para cerrar el debate. Lavater no ha caído por completo.

—Para mí, señor, dijo el caballero, la cuestión es muy sencilla. Doy al hombre en común con los animales los órganos y los instintos, y de desemejante con ellos, el alma. Entiendo por *órgano* en este caso, el medio de acción; por *instinto* el impulso natural según el organismo; y por *alma* las facultades del entendimiento y de la voluntad, independientes de los órganos y de los instintos.

—Todo esto está muy bueno, dijo el señor de San Luz, pero han comenzado las danzas y las señoritas empiezan á fastidiarse. Dejemos eso á las academias y vamos á valsar. Caballeros, hablo con todos vosotros.

—Este buen señor, se dijo el caballero de Rauzan, no estaba en el complot.... Eva mucho menos.

El señor de San Luz había presentado al doctor Remusat al señor de Rauzan ; pero no había encontrado oportunidad de hacer lo mismo con el embajador ruso. Las mujeres, cuando quieren, saben hacer las cosas.

Era yá tarde. Los convidados habían empezado á retirarse. Uno de ellos había sido el embajador, quien había tomado las de Villadiego desde que había presentido el resultado del lance.

Cuando el señor de Rauzan fué á despedirse de Eva ésta le dijo:

—Nos habeis dado una espléndida conferencia y os aplaudo por vuestro triunfo.

—Gracias, señorita ; y yá que las ciencias me tuvieron apartado de vuestro lado, permitid que os presente esta flor.

El caballero dió á Eva una flor azul, linda y pequeña como una mariposa.

XI

Al día siguiente no se hablaba en la ciudad y en los círculos elegantes sino del banquete de San Luz y de la erudición y lógica del caballero de Rauzan. El triunfo sobre sus enemigos había sido completo. El embajador se había hecho la ilusión de que callaría como un tonto ó de que se echaría á rodar por esos cerros de Dios, exponiendo doctrinas y teorías estrafalarias y antisociales; y sucedió que la calma, la precisión y el acierto del señor de Rauzan lo pasmaron.

El señor de Rauzan no era un charlatán.

Estos acontecimientos fueron seguidos del que vamos á referir.

—Paquito, decía Eva á éste algunos días después de la comida. Cuéntemelo todo, no me calle usted nada, pues el decoro no me permite hablar de este triste incidente sino con usted.

—Es muy lamentable ciertamente.

—Es aniquilador.... hable usted.

—Parece que el caballero hacía la corte á Lais, que, como sabe usted, es una linda viuda que no ha llorado á su difunto esposo sino con un sólo ojo.

—¿No era el caballero el que le hacía la corte?

—Él ó ella, ó ambos (esto no hace al caso). Se trataba de una cita en el vecino bosque de Sobrière. Pasó adelante el coche de Lais y media hora después el coche del señor de Rauzan. Lais había pasado esa media hora paseándose á pié en la espesura, de modo que fué vista por muchas personas. Como el caballero se tardaba, empezó ella á inquietarse y á disgustarse, pero al fin vió aproximarse el coche de aquél y se serenó; mas ¿quién cree usted que salió de ese coche en la linde del bosque?

—Pues quién había de ser! el señor de Rauzan, dijo Eva con cierta viveza, muy permitida en una mujer cuasi-rival de otra.

—No, señorita: salió Man, el lacayo del caballero.

—Es posible! exclamó Eva riéndose.

—El lacayo en cuerpo y alma.

—Pero eso no se explica.

—Sí se explica: no era que el señor había mandado á su criado para que lo representase con su amante, sino para que le llevase una carta.

—Ah!.... ¿le pediría en ella mil perdones por no poder concurrir á la cita?.. le fijaría otra hora y otro lugar?

—Nada de eso.

—¿Pues qué era entónces?

—El caballero le daba una lección saludable.

—¿Como así?

—Hé aquí la carta.

—¿Cómo! la tiene usted?

—Es una copia.

—¿Cómo obtuvo usted esa copia?

—Lais, luégo que leyó la carta, quedó tan aturdida, que en lugar de meterla en su bolsillo, la dejó caer al suelo. Alguien la alzó, la leyó y divulgó la aventura.

—Qué fatalidad!

—Leo, dijo Paquito, y leyó: "He deja-do llegar las cosas hasta el extremo á que han llegado, para que reflexioneis, señora, en los inconvenientes que trae consigo una conducta poco meditada. Os estimo, pero no os amo. No concurro á la cita para que vos podais reflexionar sobre vuestro proceder y el mío. Ojalá que eso os sea provechoso. Si no tuviera por vos un afecto sincero, habría ido á buscaros y habría pasado con vos un día delicioso. Después, yo lo habría olvidado y vos ha-bríais entrado en una senda de peligros. Pero me direis: ¿ por qué no hacerme esas reflexiones de palabra en lugar de darme un chasco? Porque las mujeres y los ni-ños son más adecuados para las lecciones prácticas que para las teóricas. Perdonad-me, y si aceptais mi amistad, estoy á vues-tras órdenes.—HUGO DE RAUZAN."

—Y es á este hombre, exclamó Paquito con acento lacrimoso, al que llaman un libertino!

—Ciertamente, un seductor no habría obrado así.

—Y aquí no puede haber comedia, pues no hay mujer en el mundo que se preste á representar el papel de Lais. Además, ella yá no está en la ciudad.

—¿A dónde se ha ido?

—Cuando llegó á su casa y vió que ha-

bía perdido el billete del caballero, estuvo á
punto de enloquecerse. Volvió al bosque
á buscarlo; pero toda diligencia fué inútil. El que alzó el billete lo mostró; el
que lo vió, quiso tener una copia, y así
sucesivamente. Este lance terrible es un
secreto que ha pasado de oreja en oreja,
como las copias han pasado de mano en
mano. Lais es actualmente la fábula de
la ciudad. Cuando yo supe el caso, corrí
á verla y á darle consuelo; pero ella me
dijo:

—Paquito, estoy perdida socialmente,
pero me he salvado á mí misma. Ese noble
caballero ha hecho la luz en las tinieblas de
mis pasiones. Yo lo amaba yá; ahora lo
adoro. Mi mala estrella ha hecho que yo
deje perder su billete, pero él no tiene la
culpa de mi ligereza. Salgo en este momento de la ciudad, y no volveré á ella.
Adios, Paquito; ojalá que mi infortunio,
si infortunio es abrir los ojos – no importa
el precio – sirva de ejemplo á las personas
de mi sexo y de mi carácter.

—Pobre Lais!.... ¿Ha visto usted al
caballero?

—Sí, lo he visto.

—¿Qué dice él de todo eso?

—Me ha dicho que, si pudiera, se casa-
ría con esa señora, á quien ha deshonrado
sin quererlo, pero en quien hay un gran
fondo de virtud.

—¿ Supo el caballero lo que ella le dijo á usted?

—Sí, porque parece que eso mismo le escribió Lais á él.... ¿Se queda usted pensativa?

—Sí, Paquito, pues veo que lo que no era sino un juego entre el caballero y Lais, va á cambiarse en una pasión verdadera.

—Todas las pasiones empiezan por juego. Son como los ríos, que todos empiezan por hilitos de agua.

Este pensamiento no era de Paquito, pero Paquito hacía contrabando de símiles y de otras cosas.

—Pero en el caso de que tratamos, hay algo más: hay dos caracteres soberbios que empiezan á comprenderse. Su choque, puede ser su armonía.

—Afortunadamente el caballero es casado.

—¿Por qué dice usted *afortunadamente*, Paquito?

—Porque yo no quiero sino que él la ame á usted.

—Eso no sucederá nunca, dijo Eva poniéndose blanca como el marfil.... aunque el matrimonio no significa nada en hombres como *Hugo*.... los casados como él son como los reyes.

La palabra *Hugo* quemó, al salir, los labios de Eva, quien tuvo que pronun-

ciar ese nombre como tienen los volcanes
que emitir los gases de que están llenos,
gases que los hacen temblar.

—La conversación de Eva y Paquito
quedó suspendida por la llegada del señor
de San Luz.

XII

El caballero de Rauzan crecía codo
sobre codo; casi se le glorificaba, y donde
su reputación hacía más estragos era en
el campo femenino. Todas las mujeres
bonitas y elegantes se disputaban el favor
de ser sus preferidas. Indudablemente no
había otro hombre como él. Qué dicha tan
grande sería poseer ese corazón de león y
dominar esa inteligencia suprema! El común de los hombres, á su lado, eran como
hisopos al lado del roble. Los únicos
que no se rendían eran el embajador, en
privado; y la casada, Mortimer, Hércules
y don Rodrigo, en público. Estos últimos
decían que el lance de Lais era una infame impostura, forjada en momentos en
que aquella señora estaba ausente por
asuntos de familia; y que si el hecho era
cierto, era el caballero quien había dado á
su criado una copia del billete para que la
circulara. Que en el primer caso, Rauzan
era un impostor, y en el segundo un infame;
y como nadie podía ir á preguntarle á él

la verdad, ni á hablarle de eso, y como él no podía mostrar la carta de Lais, la cuadrilla enemiga no dejaba de hacer sus avances. Estos al fin fueron táles que llegaron á noticia de Lais, quien, con asombro de todo el mundo, publicó el siguiente suelto en los diarios de la ciudad:

"Sé que, aparentando servirme, se calumnia al caballero de Rauzan. Los hechos han pasado como los conoce el público; yo no tengo interés en negarlos. Mujer libre por edad y condición, puedo darle mi cariño á quien me parezca; y en todo caso sería más disculpable dárselo á un hombre de bien que á los que no se le parecen. Se engañan los que creen que yo estoy abatida y hacen mofa de mí: yo me creo hoy más digna porque me siento mejor de lo que era ayer."

Este golpe de audacia y de talento, quizá también de virtud, selló todas las bocas, y el caso del bosque de Sobrière quedó cuasi olvidado.

Eva mandó llamar á Paquito para que le dijese qué había dicho el caballero del suelto de Lais. Paquito le dió á Eva dos sinsabores, el primero diciéndole:

—El caballero me ha dicho que Lais merece respeto porque es *un carácter*.

Eva al oir esto se encendió.

El segundo llevándole el retrato de la

esposa del señor de Rauzan, retrato que le había ofrecido hacía algún tiempo. No había duda ninguna: Hugo era casado, puesto que tenía consigo el retrato de su mujer.

Entretanto, la señora casada que conocen nuestros lectores, *fastidiada* un poco por la ausencia de su marido, á quien procuraba tener siempre con empleo fuera de la ciudad, le instaba al embajador para que pusieran en juego contra el caballero de Rauzan los otros dos lances convenidos ; y como el embajador le observase que en asuntos de esa naturaleza, no convenía marchar de carrera, ella le dijo:

—¡Os habeis dejado aturdir con esa fábula del nuevo José y la nueva esposa de Putifar ? Pues bellos estamos !

—Esa no es una fábula, amiga mía, y el caballero de Rauzan merece respeto.

—¡Respeto un hombre que pone en ridículo á una mujer!.... ¿y ella qué merece ?

—Ella merece admiración.

—Admiración una cínica !

—El caballero merece respeto, continuó el ruso, porque ha detenido á Lais al borde de un abismo.

—Un poco bruscamente en verdad !....

—Sí, un poco bruscamente, pero así era necesario. Á las gentes apasionadas ó encaprichadas no se les debe hablar con razonamientos sino con hechos, y cuanto más fuerte sea el hecho, más fuerte será también el resultado. Un suicida no se contiene con bellas palabras; pero si un suicida se viera después de ahorcado ó después de haberse volado los sesos, quedaría espantado de su obra, y por lo mismo arrepentido. El caballero de Rauzan, que indudablemente tiene un gran talento y un profundo conocimiento del corazón humano, no ha querido otra cosa que apartar á Lais de una mala senda. ¿Habría conseguido esto con razonamientos? No, puesto que más persuasivos deben ser los del confesor de Lais, y éste no la ha reducido. Había pues que mostrarle al suicida su propio cadáver sangriento, despedazado y comido de los perros, antes de que cometiera el crimen. Pues bien, un hombre que se hace superior á los encantos de una bella criatura (porque Lais lo es en extremo) y sacrifica sus pasiones y su amor propio á la felicidad y al porvenir de esa criatura, merece respeto, ó no hay nada respetable en la tierra.

—Decidme, Rurik, ¿antes de ser diplomático fuísteis abogado?

—Nada de pullas, amiga. Soy enemigo del caballero de Rauzan, y tengo motivos para serlo; pero nobleza obliga.

—¿Y el escándalo?

—Ese no lo ha causado él sino la casualidad. ¿Cómo puede el caballero ser responsable de la pérdida de la carta?

—Aunque me juzgueis mal, insisto en que si no habeis sido podeis ser un excelente abogado.... sentimental. Estoy cuasi conforme con lo que decís de él. Pasemos ahora á ella; el caso me parece más difícil.

—Nada de eso. Difícil sí en el mundo de los hipócritas y de la mentira; pero no para un carácter noble y elevado, como es el de esa pobre señora. Supongamos que ella amase al caballero de Rauzan con una pasión loca, irresistible.... ¿Creeis que sea un pecado mortal que una mujer ame á un hombre?....

—Si lo creyera, Rurik....

—Supongamos que Lais, viendo que no podía ser correspondida, quisiera por lo menos ser estimada del caballero. ¿Hallais, amiga mía, falta ó pecado en eso?

—No; continuad.

—¿Y podía hacerse estimar dejando correr respecto de él una calumnia infame, sucia, vil, de esas que entre hombre y hombre se castigan con una saliva ó una estocada?

—¿Para qué puede querer Lais la estimación de un hombre que le ha deshonrado? ¿que la ha despreciado?

—Bien sabe Lais que el caballero no la ha deshonrado ni la desprecia. La habría deshonrado si hubiera ido á pasar el día con ella al bosque de Sobrière; pero no fué. Lo mismo digo si la despreciara.

—¿De todo lo cual deducís....?

—De todo lo cual, y de que debe siempre rendírsele culto á la verdad, deduzco que Lais es una mujer admirable. Otra mujer en su lugar se habría creído burlada, ofendida, despreciada y se habría enfurecido. Estaría diciendo iniquidades del señor de Rauzan, mostrándole un odio impotente y hundiéndose más y más en un abismo de donde nadie ni nada podría sacarla.

—¿Sabemos lo que pase en el interior de Lais?

—Sí lo sabemos, porque ha disculpado al caballero ante el público. Es decir, se ha sacrificado por un hombre á quien ama.

—Lais no ama á Rauzan.

—Entonces se ha sacrificado por la verdad, que es una causa más hermosa que la del amor.

—Haceis de Lais una heroína.

—Es ella quien se ha hecho una heroína, con su conducta.

—Si seguimos hablando vais á tomarla por esposa.

—La tomaría si pudiera casarme, dijo el ruso sonriéndose, y si mi cariño no estuviera puesto en otra persona.

—Adulador! exclamó la señora y le dió á Rurik un golpecito en el brazo con su abanico. Luégo agregó: Vamos al asunto. ¿Desistimos de nuestros propósitos? Dejamos triunfar al caballero?

—Soy de concepto que dejemos por ahora las cosas en el pié en que están. Rauzan es muy fuerte en estos momentos, y cuando el enemigo está en una buena posición es arriesgado atacarlo.

—Os creí más constante, Rurik. ¿Sois variable en todo?....

—Eso depende, amiga mía.

XIII

Eva vivía en una creciente inquietud. Cosa singular! mientras Lais había entrado en una calma de espíritu absoluta, como entra toda persona que llega al término definitivo de algo, bueno ó malo, pero definitivo. Eva padecía agitaciones, dudas y desvelos. Se acusaba de no haber sabido tratar al caballero; creía que en unas cosas había ido demasiado lejos y que en otras se había quedado más acá del límite natural. Quería ver á Hugo, quería hablar con él y volver á decirle lo

que le parecía que le había dicho mal ó
incompletamente. También quería decirle
lo que le había callado, si algo le había
callado, pues ella misma no lo sabía á
punto fijo. Creía que no amaba al caballero y convenía consigo misma en que no
debía amarlo; pero Lais le causaba unos
celos mortales, y cuanto más pensaba en
la conducta de ésta, tanto más comprendía
que le era imposible hacer por el caballero
algo que la levantase á sus ojos, como el
sacrificio de Lais debía haber levantado á
ésta. También se decía:

—¿Qué puede hacerse por un hombre
tan raro como éste? Él ha salido yá de la
edad en que se rinde á los hombres con
una mirada, en que se les encadena con
una palabra ó con una sonrisa.. Con los
caractéres como el de Hugo, hay que dejar que todo venga de ellos, y por lo visto
todo ha concluído entre los dos.... y ha
concluído antes de empezar. La situación
de Lais es superior á la mía, porque en lo
que ella ha hecho no ha cabido cálculo,
ni vanidad, ni ningún vil interés: su obra
ha sido ingenua, espontánea, producto de
una pasión noble y verdadera.... él lo
habrá visto así, puesto que tiene una alma
grande y generosa, y Lais tiene que ser
hoy para él una mujer superior á las ridículas preocupaciones sociales.... él se

dirá : "si Lais hubiera negado el hecho y hubiera puesto en los cielos su grito por la *calumnia* del audaz seductor, herido por sus desdenes, Lais sería una mujer despreciable para mí, una mujer como tantas otras; mientras que ahora.... Se besa la mano de una persona arrepentida de haber sido el juguete del vicio ó de las vanidades del mundo, y hasta se le llama *santa*, cuando ha ido á golpear avergonzada y penitente en las puertas de un claustro, ¿por qué no hacer lo mismo con la que ofrece su humillación y su expiación al juicio, casi cruel, casi implacable de la sociedad ?" Y si él se dice eso, Lais está salvada á sus ojos.... pues bien, yo quiero ser también un carácter, un gran carácter; y yá que á nada aspiro que me obligue á ser hipócrita, y que con Edgardo murió para mí todo en este valle de lágrimas y de confusión, voy á hacer lo que me dicta mi pecho.

Eva pidió en seguida su coche, entró en él y se alejó de su casa á gran trote.

Lais entretanto permanecía tranquila en su quinta de Túsculo, á donde se había retirado y en donde pensaba pasar el resto de sus días entregada á sus libros y al *olvido* de lo pasado, como ella se decía.

Lais no amaba á Hugo. Rica, joven, viuda, esto es, libre, vió en la conquista de este

caballero una empresa brillante, digna
de sus fuerzas y méritos, que muy bien
podía ser coronada por un segundo himeneo. Lais ignoraba que el caballero fuera
casado cuando se lanzó en tal aventura.
El señor de Rauzan según su regla inva-
riable para con las mujeres, la dejó ir y se
limitó á acompañarla, á trechos, en tan
florido sendero, sin detenerse á pensar en
que, un hombre como él, aunque hiciera
poco en esas materias, hacía siempre demasiado. Lais recibía todos los días bellos
y costosos ramilletes de sus adoradores,
pero Lais prefería la violeta ó el jazmín
que, de tarde en tarde, le llevaba el caballero en persona. Lais tenía siempre
las mejores parejas de baile en las tertulias de la ciudad, pero Lais prefería pasearse en el salón cogida del brazo de
Hugo, quien no bailaba. El palco de Lais,
en la ópera, estaba lleno de jóvenes elegantes; pero Lais salía triste del teatro
si el caballero no la había buscado una
vez siquiera durante la noche con sus
gemelos, y su felicidad llegaba á su colmo,
cuando aquél la esperaba en la escalera
de la ópera para darle la mano. A veces
también solía acompañarla hasta su casa.

Así fué marchando la linda viuda, y
aunque el caballero hacía lo mismo con
las demás señoras y señoritas, por una

genial coquetería, si se quiere, ó por el há-
bito de ser agradable, Lais creyó cierto
día que era ya tiempo de traerlo á una
dulce explicación. Fué entonces cuando lo
invitó á ir á buscarla al bosque de Sobrière, para pasar un día de campo con
ella. Lais no estaba en esos momentos
inventando la pólvora en asuntos de amor,
esa pólvora había sido inventada hacía
mucho tiempo; pero se prometía que el
caballero se le declararía en las espan-
siones de la soledad y en medio de los
encantos de la naturaleza. Si Hugo no lo
hacía así, Lais estaba resuelta á matar
su propia quimera.

Hubo en esto, quizá, un error de proce-
dimiento; pero no más: Lais sabía muy
bien el respeto que se debía á sí misma.
Si la desgracia no hubiera hecho que Lais
perdiera el billete del caballero, todo habría quedado entre ellos dos; pero ese
incidente hizo la cosa pública, y el público
se rió de la joven é hizo un poco de *moral
urbana* con la caída de esa señora.

Vino después la calumnia levantada
contra el caballero, y Lais se indignó; y
en un justo arrebato de su noble orgullo,
escribió y envió á los periódicos la des-
mentida que conoce el lector. Y es la verdad que escribió esas líneas con gran serenidad de espíritu, reflejo de la gran sere-

nidad de su conciencia. *Inmoralidad! desvergüenza! corrupción!* se gritó en coro por los escrupulosos; pero las gentes serias reflexionarían. En primer lugar era mejor aparecer despreciada por un hombre que deshonrada por él; y en segundo lugar, cuán hermoso es rendirle culto á la verdad en servicio del calumniado! La reflexión traería la luz, la luz traería la rehabilitación. Cuántas veces el pecado que maldice la sociedad está sólo en la ceguedad de ésta, y la víctima del primer momento es la glorificación de los tiempos futuros!

Lais veía todo eso, pero aunque no lo hubiera visto, su instinto y su razón le decían que había cumplido con su deber. De ahí su tranquilidad. Sin embargo, á fuerza de pensar en el caballero y de hallarlo más y más *raro*, su plan de un matrimonio de conveniencia y su capricho de haberlo vencido, se fueron cambiando en una pasión irresistible, que se presentaba con síntomas alarmantes para su corazón.... ¿Sería esto sólo la sobreexcitación de la contrariedad?

Sentada debajo de los tilos y bañada por los últimos rayos del sol de la tarde, contemplaba el retrato del señor de Rauzan y se decía á sí misma:

—¿Qué habrá en la cabeza y en el pe-

cho de este hombre ?.... Cuán feliz sería
yo si pudiera estar á su lado y probarle
cuánto le amo.

En tal situación se llegó á ella una sir-
vienta y le dijo:

—Un coche se ha detenido en la puerta
de la quinta y la persona que está en él
os envía esta tarjeta. Lais la recibió y
leyó en ella: *Eva de San Luz.*

Sin sorpresa ni emoción, Lais le mandó á decir á Eva que pasase adelante y
fué hasta la puerta de la quinta para reci-
birla.

Eva se arrojó en los brazos de Lais y le
dijo:

—Si en vuestras presentes aflicciones
necesitais de una amiga, de una hermana
que llore con vos ó que os consuele, vengo
á rogaros que me deis la preferencia.

—Gracias, Eva, dijo con dulzura Lais.
Necesito de vos como de una buena amiga,
pero no para que lloreis conmigo ni para
que me consoleis, porque yo no estoy triste, ni lloro.

—¿ Estais resignada ?

—¿ A qué, ó por qué ?

Eva al oir esta respuesta miró sorprendida á Lais, quien le pareció tenía algo de
celestial en la palidez de su semblante y
en el dulce brillo de sus grandes y azules
ojos; luégo le dijo:

4

—Lais, habeis pasado por un lance terrible.

—Desagradable, nada más que desagradable. Fuí *aturdida* dándole la cita al señor de Rauzan y fuí castigada, aunque para faltar á mis deberes yo no tenía necesidad de esa cita: podía haber faltado á ellos en mi casa, aprovechándome de sus visitas. No fué para eso para lo que lo invité al bosque. Fuí *aturdida* por no haber roto el billete del caballero ó guardádolo bien; y fuí castigada, no porque el billete tuviera en el fondo nada malo – un hombre de ciertas condiciones puede advertirle á una mujer que está obrando mal, para que se abstenga de hacerlo, como lo lo hacen los padres con sus hijos, y los amigos con los amigos, – sino porque el billete se hizo del dominio del público, y el público es una especie de circo romano, ávido de víctimas. Eso era yá mucho: yo no podía ser, además de aturdida, infame; é infame hubiera sido si me callo y dejo calumniar vilmente al señor de Rauzan. No he hecho más que cumplir con mi deber. ¿ No dijo él que la mujer más interesante del mundo era la que cumplía mejor con sus deberes ?

Eva miró sorprendida á Lais; luégo le dijo:

—¿ Es decir que no le habeis dado importancia á lo acaecido?

—¿Cómo podría hacer eso? Lo que digo es que estoy satisfecha de mí misma, y que cuanto más pienso en lo que he hecho -me refiero á la publicación del suelto - más satisfecha me encuentro.

—¿Creeis vos que el señor de Rauzan habría sacrificado su amor propio por vos?

—¿Por qué no? Lo creo un hombre noble y de un carácter firme. ¿Cuántos mozalbetes, y no mozalbetes, dirán por ahí que no es sino un *tonto*, porque pudo engañarme y no me engañó? ¿Dejaría yo de amarlo á él para amarlos á ellos?

—Pero si no fué él quien publicó la carta, no la ha negado.

—Un autógrafo no se puede negar, ni el caballero de Rauzan es hombre de esos expedientes.

—¿Y qué conducta ha observado después con vos?

—La única que le era permitida: vino á hacerme una visita de agradecimiento y de aplauso, según dijo.

—¿Y vos?

—Yo no lo recibí, pero cambié su tarjeta con la mía.

—¿No lo recibísteis?... por orgullo?... por vergüenza?

—¿De qué? preguntó Lais con arrogancia.

—Quizá, dijo Eva turbada, para volverle desaire por desaire.

—No lo recibí porque le amo y sentía que su presencia me hacía un daño que no podía tener reparación.

—Lais, os admiro! exclamó Eva y la estrechó contra su pecho. Después de un momento le dijo:

—Vine aquí, como os lo dije, para llorar con vos y para consolaros; pero veo que valeis mucho más que todos los que os hacen pasto de su necedad. Cambiad pues de pensamiento: dejad vuestro retiro, venid conmigo á la ciudad, no huyais de los que os vituperan hoy con la misma frivolidad con que os aplaudirán mañana.

—Luégo, luégo iré.

—No, Lais, ahora mismo. Cada día que paseis en Túsculo será un obstáculo para vuestro regreso.... vos misma lo hallareis más tarde imposible. Vamos á la ciudad, mostraos al público, sed siempre la misma. Mi coche está en la puerta, vamos!

—Vamos! dijo Lais, cuyo temperamento de combate la seducía cuando había necesidad de mirar cara á cara á sus enemigos.

Media hora después, con gran sorpresa de todos, Lais y Eva de San Luz se paseaban alegres y afectuosas en el jardín más concurrido de la ciudad. También se presentaron juntas esa noche en la ópera. Lais se había levantado en la opinión pública, nada se encontraba yá más noble y distinguido que su suelto, justificativo del caballero de Rauzan. El público la saludó con una salva de aplausos, y el señor de Rauzan fué el primero en golpear sus manos. La ovación había seguido á la caída.

El doctor Remusat dijo aquella noche al caballero:

—El amor no es un delito.

—Y mucho menos el amor valiente, le observó el caballero.

Al terminar la función, Lais le dijo á Eva:

—He hecho venir mi coche y me vuelvo á Túsculo. Mucho os agradezco lo que habeis hecho por mí. ¿Ireis pronto á verme?

—Sí, para que hablemos de *él*: yo también le amo.

—¿Vos?

—Sí, solo que vos habeis podido hacer algo por él y yo no podré hacer nada.

—Bien, os espero; no nos pondremos celosas: el caballero de Rauzan es casado.

—¿Lo sabeis?

—Me lo ha dicho Paquito en confianza despues de *mi caída*.

Un día que el señor de Rauzan dió una comida á sus amigos, hacia el fin de ella se habló de política y de guerra. El señor de San Luz le dijo al caballero:

—Según se nos ha informado, sois apasionado por la política.

—Nada de eso, señor. La política es un
ídolo viejo, á quien rinden culto los tontos
y los especuladores.... He intervenido,
sí, en algunas cuestiones de ocasión, y
fuera de algún discurso en las cámaras
ó de algunos escritos en los periódicos,
nunca me he ocupado en una materia que
constituye el grande embuste de los hombres.

—¿El grande embuste decís?

—Sí; los tiranos se cubren con el manto
del *orden* y los demagogos con el de la
libertad, pero en el fondo no hay sino una
especulación odiosa. La república de Platón está hoy tan virgen como el día que
salió de aquella mente alucinada, y el derecho divino de los reyes tiene el mismo
punto de apoyo que tenía ahora seis mil
años: la fuerza. No hay republicano que
no sea cándido, ni monarquista que no sea
hipócrita; mientras tanto el mundo sigue
su curso y las naciones caminan por cualquier sendero, como corren los ríos por
cualquier cauce. El orden político no es
un orden providencial sino artificial, y si
en el otro mundo hablaran en confianza
Octavio y Rienzzi, Napoleón y los Borbo-
nes, Bolívar y Fernando VII, estoy seguro
de que se reirían de la estupidez de nuestra especie, á propósito de ellos mismos.
Las reglas, las leyes, los sistemas son un

modus vivendi, una simple manera de administración, adecuada más á los intereses de los gobernantes que á los de los gobernados, sin que haya de ellos un *tipo necesario, perfecto* ni *absoluto.*

—Hay algo de amargo en esas conclusiones, observó uno de los presentes.

—No, señor, dijo el caballero; ó mejor dicho, sí, señor. Hay el amargo de las heces que tienen todas las bebidas. Amargo que sólo se percibe cuando se bebe el vaso hasta el fondo.... amargo que da la saciedad ó, lo que es lo mismo, la experiencia. Las libertades públicas son donde quiera una tela de araña y las prerrogativas de los mandarines tienen la fortaleza de las redes de acero.

—Y la guerra.... ¿habeis hecho la guerra en alguna parte, señor de Rauzan? le preguntó el doctor Remusat.

—La guerra es el empleo de la fuerza contra nuestros semejantes, y tiene por lo común la justicia del ariete. Todas las especies vivas se hacen la guerra. En cada cien casos, uno con razón y noventa y nueve sin ella. Hay naciones-leones y naciones-corderos. Llamo á estas últimas así no por su inocencia sino por su debilidad. Cuando una potencia-león quiere algo que está fuera de su derecho, lo toma por la fuerza. El fuerte tiene siempre poder so-

bre el débil, y hace de ese poder la razón
de sus procedimientos.

—No siempre, señor.

—Siempre, sólo que en ocasiones no lo
ejerce. ¿Qué es la historia sino la lucha
de los pueblos entre sí, ó de los poderosos
contra los impotentes? En vano se grita,
en vano se quieren oponer la civilización
y el cristianismo á los abusos de la fuerza.
Esta se abre paso siempre al través de
los obstáculos, como se lo abre el cierzo
al través de la selva. Toda guerra es una
conquista.... Yo he hecho la guerra en
África contra Ab-del-Kader, jefe de las
tribus árabes del Atlas. Allí se hacía
la guerra porque la Francia era fuerte y
el bey Hussein no.

—Ab-del-Kader es uno de los hombres
más famosos del presente siglo, dijo
San Luz.

—Ciertamente; y su historia es una
prueba más de que la fortuna entra por el
doble del mérito en la carrera de los hombres. Ab-del-Kader debió su nombradía
á sus conocimientos, los cuales eran tan
reducidos, que en otro país que no hubiera sido el suyo, sólo habrían traído sobre
él el ridículo.

—¿Cómo así, señor? preguntó San Luz.

—Porque Ab-del-Kader no sabía sino
el Corán, libro que no contiene ciencia ni

doctrina, libro que es todo él una impostura; pero que está bien calculado para regir á un pueblo de imaginación y de sentimientos fáciles de inflamar. En esto de la ascensión humana, hay de ordinario más casualidades que razones, y Ab-del-Kader, que en Europa y América no habría pasado de ser un capitán de caballería, en los valles del Atlas ha llegado á ser una gran figura militar y un príncipe brillante, aliado y enemigo alternativamente de la Francia.

—¿Lo conocisteis personalmente?

—Sí; lo conocí cuando se rindió al general Lamoricière, con la condición de ser llevado á Alejandría ó á San Juan de Acre, promesa que no se le cumplió. Nació en 1806 y á los veinticinco años era tenido por el mejor jinete de la Berbería, cualidad muy secundaria en un pueblo culto. Ab-del-Kader era sanguinario y quiso aprovecharse de la conquista de Alger por los franceses, para proclamar la *guerra santa* contra los infieles; se dió el título de "cortador de cabezas cristianas, por el amor de Dios," y llegó á soñar con la formación de un imperio árabe. Era intrépido, infatigable y astuto. Debió su gloria á las condiciones físicas y morales de su pueblo, de las que usó quizá más por instinto que por cálculo, y se cayó el día

que ese pueblo se cansó de él, como se
cansan todas las hordas de sus caudillos.
La posteridad no recogerá de él sino su
nombre. Su obra fué una nube de paso.

—¿Hablásteis con él?

—Sí, gracias á que poseo la lengua
árabe. Su palabra era animada y á veces
brillante. Napoleón I lo fascinaba; y aunque se decía muy devoto, tenía más ambición que fervor religioso. Un oficial del
general Trezel le aconsejaba un día que
hiciera la paz con la Francia y no corriera
más tiempo en pos de aventuras que podían serle desgraciadas. Ab-del-Kader
le dijo: —"Hace tres años no era yo sino
uno de los cuatro hijos de mi padre. Muchas veces maté á los hombres en los combates para opoderarme de sus caballos y
de sus vestidos, ¿por qué pues darme tan
pronto por satisfecho de mi fortuna?"
Todos los días salía á las cuatro de la
tarde á la puerta de su tienda y presidía
la oración pública. Después predicaba una
media hora, teniendo cuidado de escoger
un texto útil á su política. Su mesa era
sobria pero selecta. No fumaba tabaco ni
tomaba café. Le gustaba tomar parte en
los trabajos de trinchera, y su traje era
tan sencillo que sólo se le distinguía de
sus subalternos por la riqueza de sus armas y la hermosura de sus caballos.

—¿Cuál era el aspecto de su persona?
—Era grueso de vientre y mediano de
talla, de fisonomía dulce pero grave. Su
barba era negra y sus ojos sumamente
hermosos. Solían darle el nombre de *nuevo*
Yugurta. Los hombres son como los frutos: un producto propio del clima y de las
plantas que los producen. Ab-del-Kader
no podía ser sino lo que fué: un jefe de
hordas. Con el Corán en los labios y la
espada en la mano, hizo en pequeño el
camino que hizo en grande Mahoma. En
otro país Ab-del-Kader no habría sido
un personaje notable, pues le habríau faltado los elementos bárbaros y fanáticos de
que dispuso, y el calor oriental de sus guerreros. Digo eso para repetir que creo que
la mayor parte de la grandeza individual
tiene por base las circunstancias, obra del
tiempo ó de la casualidad, que levantan
á un hombre sin que él ponga nada de su
parte, como suele la brisa levantar una
pluma ó llevarse consigo una hoja de encina.
—Es verdad, señor.
—La historia se deslumbra y nos deslumbra, en lugar de examinar bien los
hechos y de enseñarnos á separar el *mé-*
rito de la *fortuna*. Hay hombres tenidos
por grandes que no deben su fama sino á
la casualidad, y hay verdaderos colosos

que no alcanzan de la gloria un recuerdo
ni un lauro.

—En ocasiones, es bien difícil separar
el mérito de la fortuna.

—Es verdad; pero esa no es la regla.
Cuando se habla de Moisés, de Aníbal,
de César, de Napoleón y de otros hombres
de esa talla, no se puede menos de convenir en que su grandeza fué, en la mayor
parte, la obra de su genio y no la de su
tiempo. No sucede lo mismo respecto de
otros hombres, herederos del poder ajeno
ó levantados por el soplo de la suerte.

—¿Decidnos cuál es vuestra opinión
respecto de la filosofía? dijo alguno.

—La filosofía es una cosa de que todos
hablamos y pocos conocemos; pero en general, se entiende por filosofía la conformidad con nuestras desgracias.

—¿Será real ó aparente esa conformidad?

—La hay de ambas clases. La real es
hija del organismo y no de la reflexión;
la aparente es una forma de la hipocresía.
Los temperamentos indolentes debieran
llamarse *filosóficos*, porque su indiferencia
por las cosas de la vida se confunde con
el desprecio reflexivo que nos aconsejan,
sin practicarlo ellos, los maestros del arte.
Por lo demás, bien se comprende que el
hombre no está hecho para el sufrimiento,

y que el dolor, físico ó moral, es una perturbación mortificante, que no agrada á
nadie.

—Sin embargo, hay personas que gustan de atormentarse.

—Ese es un capricho como cualquiera
otro, que por lo común responde á miras
religiosas, á vanidades ó á especulaciones
de distinta naturaleza, como se ve en los
faquires de la India, en los ascéticos y en
otros. Pero el dolor, en lo que él es en sí
mismo, no puede ser agradable á nadie.
Su naturaleza, contraria á la del placer,
tiene los caracteres de una maldición. En
cuanto á los filósofos de las clases de
Holbach y de Rousseau, hay que convenir en que no son sino unos *locos divinos*,
alucinados por sus propias paradojas.

Paquito, que era comenzal obligado del
señor de Rauzan, queriendo adularle á
éste, movió discusión sobre lo que era un
hombre de mundo y dijo, juntando su caudal con el ajeno :

—El *hombre de mundo* es para mí el tipo
de la perfección social, por ser la obra
maestra del buen gusto, de la elegancia,
del talento, de la sabiduría amable, de la
generosidad ; por ser siempre oportuno y
siempre atinado ; por ser el centro de to-
tos los afectos y de todas las distinciones.
El hombre de mundo es como el astro-rey

de un sistema planetario : su adorno y su
necesidad. ¿ Sois de mi opinión, señor de
Rauzan ?

—Dispénseme usted si no tomo la cosa
con tanto calor como usted. Para mí, el
hombre de mundo es un hombre práctico,
bien educado, que sabe agradar á las gentes y también clasificarlas; que se aco-
moda fácilmente á las costumbres y á los
hábitos del país y de las sociedades que
frecuenta; que respeta sus leyes y sus
personajes; que opina y no decide; que
conversa y no predica; que observa y no
censura; que es esmerado en su persona,
sin ser ridículo; que es sereno sin ser fan-
farrón y generoso é instruído sin ser vano.
Lo que más distingue al hombre de mundo
es la *urbanidad*, ó sea la cortesía que gasta
con las demás personas, en la que entran
las acciones, las palabras, los ademanes y
hasta el tono de la voz. La aspereza en
los gestos, en los vocablos ó en la manera
de pronunciar éstos, anuncia mal carácter,
mal humor, enfado y poco respeto por
nuestros semejantes. Lo contrario les agrada á ellos y nos enaltece á nosotros. Ser
amable no es imponer uno su voluntad ó
su opinión, sino aceptar la de los demás, y
no olvidarse nunca de que un salón no es
un campo de disputa ni de combate, sino
de recreo y sociabilidad.

—Opino con vos en todo, señor de Rauzan, dijo el doctor Remusat.

—Es justo, observó el caballero, porque
nunca habeis desmentido vuestras propias
obras, y mal podríais ahora desmentiros á
vos mismo. Al hablar así no os adulo,
doctor, pues no quiero dañaros ni envile-
cerme. La alabanza no es buena, aunque
sea justa, sino cuando se hace necesaria.
Cuando se prodiga sin venir al caso es
servil, y cuando es infundada, afrenta.

—¿Qué decís, señor, de la conversación
de un hombre de mundo? preguntó Paquito.

—Este es un punto muy delicado, respondió el caballero, puesto que su tono y
alcances sólo pueden determinarlos, en
cada caso, las circunstancias. Mucho puede
lucir una persona de ingenio y de ciencia
en la conversación social, pero es necesario que no pierda de vista el estado y la
naturaleza de sus interlocutores, las ideas
reinantes, el espíritu de la moda, &ª Hay
casos en que la ciencia debe entrar en la
conversación, y otros en que se hace fasti-
diosa y pendantesca. Todo el secreto está,
pues, en saber levantarnos hasta nuestros
superiores y bajarnos hasta nuestros infe-
riores, sin esfuerzo ni ostentación. Por desgracia, saber agradar al hombre, á la mujer, al jóven y al niño no es una ciencia
sino un *dón ;* y ese dón no es común.

—¿ Qué opinais respecto de los chistes ó agudezas?

—Opino que ese es un escollo que se debe evitar entre personas serias, y un gusto pésimo de las gentes frívolas. Por lo común, hacemos reir á unos á expensas de otros, lo que no es decente ni caritativo. Los que se ríen no nos lo agradecen, y aquellos á quienes maltratamos, no nos lo perdonan. El decir chistes suele convertirse en costumbre y degenerar en mordacidad. No es raro ver sacrificar á las personas más respetables y á los hombres más honrados, á ese triste prurito de hacer reir á los que nos escuchan, ó de pasar ante ellos por personas de talento.

—¿ Desterrais pues la sal de la conversación, como desterró Platón la música de su república?

—No: acepto el chiste espiritual, sin acrimonia, parcimonioso, oportuno y que se refiere á las cosas, á los vicios y á las pasiones y no á los individuos. Separo pues la agudeza inocente de la bufonada y de la maledicencia.

—Oiríamos con mucho gusto lo que quisiérais decirnos sobre las simpatías y las antipatías, y por ende del *amor*.

—Creo que el amor es un efecto y no una causa, un resultado y no un principio; en una palabra, creo que es un fenómeno

eléctrico. La vida, en todos los organis-
mos, está en la fuerza ó poder nervioso.
Esta fuerza nace ó se desarrolla en el encéfalo y en la medula espinal, y son los nervios los conductos de que élla se sirve para
extenderse y recorrer todo el organismo.
Los nervios nacen en dos partes distintas:
los que nacen en la parte anterior del encéfalo (el cerebro) gobiernan los órganos
de los sentidos; los que nacen en el cere-
belo y la medula espinal, producen la lo-
comoción y embellecen los movimientos.
Cuando se priva á un músculo de su influencia nerviosa, no obedece á los dictados de la voluntad. Las sensaciones gobiernan la emoción. El encéfalo es el
medio de que se sirve la inteligencia para
llevar á término sus dictados y operacio-
nes, pero el encéfalo no piensa. El organismo es un principio vital pero no inteligente: es un sistema de componentes,
arreglados de modo que cooperan á un fin
dado. La inteligencia no es un atributo de
la materia y tiene su razón de ser en un
origen más alto. Sentir no es pensar; pero
amar sí es sentir.

¿ Cuál es la causa de la sensibilidad ?
Son los nervios. Sin nervios no habría sensaciones; sin nervios no se podría amar,
como no ama una piedra. Ahora, la fuerza
nerviosa es idéntica á la electricidad, ó es

ella misma. Las corrientes galvánicas les vuelven la vida animal á los cadáveres; es decir, les dan á los nervios (devolviéndoles su electricidad) la fuerza y las propiedades que les había quitado la muerte. Las corrientes eléctricas están en los nervios en constante actividad.

Ahora, sabido es que la electricidad se manifiesta por atracciones y repulsiones y por conmociones violentas; y sabido es que hay electricidad positiva y negativa. Cuando éstas se unen ó combinan en cantidades iguales, se neutralizan; esto es, se destruyen. Cuando se encuentran dos cuerpos, uno con electricidad positiva y otro con electricidad negativa, el primero descarga sobre el segundo. Hé ahí el rayo. El amor es también una descarga eléctrica.... el enamorado se siente lleno de electricidad positiva y fulmina. Agregad á esto, añadió el caballero sonriéndose, la imaginación, los sentidos, la vanidad, el orgullo, &ª y os habreis explicado el fenómeno del amor.

Hablóse en seguida de la belleza y frescura de uno de los ramilletes que adornaban la mesa del banquete, y el señor de Rauzan le pidió permiso á San Luz para enviárselo á su hija. Obtenido éste, dió el caballero á Man su tarjeta con la fecha del día, y Man marchó á llevar el obsequio.

El ramillete era en verdad una maravilla. Lais hubiera dado por él lo que se le
hubiera pedido; pero el señor de Rauzan
no pensó en ella, ó mejor dicho pensó demasiado. El envío público del ramillete
á Eva era una galantería, ese mismo envío á Lais hubiera sido una contradicción.
El hecho era el mismo, pero los tipos de
Eva y Lais no eran los mismos. Esas dos
personas correspondían á sus nombres.

El señor de Rauzan seguía creciendo en
la estimación social, como hombre de
mundo, de ciencia, de talento, de caridad
y de galantería. Se había hecho el centro
de todos los círculos y el motivo de todas
las fiestas. Nada detenía su paso, pero él
no caminaba hacia ninguna parte. Además de sentirse saciado, su alma era generosa, y estaba dispuesta á dar y no á exigir. Como Carlos V después de haber
renunciado el imperio, sólo aspiraba á la
quietud ideal.

El embajador ruso no había vuelto á
pronunciar palabra sobre los tres lances.
Hércules gruñía. Mortimer yá no ponía
su atención en sus vestidos ni en sus afei-
tes, y empezaba á sospechar que hay méritos superiores á los de tener un buen
sastre, un pié pequeño y una carrosa tira-
da por caballos ingleses. La señora casada
se decía de modo de no oirse ella sola, al

hablar del incidente de Lais: —A cuántos peligros me habría expuesto *ese hombre*, si acepto sus requiebros !

Don Rodrigo de Navas se ocupaba más que nunca en escribir cartas de pésame, hacer visitas de cumpleaños y en ver en su propia alcoba á los enfermos. Respecto de esto último solía decir : —No hay razón para ocultar el cariño y el interés en las solemnes ocasiones.

¿Y Paquito?

Paquito merece párrafo aparte. Seguía al servicio de las damas y de los caballeros, regalando confites y juguetes á los hijos de los ricos, poniendo el oído, y llevando y trayendo noticias como lleva y trae ruídos el viento ; pero como era malicioso y práctico en cosas de sociedad, al percibir que al rededor del señor de Rauzan se desataba una furiosa tempestad, dirigida hábilmente por el embajador, de días atrás se había limitado á navegar sin salir de las aguas del puerto. El paso más aventurado que había dado durante aquellos días, que él llamaba *días de peligro*, había sido presentarse, casi de incógnito, en Túsculo, á visitar y á decirle á Lais lo que él creía que la mortificaría menos de todo lo que se decía en la ciudad. Pero no se presentó sino después de que apareció el suelto de la valerosa viuda en los periódi-

cos, y después de que le oyó decir al señor
de Rauzan que Lais merecía respeto porque era *un carácter*. Paquito, para navegar,
ponía siempre la popa contra el viento.
Debemos agregar que Lais lo recibió con
benevolencia, lo invitó á comer, y - cono-
ciéndolo como lo conocía - tuvo la prudencia de no decirle ni una palabra del señor
de Rauzan, cuando Paquito le habló de la
conducta de éste, pues se dijo:—Si quiere
llevarle algo á este caballero, que se tome
el trabajo de inventarlo.

Cortés continuaba encerrado en su im-
penetrabilidad, como el círculo en su cir-
cunferencia. Quizá era él el más sabio de
nuestros personajes.

El señor de San Luz estaba en el campo.

Después de haber pasado esta revista
ligera á nuestros conocidos, anudamos el
hilo de nuestro romance.

El joven aquel que en el banquete de
San Luz interpeló indebidamente al señor
de Rauzan á propósito del fatalismo y del
materialismo, se presentó un día en la casa
del caballero y habló con él lo que sigue.

—Señor, conozco que no tengo ningún
título para venir á vuestra casa, pues no
he sido presentado, y vos no tendreis de
mí otra impresión sino la que os debió
causar mi impertinencia en casa del señor
de San Luz; pero aunque rehacio al prin-

cipio, he pagado al fin mi tributo al mérito,
como todos en esta ciudad, y en prueba
de ello vengo á pediros un consejo, que
necesito con urgencia.

—Sois bien venido á mi casa, caballero. Ojalá pueda hacer yo por vos lo que
deseais.

—Es el caso, señor, que soy amigo de
una señora principal de esta ciudad; que
esta señora es casada y mantiene con un
caballero ciertas relaciones que, aunque
lícitas, no lo parecen. Guiado por mi amistad, yo le dije á esa señora que le pres-
tara un poco de atención á su trato con
ese individuo, porque empezaban las gentes á murmurar de ambos. La señora no
me dijo nada; pero esta mañana se presentó aquél en mi casa, me trató mal y
me provocó á un duelo. ¿Qué creeis, señor,
que debo hacer?

—Nada.

—¿Cómo nada? si él me urge, pistola
en mano.

—¿Me podeis decir el nombre de ese
sugeto?

—Es el capitán Hércules.

El caballero se sonrió: por la hebra
acababa de sacar el ovillo.

—Pues no hagais nada, insistió el caballero; los hombres no deben batirse por las
mujeres, así como éstas no se baten por
ellos.

—¿Hablais de serio, señor?

—Sí, de serio; digo más: úno no debe batirse por nadie ni por nada: la espada no es razón, ni es honra, ni es derecho: la espada es barbarie, es hierro.

—¿Y si lo atacan á úno?

—Se defiende, como si lo atacara un mastín. La defensa no es una vanidad, ni un error, sino un derecho. Yo no me he batido nunca en duelo, y no me batiré por amoríos, propios ni ajenos. La sangre derramada en un combate no lava sino afrenta á la mujer que es la causa de que esa sangre sea derramada. Defenderse, es otra cosa. Viajando yo en España fuí atacado en la Sierra Morena por unos bribones. Yo despaché á uno para el otro mundo, y Man, mi criado, dió cuenta de los demás. Si alguien hace de las calles, plazas ó paseos de la ciudad una Sierra Morena, haced lo mismo y quedaos tranquilo.

—Pero es que el que me ataque en las calles no va á robarme.

—No os va á robar la bolsa, pero os va á robar la vida, que vale más que la bolsa. Supongamos que aceptais el duelo y que matais al capitán, ¿qué habreis ganado con eso, ni qué habrá ganado la sociedad? Lo mismo digo del caso contrario. Convendreis conmigo en que hay que acabar

con los *paladines urbanos,* como se acabó
con los *héroes rurales.* A este respecto
hace falta un Cervantes de los Quijotes
de salón.

—Pero, señor; pensad en que voy á
quedar deshonrado si no me bato.

—La honra no está en dar ó recibir ba-
lazos ó estocadas: la honra está en la
conducta, en el proceder de cada cual. El
duelo es un resto de los resabios de la caballería andante. No os batais con el capitán, y si os ataca, tratadlo como á un perro
rabioso. Menos aún está la honra de úno
en las liviandades de una dama. César no
tiró de la espada cuando sospechó de su
esposa; le bastó repudiarla.

—Eso sería muy bueno si todos vieran
las cosas con la lucidez que vos las veis.
El capitán no me atacará por más que
diga que sí, se reirá de mí y me llamará
cobarde.

—Y realmente lo sereis si, por *miedo*
á que os llamen cobarde, cometeis la co-
bardía moral de batiros por las faltas de
otros.

—El mundo ve las cosas de un modo
muy distinto.

—Bien lo sé, pero si todos no hacemos
esfuerzos por sacar al mundo del error,
¿cuándo llegará el imperio de la verdad?
Los hombres de buena voluntad deben

coger su cruz y seguir al Cristo. La barbarie impera aún, pero caerá.

—¿Sois cristiano, señor de Rauzan?

—Soy cristiano por convicción y por comparación. Por conyicción, por dicha mía (felices los que tienen fe, porque esos tendrán *esperanza* y sabrán practicar la virtud!); por comparación, porque el que no es cristiano en el mundo ¿qué puede ser? ¿Podría ser mahometano, judío, fetiquista? No. Vos creeis á pié juntillas en ciertos médicos que os dicen que el cerebro es todo en el hombre y creeis también en Darwin, quien os da por progenitor al mono, cometiendo el error de poner al hijo casi deificado junto al abuelo embrutecido todavía, como si una especie pudiera perfeccionarse y permanecer estacionaria al mismo tiempo; está bien: yo creo en la doctrina de Moisés, la primera inteligencia que han visto los siglos; y creería en Pitágoras y en Sócrates si el Cristo no hubiera venido al mundo. Me gusta la buena compañía en todo. Jesús me enaltece; los materialistas me degradan.

—Señor....

—Pero dejemos eso, y vamos á vuestro asunto. Vos no quereis presentaros en el tribunal de la razón, y buscais el tribunal del hierro, que es de los *jaques*. ¿Por qué entonces sois enemigo del tribunal de la Inquisición? pues juro que sois enemigo de ese tribunal. Contad simplemente á todo el mundo lo que os ha pasado.

—Con ello deshonraría á una señora...

—¿Y batiéndoos no la deshonrais? ú os creeis obligado á matar ó á dejaros matar para cubrir la honra de una persona que no os interesa, y que no quiere cubrir ella misma sus faltas, como es su deber.

—Señor, me venceis.

—Entonces?

—Haré lo que me indicais.

—No, no hagais eso : la galantería masculina obliga á los hombres á velar hasta cierto punto las debilidades de las mujeres. Haced lo que voy á deciros.

—Hablad.

—Buscad al capitán y decidle que estais decidido á batiros con él; que vuestro segundo es el esposo de la señora vuestra amiga; que arregle con él los pormenores del duelo, le informe de su causa y os avise.

—Sois ciertamente admirable, señor de Rauzan. Permitidme que os bese la mano.

El joven salió de la casa del caballero radiante de felicidad, pues aunque era materialista, le tenía miedo á la muerte; y el señor de Rauzan tuvo en él un partidario más, así como antes había tenido en él un detractor más. Las gentes frívolas van, sin causa, de un extremo á otro, como van los papagayos de un árbol á otro.

El duelo no tuvo lugar, y desde aquel día, cuando el joven veía al capitán Hércules se reía de él y éste le mostraba el puño cerrado. El golpe había sido certero.

La señora, que no pudo contenerse, le dijo un día al joven:

—Sois un mal hombre.

El joven le contestó:

—Vos sois una mala mujer, una mala amiga y una mala esposa.... ¡Qué me reprochais.... que hubiera hecho á vuestro marido juez de vuestra causa ? ¿Quién mejor que él os hubiera juzgado ?

XIV

Eva y Lais se estrechaban cada día más con el lazo de una dulce amistad y se daban las muestras del más tierno cariño, á pesar de ser dos personas de carácter opuesto y de existir entre ellas un valladar que las mujeres no salvan nunca: *un hombre.*

Cuando se trata de seres masculinos y este valladar se llama *mujer*, esos seres se buscan y se matan como dos tigres por su presa; pero como las mujeres no están

formadas para los combates, no se matan
sino se odian. El odio femenino es algo
parecido á una barrena que taladra un
palo.

Empero, entre Eva y Lais no sucedía
eso : ellas no se odiaban, ni se aborrecían,
y lo que en otras mujeres hubiera sido
causa de una separación eterna, en ellas
era causa de adhesión y de mutuo consuelo. De esperanza no, porque ninguna
de ellas la tenía.

Influían poderosamente en este fenómeno dos circunstancias principales. Yá
hemos indicado la una : la falta de esperanza. No se puede tener celos de nadie,
cuando se sabe que no se puede conseguir
lo que se desea y que los que son nuestros rivales, padecen de la misma impotencia que nosotros. Entonces el *bello
ideal* con que se sueña puede ser común
y motivo de allegamiento.

La otra circunstancia era esta : Lais era
viuda real, porque había sido casada y su
marido se había muerto, y Eva era *viuda
nominal*, porque su novio se había muerto.
Ambas pues tenían adolorido su corazón;
ambas tenían recuerdos de felicidad y de
desventura, y ambas sentían la atracción
que produce una común desgracia.

Si el señor de Rauzan hubiera sido un
hombre libre y hubiera amado á una de las

dos, Eva y Lais se habrían aborrecido;
pero el señor de Rauzan era un *imposible*
para ellas, quienes vivían juntas para hablar de él, para pensar en él y comuni-
carse sus impresiones. Como Lais tenía un
carácter más enérgico que Eva, en ocasiones se revelaba contra el cariño que le
tenía á su amiga, y se decidía á no com-
partir con ella una adoración que creía
sagrada; pero esos ímpetus se debilitaban
poco á poco, cuando se decía:

—¿Quién, si no ella, fué quien vino á
levantarme del suelo cuando me creyó
cubierta de fango? ¿Quién, si no ella, fué
quien vino á enjugar mis lágrimas, á despecho de las preocupaciones sociales,
cuando creyó que yo las vertía en el abandono? Sí, Eva ha visitado á Job en el
estercolero, no para acusarlo ni para ponerle cuestiones sutiles y desagradarlo,
sino para aliviar su alma y quitarle los
gusanos del cuerpo?

Y al decir esto, corría hacia ella para
cubrirla de obsequios y caricias; para llamarla *paloma sin hiel* - y lo era en verdad - y reclinarse en su seno como se recli-
na una flor en otra.

Si Eva había procedido como había procedido, por agradar al caballero y unir la
suya á la protesta de Lais contra la infame calumnia, ¿qué le importaba esto á

Lais ? Agradarlo á él, servirlo á él, era agradarla y servirle á ella.

Eva, que era más pura, más inocente, á su vez se decía:

—Lais ama á Hugo, y yo debo hacer por ella todo lo que no puedo hacer por él.

Hé ahí por qué esas dos mujeres, que ardían en una misma llama (que las devoraba á ambas con igual intensidad) se abrazaban como dos náufragos, no para luchar con la borrasca sino para morir juntas.

Un día corrió Paquito á casa de Lais, casa que había vuelto á ser uno de los principales centros de la clase elevada de la ciudad, y le dijo:

—Le traigo á usted una noticia agradable, que nadie sabe en la ciudad y que nadie sabrá.

—Es usted muy bueno, Paquito. Hable usted.

—El último día de este mes es el aniversario del nacimiento del señor de Rauzan. Lo supe por una casualidad; luégo se lo pregunté á él, y me dijo: — Es cierto, Paquito (porque él tambien me llama *Paquito*), pero no diga usted eso á nadie. Ese día cumplo cuarenta y tres años.

—¿ Y por qué cree usted que esa noticia me sería agradable ?

—Porque nadie ignora en la ciudad que usted ama al señor de Rauzan, y que lo ama dignamente y sin esperanza, lo que en realidad la honra mucho ...... Todos la compadecen á usted y todos la respetan; digo más: todos la admiran. Pues bien, ¿por qué no prepara usted para ese día un pequeño té, un té de confianza en su bella quinta de Túsculo?

—¿Cree usted que él aceptaría?

—Estoy seguro. Este señor de Rauzan es un hombre.... oh! es un hombre.... sólo yo lo comprendo.

—Pero con eso no me dice usted nada, Paquito.

—Ciertamente, lo digo todo y no digo nada. Pues oiga usted: es un hombre que, si piensa mucho las cosas, las sabe hacer mejor.

—Yá lo creo.

—Y que sabe dar en el clavo.

—Tambien lo creo.

—Y me parece que hoy tiene de usted una altísima idea.

—Ay! Paquito, que niño es usted.

—No: me ha dicho que es usted un gran carácter; que hubiera dado lo que posee por haberla conocido antes de.... y que la habría amado si la hubiera conocido soltera.

—Vamos, Paquito! es usted un grande adulador.

—Vamos, señora! digo yo también....
un té, un té para un pequeño personal
selecto, para la noche del último día del
mes.... ¿ es así ?

—Lo pensaré y lo consultaré con Eva.

—En lo del natalicio, chitón!

Lais fué á ver á Eva y le sometió el
punto. Después le dijo:

—¿ Qué opinais de un té íntimo, en que
no estemos sino los tres ?

—Nada más agradable, Lais, ni ninguna ocasión mejor escogida. Pero eso es yá
imposible.

—¿ Por qué ?

—Porque la idea no ha sido vuestra
sino de Paquito, y él la divulgará en confianza, invítesele ó no se le invite.

—Podemos invitarlo y encargarle el
secreto.

—El secreto! Confiádselo más bien á
las columnas del *Mundo Frívolo* ó á la
estatua de Pasquín. Paquito es el amigo
íntimo de todo el mundo.... su oficio es
trasmitir secretos.

—Teneis razón.

—Paquito no diría nada directamente,
pero empezaría con reticencias, con medias palabras, y nos haría más daño con
eso que con decir toda la verdad, porque
haría creer á todos más de lo que hay en
realidad.

—Teneis razón.

—Oidme. Lo que habeis venido á decirme lo sabía yo.

—Vos ?

—Sí; Paquito vino aquí y me lo dijo en *confianza* y me suplicó que, sin darme por notificada de ello, os indujera á dar el té.

—Es bien intrigante el tal Paquito!

—No tanto como eso, pero se ocupa en servirles á todos para dividirlos. Es un Maquiavelo doméstico, que en los tiempos malos se pierde.

—Se *huye* es más propio.

—Sí, es un individuo *excepcional.* En días pasados tuvieron un desagrado el capitán Hércules y un jóven. Paquito le decía al jóven que era necesario dejar bien puesta la clase juvenil; luégo acompañaba al capitán á comer al hotel " Fénix " y le hablaba del honor militar y del respeto que los jóvenes les deben tener á los militares.

—¿ Cómo habeis sabido eso ?

—Por mi padre, á quien le dijo que el capitán y el joven se querían batir por cualquiera necedad, y que había que impedirlo.

—¿ Y por qué le decía eso á vuestro padre ?

—Porque él conoce las ideas de mi padre. Paquito opina siempre como su interlocutor. 5

—¿Pero, veamos, ¿qué hay de té?

—Hay lo que vos querais.

—No; lo que vos querais.

—Pues bien, yo quiero que el té sea general.

—¿Sin decirle nada al señor de Rauzan?

—No hay para qué.

—No os comprendo.

—No hay para qué. A estas horas, yá Paquito le habrá dicho, con aquella risita de insinuación que le es peculiar: —Lais os va á dar un té la noche de vuestro natalicio.

—Es seguro.

En la noche del último día del mes, la quinta de Túsculo presentaba un espectáculo magnífico. Sus jardines estaban alumbrados á yorno y había flores y perfumes en todas partes.

Lo que la ciudad de *** tiene de más elegante y de más hermoso estaba reunido allí.

—Me creo en una mansión de hadas, dijo el caballero de Rauzan al saludar á Lais. Esta tembló al estrecharle la mano y guardó silencio.

En seguida el caballero fué á buscar á Eva y se sentó á su lado. Eva se puso pálida al verlo y le dijo:

—Hacía algún tiempo que no tenía el honor de veros tan de cerca.

—¿Me acusais?

—No: afirmo solamente un hecho.

—Sois hábil, señorita.

—Soy sincera, señor de Rauzan.

—Pues si sois sincera, confesadme que habeis extrañado que yo os haya buscado con tanta premura.

—Sí, lo he extrañado, dijo Eva con énfasis y clavó sus negros ojos, casi llorosos, en los ojos del caballero. Este le dijo:

—No es mía la culpa. Sé lo que pasa en vuestro corazón, y en este instante lo veo más claro que nunca. Pero si, cuando yo os dí un nombre que he jurado no volver á pronunciar delante de vos, en lugar de daros por ofendida, me hubiérais vuelto familiaridad por familiaridad, ternura por ternura, las cosas habrían pasado de otro modo. Os pusísteis en guardia y cargásteis á fondo demasiado aprisa....

—Eso mismo podría decir yo de vos.

—No, señorita; porque yo os dí el nombre que os dí por un impulso de simpatía; no por amor.

Eva al oir esto se heló hasta los huesos. El caballero continuó así:

—Algo extraño me arrastraba hacia vos, antes y después de veros la primera vez... algo así como una cadena, como un vértigo, y quería sobreponerme á esa atrac-

ción, porque tenía miedo, señorita, tenía
miedo de que vos me amárais.

—Miedo!

—Sí, todas las mujeres que me han
amado han sido desgraciadas, muy desgraciadas, porque por un singular capricho de mi suerte, yo no sé corresponder á
ninguna. Además, llevo la muerte conmigo.

—¿Y vuestra esposa?

—Ya hablaremos de ella. Yo comprendía que vos me amaríais más tarde ó más
temprano, y no quería hacer más víctimas,
y á vos menos que á ninguna otra mujer.

—Aunque no es el caso, el desdén es
un verdugo más terrible que el amor. Si
vuestro amor es nocivo, creo que vuestra
indiferencia es más nociva.

—Según: el desdén estúpido ó vano, sí;
pero no el desdén fundado y generoso, el
desdén necesario. ¿Para qué darle vida á
una pasión á que no puede servírsele?..
¿para qué llamar á una persona á quien
no se puede esperar? Sin embargo, si
cuando yo os dí aquel nombre que tánto
os sorprendió, á pesar de ser el vuestro,
me hubiérais correspondido llamándome
Hugo ó *José*, creo que se habría roto el
hielo por sí mismo y que de grado ó no,
habría tenido yo que navegar en las cris-
talinas y mansas aguas de vuestro santo
afecto. Pero no fué así; luégo se han pre-

sentado hechos que han dificultado, en
absoluto, ese desenlace... Yo llegué á esta
ciudad completamente libre, y más decidido que nunca á permanecer libre. Mi
esposa, que era demente y estaba en una
casa de piedad, acababa de morir y no me
había dejado hijos.

—Llegásteis libre... yá no lo sois?

—Creo que no: hay aquí una Cirse,
que convierte no á los hombres en robles,
sino á los robles en hombres.

Esta respuesta hirió de muerte á Eva,
y desde ese momento, empezó á desfallecer
como una planta que pierde su savia. Ella
sabía de qué Cirse hablaba el caballero.
Sin embargo, le dijo:

—¿La amais?

—No lo sé. He vacilado mucho tiempo
y vacilaré aún.... Vuestra acción, señorita, fué muy generosa, porque empren-
dísteis la rehabilitación de un ángel caído,
de una rival. Esto es muy grande; pero
ella, escupiendo su propio rostro y agre-
gando su propio escarnio al escarnio público, por dejar limpia mi honra, por colo-
car en su puesto mi conducta, por no re-
bajar mi carácter ante una sociedad que
ansiaba despedazarme por envidias ridículas y juicios absurdos, fué más que generosa, fué más que heroica: fué cristiana...
las líneas escritas por Lais son una epo-
peya. ¿Lo creeis así?

—Mis hechos lo han dicho yá.

—Si ella me rehabilitó á mí al precio de su orgullo y de su dignidad, ¿qué debo hacer yo por ella?

—Rehabilitarla también.

—Es claro; es necesario.

El caballero de Rauzan guardó silencio por unos instantes; luégo dijo, como si hablara consigo mismo y como si respondiera á sus pensamientos íntimos:

—Siento necesidad de acercarme á ella, de estar con ella; pero no podré hacerlo sino dándole el título de *esposa*. Es lo más que puedo darle en la vida.

Eva se estremeció.

En seguida, Hugo se puso de pié, tendió la mano á Eva y le dijo con profunda emoción:

—*Adios*, señorita de San Luz. No olvideis que llevo la muerte conmigo....

—Adios, y adios *para siempre*, señor de Rauzan!

—Olvidadme, señorita, y volved á orar sobre la tumba de Edgardo.... él, que ve mi corazón, me bendice desde el cielo. Él os espera allá.... No creo á Lais más feliz que á vos. Vos estareis dentro de poco con los ángeles; ella, ella.... quién sabe.... yo soy un hombre maldito.... soy la estatua de oro con pies de barro.

El caballero desapareció en el tumulto de la fiesta.

XV

Hércules y la señora casada habían sentido en esos días renacer ó avivarse su inquina contra el señor de Rauzan; y como el embajador ruso se había encerrado en una prescindencia absoluta, resolvieron ellos llevar á cabo los dos lances que faltaban de los tres convenidos. No habían tocado para esto con Mortimer, porque éste, viendo que sus galas y despilfarros no eclipsaban la figura del caballero, se había retirado, temporalmente, á un lugar de provincia, en donde hacía, con sus coches, caballos y vestidos, el papel de un tuerto entre ciegos.

La señora anónima tenía celos de Rauzan, y Hércules los tenía del embajador.

Véase en seguida lo que sucedió.

En la mesa y en el momento que la señora casada creyó más aparente, se encaró con el señor de Rauzan y le dijo:

—Tuve una vez el honor de preguntaros cuál era la mujer más interesante, y me dísteis una respuesta digna del rey Salomón. Perdonadme ahora, si os importuno con otra pregunta, pues no puedo contenerme cuando se trata de oír hablar á la sabiduría por la boca del talento. ¿Cuál es el hombre más interesante, señor de Rauzan?

—Como la especie humana es una y una es también la moral – ley del mundo civilizado – el hombre más interesante es el que cumple mejor con sus deberes.

—Muy bien. Según eso, el hombre más despreciable es el que llena peor sus deberes, ó no los llena de ningún modo.

—Sí, señora.

—¿Entonces, por qué no pasa eso en el mundo civilizado de que hablais?

—Creo que sí pasa, señora; pero como no todas las cosas flotan en la superficie, hay que tomarse el trabajo de ir al fondo para encontrarlas. El veredicto social no es el que se pronuncia en los cafés, en los periódicos, en los corrillos, en las cartas &ª, sino el que dicta, para sí misma, la conciencia de cada cual.

—A pesar de eso, dijo el capitán Hércules, vemos gentes de una conducta brillante pero abominable, que se abren paso por todas partes y se hacen coronar por la mano aduladora de la sociedad.

—Es sabido que la excepción, en lugar de debilitar, confirma la regla.

El capitán no se dió por enterado de esta respuesta y continuó así:

—Se habla mucho de un seductor consuetudinario, que triunfa en donde quiera que está, que donde quiera deshonra al bello sexo y que ha hecho la desgracia de más de un hombre de bien, en tanto que su pobre esposa agoniza en un manicomio. Pongo de testigo al señor Rurik y Olga.

El embajador se puso lívido. Rauzan lo consultó con una mirada, y el ruso le dijo:—Hablad.

Estos dos hombres, aunque enemigos, se habían comprendido. Habían visto que se trataba de una provocación brusca por parte del capitán, quien al hablar como lo estaba haciendo, se retorcía el bigote y acariciaba la empuñadura de su sable, y no querían, porque no debían, ayudarle en un desenfado tal.

—Conozco al personaje de quien hablais, señor capitán, dijo el caballero con una calma y una entereza que pasmaron á todos los presentes, que veían que el volcán iba á estallar en medio de ellos; le conozco y pido permiso al señor embajador de Rusia, de tránsito como yo y como yo extranjero en esta ciudad, para hablar de él. Seré breve.

La ansiedad era grande, y mientras que Eva estaba á punto de desmayarse, Lais tenía seguridad de un nuevo y espléndido triunfo del señor de Rauzan.

Este habló así:

—Se celebraba una fiesta ruidosa en la ciudad de Florencia. El seductor de quien nos habla el capitán Hércules había sido invitado á ella, á pesar de que no conocía á nadie en la ciudad, excepto á los dueños de la casa, á quienes había visto y tratado en Londres. La señora anfitrión presentó al seductor á la esposa del señor de.... y lo dejó con ella en cortés y muy respetuoso coloquio. En éste los interrumpió el señor de.... quien se sorprendió de hallar á su mujer con un desconocido, y le dirigió palabras algo vivas, no quiso oír ningunas explicaciones y citó al *seductor* á un duelo á muerte. El duelo no tuvo lugar, porque el seductor supo eludirlo con habilidad, pues, además de no haber causa legítima, tenía para ello una razón especial. ¿Pasaron ó no pasaron así las cosas, señor Olga?

—Ciertamente pasaron así; pero ignoro la *razón especial* que hubiera tenido la persona que el capitán llama *el seductor* para no haberse batido, dijo el ruso con alguna animación.

—Esa razón era una carta de la esposa del señor que se creía ofendido.

—Una carta! exclamaron varias personas á un tiempo. Es singular!

—Sí, señores, una carta, que entonces no hubiera tenido mucho valor, pero que hoy es de un gran mérito.

—Por qué? preguntó el embajador,

quien parecía pender de las palabras del señor de Rauzan.

—Porque han pasado muchos años de entonces acá y el tiempo es el sol que alumbra las cosas pasadas; y porque está afirmada por una tumba.

Hubo un momento de silencio solemne.

El caballero continuó de este modo:

—El esposo conservó siempre algunas dudas acerca de la conducta de su señora, y guarda aún al presunto seductor un injusto enojo.

—Pero nada definitivo nos habreis dicho, señor de Rauzan, observó el ruso, mientras no nos deis á conocer el contenido de esa carta misteriosa.

—¿Lo quereis, señor de Olga?

—No es que quiero sino que necesito saberlo, dijo éste, ceñudo y sombrío.

—Pues bien, dijo el caballero, y sacó de un pequeño portafolio un papel antiguo. Hé aquí la carta.

—Leedla, dijo el embajador.

—Dice así: " Señor, vos, que conoceis mi inocencia, tened piedad de mí y salvadme. Evitad de cualquier modo ese duelo injusto. Bien sé que no tengo derecho para pediros ese favor, pues fuísteis el provocado; pero yo amo á mi esposo sobre todo en el mundo, y no quiero que corra ningún peligro. Complacedme, se-

ñor, y recibid en cambio, no un amor que
yo no puedo daros y que vos no habeis
solicitado, sino toda mi alma, que es mi
gratitud."

—Qué hermosa carta! exclamó Lais;
esa mujer amaba bien!

Eva exhaló un suspiro; ella, en un caso
igual, no se habría atrevido á hacer nada.

Hércules movió los hombros, como quien
dice: todo me es igual; ó, en fin de fines,
á mí nada de esto me importa.

Cortés se sonrió y se relamió como un
gato.

Don Rodrigo de Navas se hizo el dis-
traído.

Y la señora casada dijo para sí:—Qué
hombre! qué hombre! Está preparado
para todo.... mejor será adularlo que
combatirlo. Previó el lance y trajo la carta
consigo.

Mientras tenía lugar todo esto, que fué
simultáneo y rápido, el caballero pasó la
carta al embajador, quien reconoció la
autenticidad de ella, al tiempo mismo
que se le llenaban los ojos de lágrimas.
Pero serenóse al punto y dijo:

—Voy á tomarme la libertad de ponerle
un epílogo á esta historia; es éste: el
señor *barón* de Rauzan, aquí presente, es
el caballero seductor, yo soy el esposo engañado y *ella* era la condesa de Minsk,

muerta, poco después de ocurrido ese acontecimiento. Esta carta, que en aquel entonces hubiera podido pasar por un ardid, tiene hoy á mis ojos el valor de un mensaje del cielo. Señor barón, permitid que me quede con ella.

—Es vuestra, señor, como soy yo vuestro, si os dignais aceptar mi amistad.

El embajador dió su mano al barón.

Al concluirse la tertulia en la casa de Lais, dijo Paquito, en tono grave y sentencioso, á la señora casada:

—Ciertamente, no todas las cosas flotan en la superficie y hay que tomarse el trabajo de ir hasta el fondo para encontrarlas. ¿Qué decís del *barón* de Rauzan, señora descontenta?

—Digo que es un hombre peligroso.

—*Irresistible!*, pronunciad la palabra, aunque os queme la boca. Os falta ahora el lance de la espada.... ¿lo buscareis, señores conjurados?

—¿Le teneis miedo á ese lance?.... No le tengais : con la carta de la difunta condesa de Minsk, el más interesado de los *conjurados*, como vos decís, se ha pasado al enemigo.... desde antes estaba yá un poco frío.... los demás no éramos sino simples aficionados, auxiliares á medias.

—Hay que rendirse, amiga. Yá habeis visto que se rindió el joven materialista,

que se ha rendido Lais, que se ha rendido
el ruso.

—Sí, nos iremos rindiendo todos hasta
que este *bizarro barón* se rinda él también. Dicen que es un fuerte cazador de
hembras, aunque no delante de Dios; pero
yá lo hemos de ver prisionero de la que
menos tema.

—El barón es casado.

—Eso dice él; y tánto se empeña en
decirlo, que da motivo para que no se le
crea.

—¿Qué interés podía tener en mentir?

—Paquito, un hombre casado no está
comprometido á nada ó infunde siempre
menos sospechas que un soltero; tiene,
pues, más libertad.

—Un hombre como él....

—Callad! esos son los peores.

—El barón no es enamorado.

—Lo sé; pero eso no quiere decir que
no se enamoren de él. Él subyuga sin esfuerzo, digo más, sin propósito, y su *asce-
tismo* es peor que su fuego.

—Consejas.... esas son consejas, que
inventan los que lo quieren mal.

—No: todo es en él calculado y no es-
pontáneo, Paquito. Soltó á Lais de la red
en que la había cogido y cogió á ciento
en la misma red.

—Implacable! dijo Paquito y se alejó

de la señora. Era yá tiempo de irse a dormir.

XVI

Eva salió enferma de casa de Lais, y, para mortificación mayor, perdió en Túsculo un camafeo, con diamantes y con el busto de su madre. La joya tenía un gran´ valor, pero Eva la estimaba sólo porque era una joya de familia. Escribió en seguida á Lais para que ésta la hiciera buscar en los salones y en los jardines de la quinta; pero las diligencias que se hicieron fueron vanas.

Eva estaba inconsolable y Lais disgustada. Quería enviarle el camafeo á su amiga á cualquier precio; pero no lo encontró en ninguna parte. Pronto se hizo trascendente la noticia de la pérdida de la joya y Paquito corrió á ponerla en los oídos del barón, quien le dijo:

—Cuando se pierde una joya de ese valor, si no se encuentra en el primer momento, no se encuentra nunca. El que se la haya encontrado, la ocultará por algún tiempo y luégo la llevará ó mandará á un país extranjero, para que sea vendida en él. También pueden desengastarle los diamantes y arrojar á la basura el resto.

—Eso, probablemente, será lo que ha sucedido.

—Y si no ha sucedido, sucederá. Hacer ruído en estos casos equivale á perder la pista. Los cazadores que gritan mucho espantan la liebre.

—Y lo peor del caso es que la señorita de San Luz está inconsolable: era una joya de familia.

—¿Ha visto usted á la señorita?

—Sí, barón. Está muy triste, muy pálida, no quita los ojos de un lugar, y exclama con frecuencia: "Qué noche! Qué noche! *Yo también llevo la muerte conmigo!*"

—Y su padre?

—Está en sus tierras, pero yá se le ha llamado por el telégrafo.... Me atrevo á indicaros que una visita vuestra le sería grata.

—Se equivoca usted, Paquito. La señorita de San Luz necesita de un reposo absoluto. Entiendo que tiene un corazón sensible y un ánimo miedoso.

—Sin embargo, lo que hizo con Lais desmiente lo último.

—No: ese no fué un acto de valor moral neto sino espasmódico. Yo conocí á una joven que le hizo á una señora casada la confidencia de que estaba enamorada del marido de ésta, más por impulso de los nervios que de su voluntad. Se dice que los que ven endríagos ó almas en pena, se arrojan sobre ellos, no por valor sino por miedo.

—¿Rebajais con esto el mérito de tan noble acción?

—No: la explico según mis propias observaciones. Recuerde usted que cuando sucede una gran desgracia, todo el mundo la lamenta muy sinceramente, pero nadie hace nada, ni aun los que pudieran hacer algo, para remediarla. Por qué? porque se dejan aturdir. Son pocas las personas que se sobreponen á ellas mismas y que se enfrentan con una situación.... Enrique IV se lanzaba en medio del combate impulsado por sus nervios, sin que por eso - que él mismo confesaba - fuese cobarde. La señorita de San Luz tiene un corazón de oro y una bondad de ángel, pero no es una *alma sustantiva*. Más la mata el ruído del trueno que el fuego del rayo.

—Lais sí es una heroína.

—Dice usted bien, Paquito.

—Lais es una leona.

—Sí, es orgullosa y valiente como una leona.... quizá también tenga algo de tigre. Mas, ¿qué se pudiera hacer para aliviar á la señorita Eva?

—No sé. ¿Quién es su médico?

—El doctor Remusat.

—Muy bien.

—Pero el doctor hará poco por ella.

—¿Por qué?

—Porque él es médico del cuerpo y no del alma.

—¿Hay, pues, médicos del alma?

—Sí, los amigos, los amantes, los deudos, y á veces los padres.

El barón haló el cordón de la campanilla y le dijo á Paquito:

—Déjeme usted por ahora, pero tráigame cuanto antes noticia de la salud de *su amiga;* temo por su vida.

—Sí, señor; volveré pronto.

Salió Paquito y se presentó Man.

—Man, dijo el barón: tome usted de esta "Guía" una lista de los joyeros que hay en la ciudad, y vaya de mi parte á donde ellos y dígales, uno á uno y en secreto desde luégo, que doy por el camafeo de la señorita de San Luz, de que hablan los periódicos, el doble de su valor, y que se dirá, además, que ha sido encontrado en una de las salas de Túsculo. Sea usted bien explícito é inspíreles toda la confianza que pueda. Estas gentes deben tener cierta clase de parroquianos....

Man salió sin decir una palabra.

Pasó luégo una hora y después otra. El barón empezó á inquietarse; no se sentía bien de ningún modo, ni podía hacer nada. Al fin oyó ruído en la esca-

lera y se presentó Man acompañado de un
hombre pequeño, con anteojos de engaste
de plata, calvo y gordiflón. Este hombre
estaba envuelto en una capa de paño
azul, vieja y grasienta. Man lo introdujo
y se retiró.

—¿Sois joyero? le preguntó el barón.

—Para serviros, señor barón.

—Me conoceis?

—¿Quién no conoce en la ciudad al célebre barón de Rauzan? Yá sé en qué
quereis ser servido.

—Y bien?

—Todo es posible.

—Hablad.

—Vuestro criado se ha explicado muy
bien; me parece un hombre prudente,
pero he preferido venir yo mismo á hablar
con vos, señor barón. Se puede conseguir
el camafeo, mejor dicho, el camafeo está
en mi poder; pero....

—Pero no podeis disponer de él.

—Me ha sido empeñado por un parroquiano de alto tono, sin ocultarme que se
lo había encontrado, y yo le he dado mi
palabra de guardarle el secreto.... son
cosas del oficio.

—De modo?....

—De modo que sin contar con dicho
parroquiano nada puedo hacer.

—¿Cuánto le habeis dado sobre el camafeo?

—Cien libras esterlinas.

—¿Cuánto creeis que vale esa joya?

—Trescientas libras.

—Pues bien, os daré cuatrocientas libras si dentro de dos horas me traeis esa joya.

—¿Péro qué debo hacer para?....

—Esas son cuentas vuestras. Sólo os hago notar que, quien se la ha encontrado, recibe íntegro el valor de ella, sin correr ningún peligro, y que vos obteneis una buena comisión.

—Probaré.

—Os espero dentro de dos horas.

—Probaré.... probaré.

El joyero se retiró. Dos horas después el barón pudo escribirle á Lais el billete que sigue:

" Señora:

" Man os entregará este billete y el precioso camafeo de la señorita de San Luz. Enviádselo y decidle que ha sido encontrado por uno de vuestros criados. No puedo deciros cómo ha sido hallada la joya, pero ha sido hallada. Perdonad que os importune, pero creo que no os desagradará hacer este pequeño servicio á vuestra amiga Eva.—RAUZAN."

Lais casi puso á Man en tormento de seducción para que le dijera cómo había sido encontrado el camafeo. Man le dijo que nada sabía, pero Lais no le creyó.

Un momento después estaba ésta en casa de Eva, y presentándole el billete de Rauzan le dijo:—Leed.

Eva leyó el billete y se cubrió la cara con ambas manos; luégo lloró largo rato en silencio, en tanto que Lais la estrechaba contra su corazón. Por fin dijo:

—Es seguro que el señor de Rauzán ha dado dos veces el valor de este camafeo. De otro modo no habría podido encontrarlo.... esto me anonada; pero ¿qué he de hacer?.... ¿Devolverle el dinero? Además, su secreto no me pertenece.... Lais, querida Lais, yo quiero morir! ¿Por qué no hicísteis lo que él os escribió? Yo lo hubiera creído, mientras que ahora....

—Ahora qué?

—Mientras que ahora me siento unida con él por un vínculo más.... no podré darle las gracias. Se lo diré á mi padre y que él pague el rescate de esa joya....

—Yá haremos que lo confiese todo y hablaremos de eso largamente.

—¿Lo esperais así?

—Sí, Eva.

—Vos, sí; vos debeis tener esperanzas. Yo voy á morir.... Si alguna vez le contais vuestra infidencia, decidle que cuando me mostrásteis su billete yo os dije: "El barón sintió que yo respiraba aún y me ha dado un segundo golpe." Cuán cruel es!

Lais al oír esto se entristeció y repitió:—*cruel*, sí, *cruel*, esa es la palabra.

Eva hizo quitar los diamantes del camafeo y los mandó de regalo á una casa
de locas de la ciudad; pero no dijo nada á
nadie de este proceder. Al hacer esto,
Eva pensó en que la mujer del caballero
había muerto loca en un asilo.

A veces exclamaba:—¿Por qué no le
fué dado á Hugo enviarme el camafeo sin
los diamantes? Así no habría tenido que
comprar esas piedras, bellas pero inútiles
como mi amor!.... Cuán generoso es ese
hombre!.... qué no hará por la mujer á
quien ame!

XVII

Eva languidecía poco á poco, y poco á
poco se moría. El anciano señor de San
Luz estaba inconsolable y no quería que
el doctor Remusat se apartase del lecho
de su hija. El doctor le decía:

—Es inútil. La señorita no necesita de
remedios y de asistencia médica, sino de
tranquilidad.

—¿Se pondrá buena?

—Lo creo dificultoso, pero no es imposible.

—¿Pero qué especie de mal es el suyo,
doctor, que os mantiene tan inactivo?

—La señorita se acaba por instantes,

como se acaba la arena de una ampolleta. En estos casos sólo Dios puede cortar el curso de una enfermedad.

—¿Por qué languidece así?

—Por causas morales, y esas son superiores á nosotros los médicos, quienes conocemos más las propiedades de las sustancias medicinales, que las enfermedades de las gentes.

—¿Por causas morales?

—Sí, la señorita ama sin esperanza.

—Doctor!

—Ella me lo ha dicho, y yo no puedo ocultar eso al padre ni al amigo.

—¿Pero en dónde está ese hombre cruel que la hace padecer así? Decídmelo, doctor, para matarlo.... para matarlo, no! soy un insensato, añadió el anciano sollozando. Decídmelo para ir á echarme á sus pies y pedirle que acepte la mano y el corazón de mi hija. Ella y yo seremos sus esclavos, pero que Eva se salve.

—Ese hombre no tiene la culpa de lo que sucede.

—¿Por qué?

—Ese hombre es casado y no ha hecho nada para que vuestra hija lo ame. Además.... ama á Lais, la inseparable de Eva, la viuda de Edmundo Level.

—Oh! cuántas calamidades me echais encima, doctor! De modo....

—De modo que nada podemos hacer,
salvo dejar á la señorita que agonice y
muera tranquilamente, como ella quiere.

—Pero eso es imposible, imposible, doctor!.... Eva mía!.... eso es imposible! Oh! señor de Rauzan! oh! señor de
Rauzan!.... porque es él.

—¿De qué lo acusais? Él es inocente.

—Inocente el que despedaza así el corazón de mi hija!

—Sí, amigo. Él ha hecho todo lo que
ha podido para matar, desde su origen, esa
pasión funesta; pero no todos tienen el
brazo de Hércules para ahogar á los monstruos.... él ha huído de vuestra hija, él
la ha tratado con desdén, con frialdad, él
le ha dicho que no la ama, que él no puede amar á ninguna mujer, qué sé yo que
más....

—¿Cómo sabeis eso?

—Por él y por vuestra hija. Yo también, al principio, le hice acusaciones,
pero él me dijo:—"Doctor, compadecedme y no me acuseis: por un capricho cruel
de mi suerte, sé inspirar pasiones que yo
no siento, y no me es dado amar á las
mujeres que me aman á mí. Soy un hombre de hielo; tengo una alma insensible
á los halagos y á las seducciones del bello
sexo. Mi amor por las mujeres es una
simple galantería, y si busco su socie-

dad, es sólo para dar algún lenitivo á las
ocupaciones de mi espíritu. Las busco
como busco las flores ó las brisas, cuando
me abruma el cansancio de mis propias
obras ó de mis propios pensamientos....
por eso tiemblo cuando alguna mujer me
manifiesta simpatías ó amor. El mundo
cree otra cosa de mí, y atribuye á *cálculo* y
á *corrupción* lo que me sucede sin que yo
ponga nada de mi parte. Soy el primero
en renegar · de tal destino, y no tendría
tranquilidad de conciencia si no hubiera
sabido dominar lo que los insensatos llaman mi *habilidad* y mi *fortuna*, y no es
sino mi desgracia, mi horrible desgracia ! "

—¿Eso os ha dicho el señor de Rauzán, doctor ?

—Eso me ha dicho, y eso es verdad.

—¿De manera que les inspira á todas
las mujeres un amor loco á primera vista?

—No, señor. No : lo que él dice es que
suele inspirar pasiones á que su naturaleza no le permite corresponder, aunque
quisiera.

—Es extraordinario !... mientras tanto
mi Eva se muere, doctor.

—Dejadla morir. Aunque médico y cubierto de canas, opino que es mejor morirse de infelicidad de amor que de sa-
ciedades de amor. El amor es una bella
ilusión, como los arreboles del cielo, y su

mérito está en conservar su mentira, no en trocarla en realidad. La realidad, amigo, es polvo y es ceniza, y trae consigo el desencanto. Figuraos á vuestra hija casada con el barón de Rauzan, envejecida en el matrimonio y llena de hijos como Hécuba.... quizá aborrecida luégo, quizá abandonada y pobre.

—Qué?....

—¿Creeis que así sería feliz?

—Tan feliz como son todas las mujeres que llenan su misión en el mundo.

—Cierto; pero dejad esa felicidad para el vulgo de las gentes. Que ellas sirvan al objeto de su especie, y dejad su aureola de lágrimas y de suspiros á las vírgenes que saben volver ángeles al país de donde salieron almas.

—Doctor, esas metáforas no tienen poder bastante para que yo vea morir á Eva, joven, hermosa, inteligente y rica, y me consuele con palabras efímeras. La muerte de las personas jóvenes es una traición de las leyes del universo. La muerte de las personas jóvenes y ricas es una horrible ironía!

—Sin embargo, preguntadle á vuestra hija si muere contenta. Estoy seguro de que os dice que sí.

—Sí, eso me dirá; pero no porque vea las cosas como vos las veis, sino porque sabe que no pueden cumplirse sus deseos.

El doctor Remusat, por toda réplica, estrechó al anciano contra su corazón. Bien sabía el doctor que contra la lógica de la naturaleza nada puede la lógica del arte. San Luz hablaba como padre. El doctor era un razonador abstracto.

XVIII

Eva estaba moribunda. Lais la acompañaba á todas horas, y el barón iba todos los días á la puerta de la casa de San Luz para preguntar por la enferma y para dejarle un ramo de flores. Eva recibía este obsequio y le decía á su amiga:

—Juntad todas estas flores para que me hagais una corona. Me moriré el día que haya suficiente cantidad para hacer esa corona.

Así sucedió.

Su última conversación con Lais fué ésta:

—¿Qué dirías, Lais, si Hugo, compadecido de mi estado, quisiera salvarme de la muerte casándose conmigo?

Al hacer esta pregunta Eva estrechaba con cariño las manos de Lais.

—Si Hugo se casara con otra mujer, aunque esa mujer fuérais vos, Eva, yo me mataría.... él será mío, ó no será de nadie.

—¿Lo amais mucho?

—Lo adoro, y es necesario que sea mío. ¿Me comprendeis, Eva? ¡mío! ¡mío!

—¿De modo que Hugo está colocado entre dos tumbas?

—Sí, porque vos os morís por él, y yo me mataré por él.

—Tranquilizaos, Lais: no habrá más que un sepulcro; y si despúes de muerta yo, llega un día en que él se case con vos, os daré el parabién desde el cielo. Cerradme los ojos con vuestro último beso. Ahora pienso en Dios; el amor de Dios es inmortal.

Lais besó á Eva, y Eva expiró.

XIX

Al volver del entierro de Eva, dijo el barón al doctor Remusat:

—Nunca había creído que se pudiera morir de amor, y menos de un segundo amor.

—Sí, barón. Se puede morir de un segundo y hasta de un tercer amor. Todo depende de las circunstancias.

—Explicaos.

—Si el primer amor ha sido imperfecto, como en el caso de Eva, se puede morir del segundo, y así sucesivamente. Entiendo por *amor imperfecto* el que no se coro-

na por causa de la muerte de uno de los
amantes, no por desengaños ni traiciones.
En este caso, el corazón del que sobrevi-
ve puede volver á su primer estado de
pureza y de sensibilidad, y puede amar
más y hasta amar mejor, como retoña y
florece con más fuerza una planta que ha
sido podada. A las veces sucede que lo
que se toma por un primer amor no es sino
un capricho pasajero. La señorita de San
Luz estaba en uno de esos dos casos:
había amado hacía diez años á un hombre que hacía también diez años que había muerto. Entonces ella era niña, y
las pasiones de los niños, si los niños
tienen pasiones, son débiles y mueren con
la misma facilidad que nacen. La tumba
de Edgardo era yá para Eva una sombra casi extinguida, mientras que vos....

—Insistís, doctor ?

—Ella me lo dijo todo. Me dijo más.

—¿ Qué os dijo ?

—Me dijo esto : " Yo soy el único obstáculo que hay para que Lais sea feliz.
Lais es superior á mí, y Hugo necesita
para esposa suya una mujer que sea una
heroína.... *Él* no me ama, pero no se
casará con Lais mientras yo viva."

—Tal vez no, doctor: la naturaleza es
la madre de los contrastes. Yo preferiría
una mujer que fuera una paloma; sin em-

bargo, no la encontraré: hay fatalidad en los afectos.

Aquella misma noche volvió Hugo al cementerio y se arrodilló delante de la tumba de Eva, besó sus fríos mármoles y balbuceó estas palabras: " *Perdón!* Yá habrás sabido por qué llevo la muerte conmigo; no hay secretos para los muertos."

Un rayo de la luna fué el único testigo de esta escena mortuoria.

Algunos días después, al amanecer, á lo lejos, entre el cielo y la tierra, se veía una columna de humo espeso y negro. Era la que arrojaba " El Alción," buque que navegaba en alta mar. En una cámara de ese buque estaban dos personas, una de ellas ebria de dicha: eran Lais y Hugo.

—Al fin eres mío, *todo mío*, mi rey, decía la valerosa joven.

—Al fin soy tuyo, todo tuyo, esposa mía; así lo has querido. Quiera ahora el cielo que sea para el bien de los dos.

—Pues bien, siéntate aquí, á mi lado, y cuéntame tu historia.

—Mi historia empieza hoy, Lais. Lo que queda detrás de mí, yá no me pertenece; lo he olvidado. Además, veo á Eva que me mira y me dice que me calle, poniendo su índice sobre sus fríos labios.

—¿ Lo harás más tarde ?

—Es posible.... Eva puede querer que yo hable, así como ahora quiere que calle. Todo dependerá de ti.

—¿ Por qué de mí ?

—Porque en el barco del matrimonio, es la mujer quien lleva el timón. El marido rema, pero ella es quien fija el rumbo.

—Seré tu esclava.

—No ; me contentaré con que sepas ser mi esposa.

XX

Hugo y Lais pasaron la luna de miel en el mar y luégo regresaron á la quinta de Túsculo. En ella vivían entregados á la lectura, á la música, á su afecto y á sus amigos.

Lais se creía completamente feliz ; Hugo no. Esto se explica: Lais estaba en posesión del hombre á que había aspirado, no por amor sino por orgullo, y ese hombre llenaba todas sus ambiciones, colmaba todos sus deseos y le daba alimento á sus ideas, á sus palabras, á sus obras. Casi le faltaba tiempo para amarlo y para servirlo. Ella al menos decía eso... Su vanidad, que la dominaba, estaba satisfecha.... Había triunfado de todas sus rivales, hasta de Eva.

Por el contrario, Hugo había entrado

en una inacción completa. Los encantos
de la vida de Túsculo no eran para él sino
una serie de mortificaciones doradas: á
Lais le gustaban los libros frívolos, los
saraos, el lujo, el brillo y los ruídos sociales; á Hugo no. Lais era además impe-
riosa, absoluta en sus dictámenes y terca
en sus caprichos, altiva, dominadora y
celosa por vanidad.

Hugo cayó primero en la inacción y
después en la melancolía. Le mortificaba
el tono magistral y duro de su mujer, y
echaba de menos en ella, á cada instante,
aquellas dulces é inefables pequeñeces
que constituyen las virtudes verdaderas
de las buenas esposas; aquel *imperio angelical* que todo lo puede y todo lo her-
mosea; aquella luz, débil y escasa en
aparencia, pero que todo lo alumbra, y
aquella perfección en los detalles que todo
lo facilita y engrandece.

Lais pasaba, en el círculo de sus deudos
y amigos, por una mujer de extraordinario talento y de envidiable energía,
y le gustaba que se *entiendese* y se *dijese* que dominaba á su marido, y para
esto hacía gala de imponérsele. Esto sin
dejar de estimarlo; pero lo amaba mal,
porque lo amaba después de amarse ella
y de amar sus propios caprichos.

Los días de Túsculo empezaron á ha-

cerse sombríos. Hugo empezó á visitar
con frecuencia la tumba de Eva.... Conoció pronto, no que se había equivo-
cado, porque él se equivocaba raras veces, sino que Lais no merecía lo que
él había hecho por ella, pues no era una
mujer de hogar sino de mundo; que tenía imaginación y carecía de talento;
que tenía nervios, pero que no tenía corazón. El caballero había creído que podría
traerla á su modo de ser y no lo consiguió.

¿Cómo crear en ella una segunda naturaleza? Fundid el hierro en el molde que
querais y haced la estatua como os parezca, siempre será ésta de hierro.

Hugo se fué enfriando poco á poco, y al
fin se enfrió por completo. Lais notó esto
y se despechó; empezó á celarlo y á buscar los medios de infundirle celos. Estos
dos juegos son peligrosos: el primero
conduce al odio; el segundo al castigo ó á
la venganza, y ambos destruyen el hogar.

La ciencia del matrimonio, casi desconocida en el mundo, consiste en muy
poca cosa. No son la hermosura y la juventud respectivas, ni las riquezas lo que
hacen la felicidad de los cónyuges; es su
mutua conformidad. El sacerdote y la ley
hacen el matrimonio de los cuerpos, pero
los desposados deben hacer, á su vez, el

6

matrimonio de las almas. Este último es el único matrimonio perdurable. Por desgracia es muy raro.

En los primeros días de matrimonio, lo mismo que durante la gestación de él, la ilusión lo cubre todo con sus alas de rosa. El amor ofusca y hace brillar á los desposados como dos joyas de inestimable precio. Luégo esas alas se quiebran, esa ilusión se desvanece y ese brillo se opaca; luégo se cae la venda de los ojos. Ese momento es el momento crítico, pues en lugar de empezar, concluye con él la jornada, salvo que se siga el matrimonio real, el único estable, el único que puede hacer felices á los desposados: el de la unificación de los sentimientos, de los esfuerzos y de los propósitos. Esta obra difícil, pero no imposible, es la obra de la mujer.

Figuraos dos náufragos en una isla desierta, condenados por la suerte á vivir juntos, pero opuestos en caracteres, en ideas, en inclinaciones y en miras. ¿ Serán esos dos náufragos dos seres felices ? Algo parecido á eso es el matrimonio, cuando no está sustentado por la identidad genial de los cónyuges.

Lais se creyó humillada por Hugo y quiso humillarlo á su vez. Para conseguir esto, empezó por contradecirlo en todo, sin miramiento ninguno, por hacer lo contrario de lo que él quería, por alardear de *sabia* y por lloriquear como una triste *víctima*. Luégo dijo que su marido se había dejado coger de un *tedio brutal*. Pasados algunos días agregó que se había vuelto *misántropo*, y por último, empezó á llamarlo *demente*. Después alzó el vuelo como una ave libre y fué de acá para allá.

Entre tanto el barón meditaba. Se veía metido en un mal paso y quería salir de él sin escándalo; decimos más, sin ruído.

Un hijo habría salvado, quizá, á aquel matrimonio poco plástico, pero Lais pasaba por estéril. Ella no lamentaba esta desgracia; no la conocía siquiera.

En la mente del caballero, Lais bajaba y Eva subía; Lais era sombra y Eva luz. Eso no sorprendía al caballero, quien seguía creyendo en la fatalidad de los afectos. Él tampoco había escogido.

La hermosa viuda no había acertado á dirigir el rumbo de la barca. Si ciertamente Hugo era su *vida*, su *universo*, como ella decía quejándose de él, no tenía sino que entregársele, como un leño se entrega á la corriente; pero Lais era esclava de su vanidad, que es el orgullo de los pequeños y no se le sirve á un tiempo á dos amos. Lo repetimos : Lais amaba á

Hugo despúes de amarse á sí misma; mejor dicho, lo amaba para sacrificarlo á sus caprichos y empleaba contra él toda la energía de su carácter. De ahí su ruptura.

Esta ruptura la tenía mortificada y buscaba el mundo para aturdirse en él. A su vez, el barón – que también vivía mortificado – buscaba la soledad para inspirarse en ella, pues quería cumplir con su deber de hombre de respeto y evitar que Lais lo llamase *libertino* y levantase tempestades contra él.

Tal era el estado de las cosas en Túsculo al empezar el segundo semestre del matrimonio del barón, ese matrimonio tan ruidoso, tan inesperado, tan original.

Un día Lais se encontró casi sufocada por la atmósfera que ella misma se había creado y estalló, haciéndole directas y graves acusaciones al caballero. Lais buscaba una *escena.* El barón la oyó con calma, luégo le dijo:

—Hace tiempo que esperaba ese estallido, que no tiene razón de ser, ni tendrá resultado ninguno.

—Sí, porque tú tienes una alma de hielo, un corazón saciado y muerto; porque tú eres cruel y feroz conmigo.

—Hablas todo eso por hablar, Lais. Yo soy siempre el mismo; quien ha cambiado eres tú. Yo me casé sin propósito ulterior ninguno.

—Ingrato! falso!

—Precisamente por no serlo es por lo que no he cambiado. Yo soy el mismo, hombre serio y sobrio, que era cuando nos casamos. No te sucede lo mismo á ti, Lais. Tú has vuelto á ser lo que eras antes de que entrara en tu pecho esa ráfaga de amor, ese capricho que nos condujo al altar y que ha resultado funesto.

—¿Y qué era yo antes? preguntó la baronesa con enojo.

—Eras una mujer altiva, acostumbrada á esa libertad consentida que da la viudez, buscadora de aplausos y de goces sociales, y rebelde al yugo de una vida sencilla y común.

—¿Me acusas, Hugo?

—Respondo simplemente á una pregunta tuya. Curada de la fiebre de amor que padeciste por mí con la posesión de mi mano y de mi nombre, estás arrepentida de haberte casado porque no soy un *epegneul* (1), que tú llevarías á todas partes, para mostrarlo atado á tu broche, y para decir, no con la lengua sino con los hechos: "Hé aquí mi conquista; hé aquí lo que he hecho del *hombre irresistible....* ¿Conoceis al caballero de Rau-

(1) Perrito faldero de origen inglés.

zán?.... Hélo aquí, encadenado, impotente, rendido.... aplaudidme!"

—Hugo!

—Digo más: tu cabeza ha sido asaltada por la idea del divorcio. Buscas un ruído que te consuele de tu derrota.... Un lance que dé de qué hablar. Te gusta la publicidad.

—Eso digo yo de ti.

—Te gustaría pedir nuestro divorcio, y piensas que con eso darías un golpe maestro, que les arrancaría vítores á tus amigos. Pero has tenido miedo.

—Forjas imposturas contra mí, me calumnias.

—Mira, Lais, yo peso el valor de mis palabras y sé siempre lo que digo. Además, leo en el semblante de las personas lo que está escrito en su corazón, y no me equivoco nunca. Hablando un día con el doctor Remusat, me dijo que un segundo amor no era posible sino cuando el primero había sido sólo un sueño ó un juguete. Tú primer matrimonio no fué ninguna de esas cosas.

—¿Quieres decir?....

—Quiero decir, mejor dicho, *digo* que cuando buscastes mi amistad primero y después mi amor, tú no estabas enamorada sino alucinada; que hace días que, pasada esa alucinación, te encuentras como en el vacío. No quieres yá poseerme sino exhibirme, y exhibirme como *conquista* de tu poder.

—Ojalá no te amara!

—Cierto es que no me amas, aunque no me lo confieses, ni te lo confieses á ti misma; pero no es eso lo que te mortifica: es que crees que yo no te *adoro*, y tu vanidad sufre. Si yo te propusiera adorarte, pero en el silencio y en la oscuridad, en el desierto ó en el misterio, tú no aceptarías. Quizá no tienes tú la culpa de eso: la causa de todo es tu temperamento.... úno no se hace, aunque sí puede modificarse.

La serenidad del barón y lo acertado de sus palabras, irritaban más y más á la baronesa, quien dijo:

—Con todo eso lo que quieres es insultarme.... me llamas *viuda* en el sentido odioso de la palabra. Pues bien, barón de Rauzan, vamos de viudo á viuda. Si mi amor es de segunda edición y por lo mismo de dudoso linaje, quisiera saber ¿de qué edición es el tuyo? ¿No has pasado tu vida seduciendo mujeres? ¿En dónde está tu primera esposa, esa que hiciste encerrar en un manicomio, con el pretexto de que estaba loca?

Al oír esto, el caballero soltó una carcajada, pero una carcajada que helaba. Lais se estremeció, pero continuó así:

—Ay de mí! que no preví lo que me iba á suceder. Dame con el pié, señor irresistible! arrójame á la cloaca en que has arrojado á todas tus víctimas!

Esas terribles palabras fueron el último esfuerzo de la baronesa. Al acabar de pronunciarlas, tuvo un violento ataque de nervios y se desmayó. El caballero haló el cordón de la campanilla. Un momento después entró Man en la cámara de su amo. Este le dijo con aire tranquilo :

—Levante usted á la baronesa, llévela á su estancia y avíseles á sus sirvientas que le ha dado un síncope.

Man levantó á la señora como si fuera una chiquilla y salió.

Dos horas después, Man anunció al barón una visita del doctor Remusat. El barón mandó que el doctor pasase adelante.

Los dos amigos se estrecharon las manos con cariño y el doctor dijo :

—La baronesa no ha tenido sino un ataque de nervios. He estado media hora en la cabecera de su lecho y he logrado que tome una tisana. Estará buena esta tarde, pero dice que permanecerá acostada dos días.... que quiere morirse. No os alarmeis, barón, no es nada.

El barón se sonrió con esa sonrisa desdeñosa que le era peculiar, que punzaba como un dardo.

—Ahora que yá sabeis lo que ocurre, agregó el doctor, permitidme que me retire.

—No, doctor. Hacedme el favor de quedaros; y, á propósito de la enfermedad de la baronesa, hablemos de la fisiología del matrimonio.

—El tema es oscuro, barón.

—Sí, pero lo oscuro se aclara á fuerza de mirarlo. Me decíais que la baronesa...

—Estaba fuera de todo cuidado.

—Eso es verdad respecto de sus nervios; tener los nervios un poco dispuestos á la excitación, es cosa convenida entre mujeres bonitas y mimadas, pero la baronesa tiene algo más malo que los nervios.

—¿ Lo creeis ?

—Lo sé; son los caprichos, las susceptibilidades, las dudas, la dureza de su carácter, su falta de reflexión, el deseo de hacer ruído.

—Barón, vuestra esposa os adora.

—Ella, al menos, lo dice así; pero su adoración es parecida á la de ciertos orientales, quienes apalean y enlodan á sus dioses antes de ponerlos sobre el altar.

—Sois terrible, barón.

—No, procuro ser gráfico. Pues bien, yá que sois vos su médico de cabecera, os agradecería que atendiéseis más á sus defectos que á sus males. Es en sus defectos donde está el peligro.

—¿Es para eso que quereis que hablemos de la fisiología del matrimonio? Yo sé de vísceras, pero de defectos....

—Ciertamente. Conoceis á la baronesa, me conoceis á mí también, y conoceis las circunstancias en que se efectuó nuestro enlace, y el por qué. Pues bien, doctor, sé que sois un hombre leal y de consejo; oidme: todo va mal en Túsculo, ¿qué debo hacer?

—¿Sois vos quien me pregunta eso, barón?

—Sí, soy yo, porque mi honra y mi tranquilidad embarazan mi acción, y eso me hace cobarde. Es casi imposible ser úno juez recto en causa propia. Pienso, en ocasiones, que debo resignarme como un vil esclavo y apurar, hasta el fin, una copa que yo mismo he llevado á mis labios.

—Exagerais, señor barón.

—No; yo no puedo amoldar mi modo de ser al de la baronesa, ni ella al mío, y estamos á punto de acabar. Yo la estimo y ella dice que me adora; pero no es verdad, siquiera, que me ame. Una de las pruebas inequívocas del verdadero amor, es la conformidad de nuestra voluntad con la de la persona amada. Pues bien, la baronesa tiene un carácter de hierro, y se quiebra antes que doblarse. Su ternura es fría y, después de todo, su espíritu es frívolo. Conoce que con una palabra dulce cambiaría por completo una situación mala por otra buena, pero no la pronuncia.... está muy pagada de sus cualidades y esto la extravía. Como no reflexiona, no tiene sentido íntimo y sus procederes carecen de acierto.

—Señor !

—Estoy desesperado, porque veo que no puedo hacer nada. Ella no cambia; ella me desafía y me combate. Si le resisto, me llamará *tirano;* si la abandono, me llamará *libertino,* y si cedo, me pondrá un *sambenito.* Doctor, cuando el matrimonio se exhibe tan desastroso así, ¿qué pueden ó qué deben hacer las gentes honradas? qué las leyes? qué la sociedad? Ved que no se trata de dos chicuelos de veinte años.

—Entre el martirio y el divorcio el dilema es falso, pues hay una puerta; pero no salgais por ella, señor barón.

—No saldré, porque le daría la aureola de una mártir.

—Salvo que sea ella quien pida el divorcio.

—Estoy de acuerdo, doctor. El divorcio pedido por el hombre infunde graves sospechas respecto de la mujer. El divorcio pedido por la mujer ofende el carácter ó la conducta del hombre, pero no su honra. Empero, como mientras llegamos á un término es necesario vivir de un modo aceptable, quiero valerme de vos, doctor, para que negocieis con mi mujer la paz doméstica.

—¿Sobre qué bases? preguntó el doctor riéndose.

—No os riais, doctor; estamos hablando de una cosa muy grave, y me hubiera dirigido al confesor de la baronesa y no á vos, si supiera quién es él, si es que lo tiene. Hé aquí las bases: 1ª Queda suspendido, de hecho, nuestro matrimonio y, por lo mismo, quedamos descargados de obligaciones, previa renuncia de derechos. 2ª Cada uno de nosotros puede hacer lo que quiera, pero sin comprometer su propio decoro, ni la honra común del hogar. 3ª En público nos conduciremos como dos esposos que se respetan, y en privado seremos dos desconocidos, dos sordo-mudos, dos piedras. 4ª El secreto de este arreglo será inviolable.

—¿Creeis que la baronesa acceda?

—A algún término hemos de llegar. Sería un gran disparate dejar las cosas como están, pues ellas pueden arrastrarnos á un acto ridículo.

—Sabeis persuadir, barón; pero la cólera, el orgullo y el amor propio no escuchan razones. ¿ Es ese vuestro *ultimatum?*

—Ese, doctor.

—Probaré, barón, aunque Hipócrates y Galeno no fueron nunca diplomáticos. ¿Cuándo quereis que le hable á la baronesa?

—Cuando os parezca, pero como va á pasar dos días en sus habitaciones, podeis aprovecharos de ellos.

El doctor Remusat se despidió, y como era un hombre leal y estaba impuesto de lo que pasaba en la quinta de Túsculo, por las quejas y confidencias de la baronesa; y como ésta misma le había suplicado que fuese á ver ese día al barón y le informase qué decía él de ella, guardó muy bien su secreto y su puesto.

La baronesa aguardaba llena de inquietud el regreso del doctor Remusat, y cuando supo las bases del caballero y vió que el ave se le escapaba de la jaula, lloró, rabió, suspiró, lo increpó, lo apellidó hombre relajado, verdugo del bello sexo, impío, que se gozaba en mortificarla, marido cruel, egoista, libertino, impudente, &.ᵃ El doctor dejó pasar este chubasco, y tuvo una prueba más de que la baronesa no quería sino una entrega á discreción, una adhesión absoluta.... así entendía ella el amor que le tenía á su marido. Por último, le dijo al doctor:

—Dígale usted que no, que mil veces no! Quiere inventar una fábula como la de don Juan, su modelo, y tener, no un convidado de piedra en la mesa, sino una *mujer de piedra* en su casa. No, jamás! Prefiero el escándalo, y si él lo evita, me mataré.

Cuando el doctor puso la respuesta de la baronesa en conocimiento del barón, no le habló de los desahogos de aquélla; el barón le dijo:

—Lo sabía; ella quiere que yo me le rinda como se le rinde el recluta al sargento: á golpes y á denuestos. Está bien... Eva no habría obrado así.... No tengo nada que hacer: Lais se pierde por sí misma.

—¿Suponeis que Eva sí habría aceptado vuestras bases?

—No, aunque ellas no tienen nada de nuevas: eso es lo que, sin acuerdo expreso, se practica en más de un matrimonio del gran mundo. Lo que quiero decir es que ella no me habría traído á tal extremidad, muy desagradable por cierto.

—Barón, el matrimonio es un problema muy difícil de resolver.

—No; es un problema sencillo, doctor, siempre que los cónyuges pongan algo de su parte para acordar sus voluntades. Así lo exigen sus intereses, los intereses de las familias y la moral pública y privada. Pero acontece, en lo general, que pasa con los cónyuges lo que con el borrico de la fábula, y es que debajo de los oropeles de la albarda están las mataduras incurables. Excusadme por el símil, pero es adecuado. El descubrimiento de los defectos, y hasta de los vicios, no se hace sino con el tiempo.

—Es cierto eso, pero si se vieran las lupias en tiempo oportuno, no se harían los matrimonios.

—Yo, doctor, no me casé con la baronesa por aturdimiento, ni por capricho de amor. Me casé para cortar el hilo de mi pasado, para colocarme en el centro de un círculo sin salida, y me veo burlado, porque la baronesa me arroja de ese centro y de ese círculo. Siento que no podais comprender todo el valor de mis palabras, pues desconoceis mi vida.... Hay que dar fondo y no empeñarse en salir siempre al mar.... quiero ser un hombre como los demás y no lo consigo.

—La baronesa os acusa de no tener confianza en ella, puesto que no le habeis contado vuestra historia.

—Contársela habría sido una falta, doctor....

—¿Por qué?

—Porque, además de que curiosidad no

es amor, al saberla, haría pie en algunos pasajes de ella para mortificarme. Lais ha debido tomarme como á un hombre cualquiera y contentarse con mi presente. La curiosidad suele ser funesta á los curiosos.

—Me contraría, barón, no poder serviros de algo en vuestras dificultades.

—Esperemos, doctor. No sabemos lo que nos reserva el porvenir. He navegado por mucho tiempo en un mar proceloso, y quiero no sólo llegar á un puerto seguro sino desembarcar en él. Acabo de ser burlado en materia grave: entré por segunda vez en el sendero matrimonial para cerrar definitivamente el libro de mi vida anterior, y yá veis lo que me sucede. La baronesa, haciendo de mi hogar un campo de combate, me arroja de nuevo al mundo. Un hombre como yo no puede dejarse abofetear en su propia casa y menos por la mano que él ha honrado uniéndola con la suya. Está bien, partiré, dejaré este país, para que mi esposa viva á su acomodo. Ella se arrepentirá.

El doctor no se atrevió á observarle nada al barón; tampoco tenía qué. Sabía que el señor de Rauzan no era un hombre que hablase por hablar, y conocía demasiado á la baronesa para esperar que cambiase de conducta. El lema de ésta era: "imponerse ó morir."

Ay! la desgraciada no sabía que en las mujeres hay triunfos que son caídas, que su fuerza es su sumisión.

El valladar que el barón quería ponerle á su vida no estaba en Túsculo sino en otro lugar, y la imaginación más fecunda no habría podido construirlo. Otra era el áncora destinada para él.

XXI

Cierto día se detuvo un coche en la puerta de Túsculo. Un anciano salió de él y preguntó por el barón de Rauzan.

Este recibió al anciano, y quedó sorprendido al ver que era un individuo de la comunión de los *Hermanos Moravos*. ¿Qué tendría que ver con él esta persona?.... ¿qué podia venir á decirle? El barón trató al hermano con amabilidad y cortesía, y le preguntó en qué podía servirle. Este le dijo:

—Veo, señor barón, que extrañais mi visita; no es para menos. Aunque tenemos establecimientos en Alemania, Holanda, Inglaterra, Irlanda y en otros países del Viejo y del Nuevo Mundo, no tenemos ninguno en este país.

—Es verdad, hermano, he oído hablar de vuestros establecimientos en los Estados Unidos, en las Antillas, en el Labrador, en la Groenlandia y en algunos puntos de Africa, y aun he visitado algunos de ellos.

—¿Vos, señor?

—Sí, en Egipto y en el Indostán.

—Gracias á la pureza de nuestras doctrinas, nuestra comunión crece de día en día. Hoy estamos extendidos hasta la Hotentocia; es decir, nos estamos aproximando hacia ambos polos.

—¿En cuál de esos asientos teneis vuestra residencia?

—Ah! señor, muy lejos de aquí: estuve algún tiempo en la Groenlandia; ahora estoy en el Labrador.

—¿Habeis venido á este país para evacuar algún asunto de importancia?

—Sí, señor, de muy grande importancia, que se relaciona íntimamente con vos.

—Conmigo! exclamó sorprendido el barón.

—Sí, señor. Al efecto, antes de pasar adelante, espero de vuestra bondad me digais si conoceis á la persona que representa este retrato.

El hermano moravo puso en las manos del barón un retrato antiguo y maltratado. Este lo contempló asombrado; después dijo:

—Para dar respuesta á la pregunta que me haceis, necesito saber cómo ha llegado este retrato á vuestro poder.

—Os lo diré todo, señor, todo - que es muy singular por cierto - pero servíos decirme si conoceis á la persona que representa ese retrato. Ese será nuestro punto de partida.

—Pues bién, ese retrato es el mío, cuando era yo muy joven.... Lo he reconocido al verlo, á pesar de los años y de lo deteriorado que está.... ¿Cómo ha podido llegar á vuestras manos?

—Loado sea Dios! ¿Ese retrato es el vuestro?

—Sí, señor; y como yá sabeis lo que deseábais, satisfaced ahora mi curiosidad.

—Un momento, señor barón; un momento más y una pregunta más.

—Hacedla.

—¿Os acordais haber dado ese retrato á alguien?

—Sí, perfectamente.

—Entonces todo está aclarado. Todo; bendito sea Dios!

—Explicaos.

—Es imposible. No soy yo quien debe hablar: es ella.

—Ella!.... ¿qué historia es esa?

—Una muy singular, señor.

—Pero quién es *ella?*

—La persona que me ha enviado aquí.... la que me ha hecho venir desde el polo. Vamos! vamos! El coche en que he venido está en la puerta.... partamos, señor!

—¿Teneis mucha prisa?

—Si, mucha. Venid!

—¿A dónde quereis llevarme?

—A donde sor María, canonesa del Capítulo de....

—No comprendo, pero estoy á vuestras órdenes.

El caballero y el hermano Miguel (este era el nombre del moravo) se encaminaron hacia el Capítulo, y, mientras llegaban, el hermano le contó al caballero, á grandes rasgos, cierta maravillosa historia.

FIN DE LA PARTE PRIMERA.

SEGUNDA PARTE.

EL ENANO.

I

Odin fué en otro tiempo el gran dios de los escandinavos.

Los escandinavos fueron los primeros habitantes de la Suecia y de la Noruega, países septentrionales de la Europa, de aquende los mares helados.

Odin era el padre de los dioses y del mundo. De ahí su nombre *All-fadher* (padre de todo).

Odin tenía su palacio en las nubes y en él recibía las sombras de los valientes que morían en los combates. Era él quien les daba coronas á los reyes, inspiración á los poetas y espíritu divino á los profetas. Odin cabalgaba en un caballo de ocho patas (Sleipnir), se armaba con una lanza y llevaba dos cuervos sobre sus hombros. Estos cuervos le servían de mensajeros.

En asuntos de amores terrestres y de aventuras, el padre Odin fué un dios á lo

Júpiter. Una leyenda dice que Odin se hizo asar en una hoguera para redimir á sus hijos. Odin fué, pues, un dios redentor.

Según la historia, Odin fué un jefe que llevó su pueblo de Asia á Escandinavia, 70 años antes de Cristo ó 270 años después. El punto es oscuro.

Los escandinavos fueron los padres de los normandos. Los normandos eran aristócratas, activos, orgullosos y audaces; y se les acusa de haber sido sanguinarios, pues se divertían arrojándose unos á otros niños vivos, que recibían en la punta de sus lanzas. En lugar de dejarles sus bienes á sus hijos, los normandos los hacían destruir, para que sus descendientes se enriqueciesen pirateando. En tiempo de hambre, mataban á los viejos y á los párvulos, ó los desterraban. En tiempo de abundancia, comían carne de caballo y bebían cerveza. El mar era el *camino de los cisnes*, y el *rey del mar* era el capitán de los normandos. Uno de estos llegó á poseer hasta tres mil buques. Con ellos traficaba en el Báltico y robaba en el océano. Antiguamente era glorioso robarle al prójimo.

Los normandos descubrieron la Islandia é hicieron de ella un asilo de la libertad.

La Islandia está en el mar y el Hecla está en Islandia. El mar de Islandia tiene blancas espumas y aureolas de hielo. El Hecla tiene bases de basalto y coronas de humo.

Cuando el mar ruge, el Hecla brama.

El mar alienta la tempestad, el Hecla el incendio.

El Hecla está sobre la costa Sur-Oeste y dista 40 kilómetros de Skalholt, antigua capital de la isla. El Hecla tiene tres puntas como el cetro de Neptuno y la más alta alcanza á 1,736 metros. Sirven de peana á esa horrible montaña 120,000 kilómetros cuadrados de terreno. Esa es la superficie de la isla. El Hecla no es el más pintoresco ni el más elevado de los montes de Islandia, pero es el más famoso.

Más allá de Islandia no se encuentran sino Spitzberg y la Nueva Zembla. La isla de Juan Mayen no merece que hablemos de ella. Spitzberg es un archipiélago de rocas escarpadas y agudas, en donde hace un frío insoportable y en donde las noches suelen durar hasta tres meses. Sus aguas abundan en cetáceos y en barcos balleneros, enemigos de aquéllos. La Nueva Zembla son dos islas rusas, deshabitadas, rodeadas de hielos, con poca vegetación, muchos osos blancos y algunos abedules. La visitan los cazadores de Arcángel.

El círculo polar ártico separa la Islandia de Spitzberg y de la Nueva Zembla. Zembla en ruso quiere decir *tierra*.

Hace actualmente 1,025 años que un pirata noruego descubrió la Islandia.... dicen que lo llevó á ella una tempestad; dicen también que lo llevó á ella un designio. Yá hemos dicho que los normandos eran unos hombres terribles, que amaban poco á sus parientes y que preferían destruir sus riquezas á dejárselas á sus hijos. El pirata de que hablamos era uno de aquellos hombres que recibían á los niños en la punta de sus lanzas, y uno de los que cantaban como Lodbrok en el Hoyo de las Víboras :

"Mi lanza ha horadado mil corazones.
"Mi pica ha roto mil escudos.
"Soy más feliz en la pelea que al lado de una hermosa doncella.
"Desde joven amé la muerte.
"Van á cesar los días de mi existencia y voy á beber cerveza con Odin en los banquetes celestiales."

El pirata Juto era agigantado y bien hecho. Había construído su barco de un árbol arrastrado por las corrientes y había hecho sus cables con el cuero de una ballena. Su trompeta era un cuerno, y sus

armas eran una maza de hierro, una lanza,
un yelmo y una coraza.

Cuando Juto descubrió la Islandia, saltó á tierra, recorrió sus costas y trepó por
las faldas del Hecla. Juto no era colono,
ni minero, ni naturalista. Juto era pirata;
pero Juto tenía un pensamiento. Juto era
inmensamente rico. Ser rico á principios
del siglo IX era tener mucho oro y muchas piedras preciosas. Juto tenía de eso,
y Juto quería esconderlo, para que no
se apoderaran de su haber su mujer ni
sus hijos, sus parientes ni sus paisanos.
Lo que el normando buscaba en la isla
desierta era un sitio á propósito para es-
conder sus tesoros.

Algún tiempo después, Juto volvió á
la isla en compañía de su piloto, que era
un viejo lobo marino, llamado Dan, y
condujo todas sus riquezas en una caja de
madera con abrazaderas de hierro.

La caja pesaría unos 200 kilogramos,
pero los dos piratas la atravesaron en un
leño y se la pusieron en los hombros como
si fuera una corza muerta.

Juto sabía yá á dónde debía llevarla.

Debía llevarla á cierto paraje del Hecla, casi inaccesible, en donde había encontrado una gruta espaciosa — de unos
cien metros cuadrados — y en donde se entraba por un laberinto de piedras roda-

das y de arbustos ásperos. Una vez la caja allí, los dos piratas la pusieron en un rincón y la cubrieron con lava fría. En seguida taparon la entrada de la gruta y se volvieron á su barco.

El barco de Juto volvió á andar el camino que lo había llevado á Islandia. El tiempo era bueno y un sol de primavera calentaba á los dos piratas, que bebían cerveza y atendían á la maniobra. También conversaban; hé aquí lo que se decían:

—Por lo visto, esta isla es de fuego por dentro y de hielo por fuera. ¿ Eres de mi opinión, Dan ?

—Soy de vuestra opinión.

—Quiero ponerle un nombre á esta isla.

—Es bueno que tenga un nombre: todas las cosas tienen un nombre.

—La llamaremos Tierra de fuego y hielo.

—Se ve en ella más el hielo, señor.

—Será, pues, *Ineeland*, es decir, *Tierra de la nieve.*

—Ineeland, señor; es justo eso.

Hubo un gran rato de silencio; luégo dijo Juto:

—Dime tú, Dan; tú que eres hombre de experiencia, ¿ puede estar bien guardado un secreto entre dos personas ?

—Quizá, si son marido y mujer.

—¿ Y entre amante y amada ?

—Mejor, señor, porque los enamorados son más fieles que los casados.

—¿Y entre hombre y hombre?

—Sí, entre dos amigos; un poco menos entre dos hermanos.

—¿Por qué, Dan?

—Porque la amistad es más fiel que el parentesco.

—¿Y entre dos jóvenes?

—Menos, señor, que entre dos viejos.

—¿Por qué?

—Porque los viejos tienen menos motivos para traicionar.

—¿Entre dos guerreros?

—Mal, señor, mal: los guerreros suelen ser enemigos.

—¿Entre amo y criado?

—Peor, señor: el criado es una *protesta* contra el amo. Nadie ama la servidumbre.

—Haz hablado bien, Dan.

—He hablado con la sabiduría de los viejos.

Nueva pausa y más jarros de cerveza. Juto reflexionaba y Dan también.

En ese tiempo no se fumaba porque no se había descubierto la América, patria del tabaco; si no, aquellos hombres habrían fumado en sus pipas.

El pirata volvió á hablar y le dijo a Dan:

—Haz hablado bien: la isla se llamará

Tierra de la nieve, porque hay en ella más hielo que tierra; pero no has disipado mis dudas.

—¿Cuáles, señor?

—Tú no eres mi mujer.

—No, señor.

—Ni mi amada, ni mi hermano.

—No, señor.

—Tampoco eres mi amigo.

—No, señor.

—Y aunque eres viejo como yo, eres soldado y desconfías de los guerreros.

—Es verdad.

—Sin embargo, tú conoces mi secreto.

—¿Cuál, señor?

—Tú sabes en dónde está mi tesoro.

—Lo sé, señor, y soy además vuestro criado.

—Es decir, sois mi enemigo.... tú no amas la servidumbre.

—No la amo; quisiera ser igual ó superior á vos.

—Tú puedes serlo.

—¿Cómo, señor?

—Apoderándote de mi tesoro.

—Es verdad.

—¿Lo harás?

—Creo que no, pero no lo sé.... el hombre es frágil.... la ocasion convida.

—Hablas la sabiduría, Dan, y mereces el paraíso. Empuña la copa de la muerte.

Si fueras mi igual, te diría empuña el hacha del combate.

Juto dió á su piloto un vaso de hierro lleno de cerveza.

Dan lo llevó á sus labios y bebió.

—Apúralo, dijo Juto al ver que Dan vacilaba: la última gota es la puerta del cielo.

—La última gota es la muerte, dijo Dan, y tomando el vaso con ambas manos bebió sus heces.

En aquel instante la clava de Juto cayó sobre el cráneo del piloto y lo aplastó.

Juto echó el cadáver de Dan en el océano. El agua cayó sobre este cadáver y el tiempo sobre el secreto del pirata.

Ese secreto ha durado diez siglos y cuarto! El océano es mudo.

El muerto no habló ni el vivo tampoco.

Siete 'años después – 868 – volvieron varios normandos á la isla, sólo Juto no volvió más á ella. Se dejó entonces de llamar á la isla Ineeland y se empezó á llamarla *Ice–land*, es decir, Tierra de hielo. Así se llama todavía.

En tiempo de Harald, llamado *diente azul*, varios normandos dejaron la Noruega y volvieron á establecerse en Islandia, bajo la jefatura del Ingolf. Sesenta años después la colonia estaba floreciente y se había establecido en ella un gobierno aris-

tocrático. Ciento treinta y cinco años más
tarde llegó á ella un gran huésped: el
cristianismo. Bajo el lábaro de Cristo la
Islandia fué feliz y libre.

En 1621 una revolución la sometió á la
Noruega. La unión de la Suecia y de la
Noruega, llamada la unión de Calmar
(1397) la puso bajo el yugo danés. En
1530 entró en ella el espírtu de Lutero y
la iglesia se dividió.

II

Cerca de cincuenta erupciones han hecho el Hecla y los demás volcanes de la
isla desde el año 1000 de nuestra éra
hasta hoy, y ninguna ha arrojado de la
gruta el cofre depositado en ella por los
dos piratas. El suelo ha cambiado de faz
multitud de veces, en partes se ha hundi-
do, en partes se ha levantado, pero el
sitio escogido por Juto ha permanecido
inalterable. Juto sabía lo que hacía.

Para juzgar qué clase de tesoros serían
los ocultados por él, basta saber que Juto
había sido uno de los jefes de los piratas
que saquearon la Inglaterra, la Francia y
la España después de la muerte de Car-
lo-Magno, quien había hecho fortificar y
guardar las bocas de los grandes ríos de
Europa para cerrarles el paso á tan for-

midables bandidos. Muerto el monarca universal, la vigilancia fué menor y la defensa débil.

Erico, el enano, era un fuerte cazador delante de los irlandeses.

Figuraos un hombrecillo de tres pies, dos pulgadas y cinco líneas de alto, y de cuatro pies de grueso. Con una cabeza de patagón, dos brazos largos como dos aspas de molino, dos piernas diminutas y estevadas, dos pies de tambor mayor y unas orejas como dos hongos. Poned sobre un arco de más de ciento diez grados, que era el que formaba su abdomen, un cuello de tortuga, y sobre el cuello una cara de nariz borbónica, una boca de sapo, dos ojitos azules claros, casi sin luz ó mejor dicho sin vida, y una barba de chivo, de pelos ásperos y de color de azafrán. Ese era Erico, montón de huesos, de nervios y de carne poderosamente combinados, pues el enano era el hombre más esforzado y más ágil de la isla. Desde niño había mostrado grande afición á vagar por los montes, á saltar por encima de los precipicios, á subir á las cumbres, á descender á los abismos, á atravesar los ríos, á bañarse en las olas del mar, á aguantar hambre y fatiga, y á pasar horas y horas en la cacería de zorras, con cuyas pieles, que vendía á buen precio, vivía desahogado.

Erico era frugal por lo común ; esto es, comía y bebía poco cuando lo corto de los días ó el rigor del tiempo no lo obligaban á permanecer en la inacción. En los casos contrarios, se comía en una sola vez un cuarto de carnero y se bebía medio hectólitro de cerveza, ni átomo menos ni gota más. Erico era hombre medido.

En cuanto á ideas, Erico tenía algunas, pocas pero buenas. Sus compatriotas lo creían un idiota, pero erraban. Erico no sabía leer ni escribir, pues aunque siempre ha habido escuelas en Reikiavik, capital de la isla, y aunque Runkirik es asiento episcopal, nunca Erico aspiró á las borlas del doctorado. Sentimientos buenos también tenía Erico. Era compasivo y había amado mucho á su madre, la memoria de la cual era el único ensueño de su vida. Al menos decía que la había amado, pues parece que no la había conocido. Erico era cristiano ; esto es, estaba bautizado y creía. No pasaba de ahí. A pesar de esto, de algún tiempo atrás se había vuelto taciturno, desconfiado y, si cabe la frase, más selvático que de costumbre. Se le veía pasar las horas fumando en su pipa. Hé aquí la causa.

Un día Erico perseguía á una zorra en las faldas del Hecla. Las zorras son astutas y aquella de que hablamos desapareció de repente, como si se la hubiera comido la tierra. El paraje en donde esto sucedió estaba lleno de piedras erráticas. Erico examinó todas estas piedras en busca de la cueva en donde hubiera podido meterse la zorra. Quizá iba á dar con una madriguera. Después de muchos exámenes – Erico tenía gran paciencia – encontró las huellas de la zorra. Esta se había metido en una especie de pasadizo, amplio para ella pero estrecho para el enano. Erico quiso seguirla y, para hacerlo, separó, no sin trabajo, unas grandes piedras que estaban en la boca exterior del pasadizo. Para esta clase de obras, lo mismo que para saltar por encima de los abismos y de los pozos de agua caliente de la isla, el enano llevaba consigo una larga percha. Era ésta de madera sólida endurecida al fuego y con dura contera. Separadas las piedras, Erico se halló en la cueva del pirata Juto. Este la habia tapado, pero las zorras, que la frecuentaban, habían hecho una entrada para ellas. Al principio no vió Erico nada, pues, le faltaba la luz. Luégo vió algo. Por último vió todo.

Como se sabe, los piratas no habían enterrado la caja que contenía las riquezas, sino la habían puesto en un rincón y la habían cubierto ligeramente con lava.

7

No había tampoco para qué enterrarla,
quedando dicha caja, como quedó, en una
isla desierta, en un mar desconocido y en
una gruta volcánica, expuesta á desaparecer á la menor convulsión de la montaña.
Juto y Dan no habían sido perezosos, sólo
se habían abstenido de hacer lo que era inútil. Idos los piratas, las zorras que acos-
tumbraban dormir en aquella cueva, es-
carbaron la tierra – las zorras son también curiosas – y dejaron la caja en descubierto. La dureza de la madera de que
estaba hecha ésta, paralizó las investiga-
ciones de aquellos animales.

Si este hecho hubiera sido conocido en
Islandia y si hubiera habido en ella un
Esopo, el caso habría merecido los honores de una fábula: dos piratas y una madriguera de .zorras habían trabajado en
provecho de un enano.

Erico vió la caja.

Juto, á pesar de él, tuvo al fin un heredero. Los avaros, por lo común, tienen
siempre herederos, sólo que ellos no están
entre sus parientes y contemporáneos,
sino en el tiempo y en la casualidad.

Mil ciento veinticinco años hacía que
la rica caja estaba allí. Muchas generacio-
nes habían pasado desde entonces por el
haz de la tierra, muchos acontecimientos,
de todas clases, se habían cumplido!

El mundo estaba trasformado; la pira-
tería era yá un escarnio y los progenitores
de Juto no vivían yá sino en las leyendas
escandinavas.

Erico quiso mover la caja con su percha,
pero la caja resistió. Desclavóla entonces.
La madera estaba podrida y cedió fácilmente. Una cascada de monedas de oro, de
vasos de oro ó infinidad de piedras preciosas se derramó en el suelo. Erico quedó
deslumbrado; y como no creía en lo que
veía, y como le zumbaban los oídos é iba
á perder el sentido, salió afuera de la gruta
y para tomar aire. Su vista se dilató entonces por la isla. Esta le pareció abandonada. De distancia en distancia descu-
bría las humaredas de los lagos, las plumas de agua de los pozos.... después las
costas del mar, batidas por las olas y ce-
ñidas de espumas, y por último el mar
mismo, limpio, sin aves, sin buques y
amurallado en parte por los hielos en un
horizonte sin término. Erico estaba solo,
solo como el primer hombre en el primer
día del paraíso, sin hembra y sin serpiente, y era el rey, el dueño y el guarda de
su tesoro.

Erico volvió á entrar en la cueva y se
extasió. Cogió una copa etrusca y contempló sus relieves, que no comprendió.

Cogió luégo una porción de piedras preciosas y las hizo saltar en el hueco de sus manos. En seguida salió de la cueva, tapó cuidadosamente su entrada, se echó á la espalda las zorras que había matado aquel día y se encaminó hacia la ciudad.

Cosa singular! Erico volvía á ella pensativo, casi triste. Desde aquel día el enano se hizo otro hombre: se volvió desconfiado y se ocultó. Erico había dejado de ser feliz.

III

Las condiciones homogéneas son las únicas que guardan el equilibrio de la vida. Este equilibrio es la base de la felicidad humana.

Un hombre de gran talento sin teatro y sin medios de exhibirse, es un desgraciado vencido por el peso de su fuerza. Un estúpido en condiciones distintas es un mártir ridículo. Un pobre lleno de necesidades sufre lo mismo que un rico lleno de dolencias. Al uno le sobra la salud, al otro el dinero. Esas desigualdades han recibido el nombre de *compensaciones*. Otros las llaman *sarcasmos*.

El ruiseñor, que es el ave de más dulce canto, es una ave sin belleza. El pavón, que es el pájaro hermoso por excelencia, grazna y tiene unas patas horribles. Si consultamos á un filósofo sobre esto, nos

dice que no fué que al autor del universo
le faltaran dones para todos los seres,
sino que quiso, según su sabiduría infiin-
ta, abatir de hecho la soberbia de los fa-
vorecidos y exaltar la humildad de los
desheredados, porque no puede haber
nada ni nadie perfecto.

Hay mujeres que son princesas por la
corona y otras que lo son por la hermosura. Juanilla llora mucho porque es pobre,
pero no se haría tuerta por una buena
dote. Al fin, ella espera algo de sus dos
ojos, que parecen dos soles.

Erico había perdido el equilibrio. Esto
lo entristecía, aunque él no sabía lo que
le pasaba. Como otros muchos, había hecho de su deformidad su caudal. Este era
su pasaporte. Su extrema fealdad lo hacía simpático.

El enano, pobre, era el amigo de todos:
los hombres lo invitaban á beber cerveza;
las mujeres lo ocupaban en mil pequeñeces; los niños le hacían regalos y jugaban
con él. Muchas veces sirvió de correo y
llevó misivas importantes. Muchas veces
fué fiel confidente. Cuando Erico fumaba
su pipa, era el primer potentado de la
tierra. ¿Qué sería ahora de Erico millonario? Pobre Erico!

Erico entró en la ciudad preocupado.
Anduvo las calles á paso corto, no habló

con nadie y aquella noche no tuvo apetito,
ni sueño. Aquella noche no encendió su
pipa. Al día siguiente tuvo pereza de ir
á la caza de zorras y por la primera vez,
después de muchos años, no limpió su
escopeta ni su percha. Tampoco desolló
las zorras de su última cacería, y al pasar
por la calle unos muchachos los llamó y
les dijo : —Amiguitos, llevaos eso.

Los muchachos creyeron que Erico se
chanceaba. Tuvo pues que decírselo dos
veces. Los que lo vieron después de aquel
día, creyeron que Erico estaba enfermo y
que iba á morirse. Otros vaticinaron que
se volvería loco muy pronto. En efecto,
el enano estaba pálido y se había enfla-
quecido. No faltaron personas que creye-
sen que se había enamorado. Esta supo-
sición hizo gran ruído.

Un día el enano desapareció. Nadie lo
volvió á ver en Reikiavik. Este lugar, que
es la capital de la isla, está en el golfo de
Fole, sobre la costa occidental de la isla,
tiene un puerto seguro y unos mil habitantes.

Cuando los habitantes de Reikiavik
echaron de menos al enano, hicieron muchas suposiciones y conjeturas, algunas
absurdas. No faltó quien creyera que se
lo había llevado el Diablo pues, por su
fealdad, se le creía pariente cercano de

este príncipe misterioso, ó por lo menos su camarada. Más tarde se supo que lo habían visto en las faldas del Hecla, trepado sobre los peñascos, mirando al mar ó sentado sobre las piedras, tomando el sol. Era claro que el infeliz había perdido el juicio. Alguien lo vió acompañado de un perro enorme, cuyos ojos parecían dos brasas. Esto dió en qué pensar á los espíritus supersticiosos. El enano de Reikiavik dejó de ser un personaje real y pasó á ser un personaje fantástico, de quien se contaban mil cosas increíbles. Se habló de raptos de doncellas, de brujas que vivían con él y de espíritus infernales con quienes se comunicaba por el interior del Hecla. Se afirmó también que se le había visto pasar una noche, montado en una ráfaga del huracán, en dirección del polo. Luégo se olvidaron todos de él. La fama fatiga.

Erico no quería vivir solo en el Hecla; tampoco quería apartarse del Hecla. Mas, ¿de quién se acompañaría?

Pensó primero en una mujer; pero pronto se persuadió de que ninguna mujer querría vivir con el *enano Erico*, convertido en un semi-diablo. Además, ¿podía él confiar en la discreción de una mujer? ¿La haría partícipe de su secreto? Se lo ocultaría?.... ¿Cómo se lo oculta-

ría! Luégo pensó en un hombre. Nuevos
y mayores inconvenientes. Un muchacho
sería un buen compañero.... pero los mu-.
chachos son traviesos y tendría que pasar la vida cuidándolo á él y á su tesoro. Erico desechó pues sexos, condiciones y edades y se decidió por un perro.
Un perro no sospecha, no busca, no trai-
ciona; un perro no habla. Sin ser un hombre sabio, Erico prefirió un animal á todos
los individuos de su propia especie. Eso
no hace la apología de los hombres, pero sí
hace la apología de Erico. Hemos dicho
yá que el enano tenía pocas pero buenas
ideas.

Había, empero, una dificultad: ¿cómo
conseguir el perro? Erico pensó que si
sacaba una moneda de su tesoro ó iba á
comprar con ella un perro, infundiría sospechas; que esas sospechas lo harían es-
piar, y que el espionaje podía costarle
la vida. El sorites de Erico no era re-
dondo, pero era lógico.

Volvió, pues, á la caza, mató zorras,
juntó pieles y, cuando tuvo bastantes,
no se fué á venderlas á Reikiavik, en
donde hubiera causado gran sorpresa su
presencia, sino á Runkirik, población que
queda á 60 kilómetros de aquella, cerca
del surtidor llamado Gran Geyser.

Allí encontró Erico una familia cocinando en las aguas termales y se acercó á ella cou el pretexto de informarse del estado del comercio de pieles. La familia de que hablamos lo recibió con un cariño mezclado de curiosidad, y desde el primer momento supuso que sería el *enano de Reikiavik*, de fama extendida en el país. Con esta familia permaneció Erico hasta que vendió sus pieles y compró el perro que buscaba. Luégo se volvió á su cueva.

Más tarde tuvo Erico otra idea: quiso hacerse pastor. Los peces que cogía en las costas y que salaba para comer, empezaron á cansarlo. Quiso comer carne, como la comía en sus buenos tiempos, cuando era *pobre y libre*, cuando *era feliz*, pues ahora era rico, esclavo y desgraciado.—Es bien desagradable, solía decirse: desde que soy millonario, soy el más infeliz de los hombres. ¿Para qué me sirven estas riquezas, si no es para contemplarlas en las altas horas de la noche y para ver su inutilidad?...... ¿Qué puede hacer un enano como yo con este caudal?.... Daría el más grande de estos diamantes por un pequeño saco lleno de nuestra moneda.

Para hacerse pastor, Erico tuvo que matar zorras como en sus buenos tiempos, vender sus pieles y comprar una pequeña manada de ovejas. Las ovejas de Islandia tienen un rico vellón

Una vez Erico propietario de ganado,
construyó un aprisco cerca de la gruta.
La construcción del aprisco le dió una
idea:—Haré, se dijo, una cabaña para
cuidar mi corral, y por el interior de ésta
entraré en la gruta. Esto alejará toda
sospecha.

Erico era hombre de trabajo, así como
era hombre de razón, y pronto estuvo
construída la cabaña.

Odin (este fué el nombre que el enano
le dió á su perro) ayudaba á cuidar la
manada. Las lanas de ésta le daban á su
dueño una pequeña renta, y la carne de
los machos, convenientemente conserva-
da, le servía de alimento.

Erico mejoraba de vida, pero su tesoro
no le servía de nada. Le imponía cargas
y no le daba satisfacciones. Su verdadera
despensa era su rebaño. Sin embargo,
guardaba su tesoro con más interés que
su vida. ¿Tenía alguna esperanza? no.
¿Tenía algún proyecto? no. Erico se había aturdido con su hallazgo.

Lo único que había era que Erico era
hombre y, como tal, tenía un corazon de
hombre; esto es, tenía dentro de sí un
abismo de oscuridad y de misterio. Erico
era esclavo de un tesoro que sólo le daba
penas y mortificaciones, pero no se resol-
vía á abandonarlo. Otros hombres son

también esclavos de un *deseo*, de un *vicio*, de una *pasión* y no se resuelven á abandonarlos. No los abandonan aunque detrás de la esclavitud que ellos imponen, vengan el martirio y la muerte.

IV

Cuando Erico le dió á su perro el nombre de *Odin* tuvo en ello un objeto. Erico era supersticioso y, aunque ignorante, conocía algunas de las viejas leyendas escandinavas y solía cantar los hermosos versos en que están escritas. Esto lo hacía en los días de primavera, cuando el Hecla estaba despejado, la isla aparecía risueña y el sol besaba con sus rayos de oro el escaso follaje de los sauces polares.

Era entonces, también, cuando al través de las nieves derretidas y orladas de tierna verdura, brotaban algunas florecillas campestres, semejantes á los instables pensamientos de un niño. Era entonces, también, cuando los gansos y los patos salvajes, emigrados durante el invierno, volvían por millares á bañarse en los lagos de Islandia y á reconstruir sus nidos.

Hé aquí algunas de las baladas que cantaba Erico:

Una joven quiere unirse con su amante ausente y un cuervo ofrece llevarla á donde él está, si la

joven le entrega el primer fruto de su amor. A la
joven enamorada todo sacrificio le parece pequeño, en cambio de estar junto del que ama. Acepta,
y cuando llega el tiempo, el cuervo pide al niño.
La joven, que yá no es amante sino *madre*, vacila
en entregarlo y le ofrece al cuervo oro y honores
en lugar de su hijo. El cuervo se enfurece, mata
al niño y le saca los ojos. La madre va á morir
de dolor, cuando el cuervo se trasforma en un
hermoso caballero y le vuelve la vida al niño.
Enseñanza: *las imprudencias de las jóvenes enamo-*
radas las corrigen las madres buenas.

Dos mujeres han perdido á sus esposos. Una de
ellas sepulta al suyo; la otra carga con el cadáver
y va á bañarlo en la fuente encantada de Mari-
boe. Este último marido vuelve á la vida.—Enseñanza: *para la mujer que ama á su marido, éste no*
muere.

Erico creía, además, que los ruiseñores
anunciaban á los amantes la muerte de sus
amadas; que los marineros tenían palacios de cristal debajo de las aguas; que
los doce magos hacían prodigios de todas
clases; que los muertos evocados volvían
al mundo; que las mujeres que no bailaban con los duendes eran castigadas por
éstos, &ª. Empero, la conseja que más le
gustaba á Erico era la del Enano de la
Montaña. Fué éste un enano que persi-
guió á la mujer de un campesino hasta
que le dió un beso. Recibido el beso, el
enano se convirtió en un príncipe joven y
hermoso. Este príncipe estaba encantado

y sólo podían desencantarlo los labios de una mujer.—Enseñanza: *el amor saciado suele causar desencantos.*

Erico no alcanzaba á comprender la intención de estas baladas. Él, como otros muchos, prefería el cuero al meollo; y si gustaba del cuento del Enano de la Montaña, era porque él era enano y porque el hallazgo del tesoro del pirata le había vuelto le mollera hacia lo sobrenatural.

Para Erico, había en aquello algo y hasta mucho de *encantamiento*, y esperaba nuevos y mejores acontecimientos. Esperaba el beso que le debía volver su forma verdadera, que, creía él, sería la de un joven deslumbrador.

El nombre de *Odin*, dado á su perro, era una especie de tributo al dios escandinavo; y al perro mismo lo consideraba ligado íntimamente, no á su vida de pastor y de ermitaño, sino á su destino de hombre supersticioso. Por eso, cuando Odin batía la cola y le presentaba su enorme cabeza para que lo acariciase, el enano solía decirle:—Habla, Odin, habla.... rompe el misterio de nuestra existencia... Volvamos á los palacios de donde hemos salido.... cese yá este hechizo.

No hay para qué decir que Odin callaba—al buen callar llaman Sancho—pero como miraba atentamente á su amo con sus ojos color de brasa, y lo miraba por largo rato, Erico le añadía esta frase á su discurso:—Comprendo: aún no es tiempo.... tendré paciencia.

Otras veces, Erico no se echaba por el lado de lo sobrenatural y buscaba el modo de aprovechar siquiera una parte de su riqueza. Entonces solía decirse:—Si escojo unas cuantas monedas de mi tesoro, me las pongo en el bolsillo y me voy á viajar, no sólo cambiaré de vida y gozaré un poco del mundo, sino que encontraré los medios de volver por el resto y de sacarlo de la isla.

Y al pensar así, casi se decidía á hacerlo. Interrumpía la ocupación que tenía entre manos por el momento, entraba en la gruta, escogía las monedas que le parecían más á propósito para su objeto, apartaba algunos diamantes de los mas pequeños, ponía todo esto á un lado, y luégo se preparaba para enterrar el resto en el rincón más oscuro de la cueva. Ese era el instante supremo, pues en él le parecía muy poco lo que se llevaba y mucho, inmenso, lo que iba á dejar, y se detenía ante tal sacrificio. Sentábase entonces en la puerta de su cabaña, contemplaba las partes bajas de la isla, que hallaba insignificantes, para caminarlas, comparadas con la extensión del océano, desierto

y brumoso por lo común. La inmensidad
de éste lo acobardaba.

Cuando, por casualidad, alcanzaba á
divisar alguna vela, Erico la seguía primero con la vista hasta que desaparecía
en el horizonte, y después con el pensamiento, pues soñaba que iba embarcado
en ella, que llevaba consigo su tesoro y
que se encaminaba á un país donde podía
disfrutar de él sin zozobra. Al llegar aquí,
una carcajada nerviosa cortaba el hilo de
sus ideas y se decía :—Gozar sin zozobra ?
imbécil! ¿ Cómo puede gozar de sus millones en medio del mundo civilizado, un
animal inmundo como yo ?.... En donde
quiera que me presente seré la burla de
la sociedad.... Si al menos fuera yo un
enano de Odin (1), sería un enano divino ;
pero soy un enano de los hombres, un sér
excepcional, ridículo, desgraciado, sin educación, sin conocimientos, sin familia.

Volvía, pues, á la gruta, arrojaba al
suelo, con desprecio, la parte que había
tomado de su tesoro y seguía llevando su
vida de pastor.

V

Algunas veces, cuando la luna se mostraba en el horizonte, Erico salía de su
cabaña y erraba por los picachos de los

(1) Seres elementales, formados del polvo de la
tierra y semejantes á los monos. Quizá á éstos quiso
referirse Darwin.

montes con la esperanza de encontrarse
con las brujas ó con alguno de los doce
magos, á quienes quería pedirles que lo
desencantasen, esto es, que lo volvieran á
su estado natural - de hombre común ó
de príncipe - aunque el desencanto alcan-
zase á su tesoro, y éste se trocara en una
madriguera de víboras.

—Si yo fuera un hombre como todos,
tendría libertad y nadie se fijaría en mi
persona.... No es mi tesoro el que me
hace desgraciado: es mi figura. Enan-
tes yo no me había visto, no me conocía:
mi tesoro me ha servido de espejo.

Al reflexionar así, Erico se preguntaba:
—¿Sería yo capaz de dar mi tesoro, todo
mi tesoro, por ser un hombre como cualquier otro, por feo y viejo que fuera? Esta
pregunta lo llenaba de perplejidad, y con
razón, porque añadía:—Sin dinero, ¿para
qué quiero ser yo un hombre joven y bien
formado?.... Sería uno de tantos infelices. ¿Y de qué me sirve el dinero, siendo
deforme? ¿Puedo yo casarme? ¿puedo yo
amar? ¿puedo yo fundar una familia?
Lo que necesito, pues, es mi tesoro y una
figura distinta de la que tengo, figura
en que nunca pensé cuando era pobre.
Cuando *era pobre*, digo, ¿qué soy, pues,
actualmente? Soy un sediento junto de
una fuente envenenada....

Este círculo vicioso en que Érico giraba de noche y de día, habría acabado por arrebatarle el juicio, si la superstición no hubiera venido en su auxilio. El pobre enano acabó por tener completa fe en su encantamiento, y se puso á esperar el fin de él. Se puso á esperar el beso de la hermosa doncella que le devolvería su juventud, su arrogante figura y sus Estados.

El enano se créyó un príncipe vencido y transformado por algún demonio ó por algún guerrero poderoso, y se tranquilizó. Tendría paciencia; esperaría uno, dos ó tres siglos, pues sabido es que los príncipes encantados permanecen hasta millares de años bajo el poder de sus enemigos.

Cuando esto que vamos relatando acontecía en Islandia, Erico no era un niño. No: tenía cuarenta años, y á éstos hay que agregar otros muchos, durante los cuales el enano y su perro envejecieron á ojos vistas.

Odin empezaba á perder sus fuerzas, y Erico sus esperanzas.

Sin embargo, una noche Erico y Odin despertaron súbitamente á los ruídos de una borrasca. El agua caía á torrentes, estallaba el rayo, zumbaba el trueno y el Hecla se movía como sacudido por un titán furioso.

Erico tuvo miedo, no porque creyese
que iba á perecer tragado por el volcán
–él no tenía cuidado de su vida–sino porque la gruta amenazaba hundirse y con
ella se hundiría su tesoro. El tesoro de
Juto de nada le servía al enano; ese
tesoro le había impuesto la mortificante
tarea de custodiarlo; á su lado pasaba
Erico no sólo los días y las noches, las
semanas y los meses, sino los años. Especie irónica de Prometeo, estaba encadenado en una roca; y en ella ese tesoro,
bajo la forma del constante deseo de apro-
vecharlo, le devoraba las entrañas, como
el buitre de Júpiter. Sin embargo, lo prefería á todo en la vida y estaba resuelto
á perecer custodiándolo.

Erico no sabía hacer cuentas, pero comprendía que su tesoro valía muchos millones de pesos; y como el avaro al suyo,
lo amaba por lo que valía intrínseca-
mente, no por los goces que pudiera cau-
sarle. Cada sacudida del Hecla lo hacía
temblar pues, y más de una vez creyó
que la gruta iba á sumergirse. Erico era
cristiano, pero en lugar de orar y de pedirle á Dios por su alma en aquel momento, se puso á llorar. La tempestad duró
toda la noche y toda la noche duraron
los terrores del enano. Al amanecer cambió el tiempo y al brillar el primer rayo

de luz, salió Erico de su cueva, subió so·
bre un peñasco y se puso á mirar hacia el
mar. A poco no más divisó un buque, al
que las olas, todavía agitadas, le daban
terribles sacudidas contra las agrias costas del cabo Portland, un poco hacia el
Oriente.

Nadie, al parecer, había visto al buque
náufrago, nadie había ido en su socorro.
La playa estaba desierta. Esto era natural,
porque desde Reikiavik no se veía el lugar del siniestro. Erico llamó á Odin, tomó su percha y se encaminó rápidamente
hacia la playa. El trecho era largo y el
suelo poco cómodo para andar en él. Erico gastó, pues, algún tiempo en llegar á la
orilla del mar.

Cuando llegó, yá el buque había desaparecido, tragado por las aguas, y sólo
halló algunos despojos y dos personas
desmayadas ó muertas : una señora y una
niña. La señora tenía el cráneo roto y apretaba tan fuertemente con sus brazos á la
niña, que más parecía haberla ahogado
ella que las olas.

Erico contempló los dos cadáveres con
dolor. Odin hizo algo ménos sentimental
pero más provechoso : se acercó á los náufragos, los olfateó y se puso á lamer el
rostro y las manos de la niña. Odin era
un perro groelandés, acostumbrado á ayu-

dar á sus amos en el deshelamiento de
los viajeros. Erico tuvo una idea: pensó
que la niña podía estar viva, como lo hubiera estado, quizá, la señora, si no se
hubiera roto la cabeza contra las rocas.
Inclinóse, puso el oído sobre uno de los
costados de la niña y le pareció que ésta
respiraba, aunque muy débilmente.

Rompió entonces con la punta de su
percha, punta que era de acero, algunas
tablas ó pedazos de madera del buque,
que las olas y el viento habían arrojado
sobre la orilla, hizo una hoguera é intentó
poner delante ó cerca de ella á la niña;
pero no pudo, porque los brazos de la
señora se habían convertido en tenazas.
El enano tomó el cadáver de la señora
por los hombros y lo arrastró hasta junto
de la hoguera. El fuego de ésta hizo pronto su efecto: los brazos de la muerta se
aflojaron, la niña volvió en sí.

Estuvo ésta al principio como aturdida. Llevó su mirada á todas partes, como
si nada viese ó nada comprendiese, y luégo, deteniéndola sobre el cadáver de la
señora, lo mostró con el dedo, soltó una
carcajada y exclamó:—"¡Es mi madre!"
La niña había recobrado sus sentidos,
pero no su razón.

El enano se estremeció.

Odin volvió á acercarse á la niña y

volvió á lamerle las manos. Afortunadamente ésta no le tuvo miedo. Por el
contrario, lo acarició y viendo que Odin
la miraba con ternura, le dijo:

—Vé á lamer á mi madre; vuélvela á
la vida.

—Señorita, dijo Erico, vuestra madre
se ha roto la cabeza y está muerta.

La niña, que no se había fijado en el
enano, se fijó entonces en él y tuvo miedo: quiso huir, pero luégo se arrimó al
perro, como para que éste la defendiera.

—No me temas, niña, dijo Erico con
humildad. Yo soy un hombre bueno y
acabo de salvarte la vida.

—Si eres bueno, vuélvele la vida á mi
madre.

Erico no contestó, pero levantó la cabeza de la señora y se la mostró á la niña.
La cabeza de la señora estaba horriblemente despedazada. La niña se acercó á
la señora, la estuvo contemplado un rato
y luégo le dijo al enano, con una frialdad
de loca:—Es mi madre!

—Sí, dijo Erico; y como yo soy un hombre bueno voy á sepultarla. ¿Consientes?

La niña alzó los hombros. Luégo dijo:

—Tengo hambre, si eres bueno, dame
de comer.

Erico sacó de su mochila una botella
con licor, dió de beber á la niña y le ofre-

ció un pedazo de carnero fiambre. La niña comió al principio con disgusto, luégo con ansia.

Erico fué á buscar un sitio á propósito para sepultar el cadáver de la señora. Halló uno aparente en una hondonada, no lejos de la playa, al pie de dos álamos blancos. Allí hizo con su percha una fosa; la tierra removida la sacó con las manos.

La niña no quiso ver enterrar á su madre y el enano extendió su capote de pieles de carnero para que se sentara en él. Así lo hizo la niña; Odin se echó á sus piés. Los perros aman á los niños.

El licor, el alimento y el calor le trajeron el sueño á la niña, quien seguía atónita. Erico le quitó á la señora un relicario que tenía al cuello, un anillo que tenía en uno de los dedos de la mano izquierda, y una cartera, que encontró en uno de sus bolsillos. Como la cartera estaba mojada, el enano la puso á secar al sol de la mañana, que era un poco fuerte.

Erico vió que en la cartera había escrito algo, pero no supo qué, porque no sabía leer. Luégo puso á la señora en la fosa, le cubrió el rostro con una parte de su vestido, y devolviendo al hoyo la tierra que había sacado de él, lo pisó fuertemente. En seguida cubrió la sepultura con arena y líquenes, para quitar todo

vestigio de ella; fué luégo al lugar de la
hoguera, esparció sus cenizas y desper-
tando á la niña le dijo:—Vámonos de
aquí.

La niña inconscientemente se puso de
pie. Pero como estaba muy débil y el
suelo estaba muy húmedo, el enano le
dijo:

—Si me lo permites, te llevaré en mis
brazos.

—¿A dónde?

—A mi cabaña.

La niña consintió. Parecía haberse olvidado de todo. El enano, seguido de Odin,
tomó el camino del volcán.

Erico había ido á la playa oriental de
la isla el día del naufragio, no por simple
curiosidad sino porque pensó, y pensó
bien, que en ella podía prestarles algunos
servicios á los náufragos y hacerse de algún amigo que lo ayudase á salir del em-
barazo en que estaba. Sin embargo, lo
que menos esperó fué tener que recoger
una niña de ocho ó diez años y en estado
de locura. Mas, como Erico era supersticioso, creyó que en eso se encerraba algún
misterio, quizá un nuevo encantamiento, y no se desagradó por ello.

No sin mucha fatiga, llegó Erico á su
cabaña yá cerca de la noche. El camino
era malo ó mejor dicho, no había camino.

Además, Erico quiso dar muchos rodeos para ocultarse de cualquiera persona que pudiera verlo. Precaución inútil, porque aquella parte de la isla era salvaje y estaba desierta.

Cuando llegó á la cabaña, le preparó á la niña una cama de hermosas pieles de carnero (yá hemos dicho que las pieles de estos animales son muy ricas en Islandia); y como la niña estaba fatigada, le hizo tomar algún alimento y la hizo acostarse. El calor vivificante de las pieles y el estropeo del naufragio, causaron en la huérfana un sueño profundo. Erico veló ese sueño con un cuidado paternal. Más de una vez, durante la noche, se levantó y fué á ver si la niña estaba dormida ó despierta, y á darle lo que pudiera necesitar. La niña no se despertó en toda la noche.

El sol estaba yá bastante alzado en el horizonte cuando la niña se despertó y saltó, como espantada, de su lecho, pues desconoció el lugar en donde se hallaba. Dos ó tres veces se pasó las manos por los ojos, como para disipar una nube que los cubriese, luégo prorrumpió en llanto y llamó con dolor á su madre.

Erico, que en aquel momento observaba desde una roca la ribera del mar, corrió hacia la niña. Esta, al verlo, dejó de llorar y lo miró fijamente desde la cabeza hasta los piés.

En seguida se calmó: acababa de recordarlo todo. Su naufragio, la muerte de su madre, el encuentro con el enano salvaje. Nada de eso era un sueño; todo eso era una realidad. Lo recordó y volvió á perder el sentido. Dejó de llorar y fué á sentarse sobre un peñasco y á recibir los rayos del sol. Este estaba muy vivo. De todos los puntos de la isla se levantaban vapores más ó menos tenues. Las montañas, abrillantadas por la luz de la mañana, se veían muy inmediatas.

El océano estaba azuloso y tranquilo.

Algunos gamos silvestres pacían con afán en las vegas distantes, y grupos de patos cruzaban el aire. Las cabras de almizcle saltaban en los riscos.

El Laxaa, el Thiorsaa y el Skaptaa, como otras tantas cintas de plata, corrían en diferentes direcciones y despedían luz de sus linfas, como los lagos la despedían de sus faces inmóviles. En torno del Hecla la soledad era absoluta.

La niña permaneció un largo rato como extasiada, parte quizá por los pensamientos ó recuerdos que la agitaban, parte por la contemplación del panorama que tenía delante. Pero no: la niña no veía nada, no pensaba en nada, no recordaba

nada. Si no estaba loca del todo, por lo
menos estaba aturdida. Tenía espasmos
y no sensaciones; sus ideas eran confu-
sas. La fijeza de su mirada era alarmante.

Se pasó una hora é iba á pasarse otra,
cuando la niña le dijo al enano, que la
seguía y cuidaba:

—¿Cómo te llamas, enano?

—Erico, dijo éste, y como la ocasión se
le había venido encima, agregó:

—¿Y tú, niña mía, cómo te llamas?

—Edda, dijo ésta; pero en el instante
se arrepintió de haber respondido y guardó silencio.

Después dijo Erico:

—¿Quieres algo, niña mía?

—Sí; quiero ir á la ciudad.... ¿hay en
esta tierra una ciudad?

—Sí, hay algunas ciudades. ¿A cuál
quieres ir, Edda?

—No; á ninguna.... yo no quiero ir.
Tengo hambre, enano.

—¿Por qué no me dices Erico?

—Erico tú?... tú te llamas Erico? mentira! Erico es nombre de príncipe y tú
eres un enano.

—Bien, Edda, dime como quieras; pero
sabe que soy un hombre bueno y deseo
servirte.

—Servirme!.... ¿Servirme de qué?

—De lo que quieras. Si quieres te llevaré á tu patria.

—A mi patria ? al mar ? No ! no ! exclamó la niña horrorizada.

—¿ No quieres ir al mar ?

—Jamás !.... Enano, tengo sueño.... estoy cansada.

—Ven, niña mía, ven á la cabaña.

Edda se levantó y siguió á Erico.

El almuerzo del enano no era frugal. Componíase de carnero, queso, papas y cerveza. La niña restauró con él sus fuerzas perdidas y manifestó deseos de volverse á la cama. Erico la llevó á ella y la acompañó hasta que se quedó dormida, luégo salió sin hacer ruído, cerró la puerta de la choza y le mandó á Odin que se echara delante de ella y la guardase. Odin obedeció, y como había almorzado á su satisfacción, puso la cabeza entre sus patas delanteras y dejó que el mundo rodase á su gusto. Erico cogió su percha y bajó rápidamente hasta la ribera del mar.

Cuando llegó á ella, vió que todo permanecía en el mismo estado en que lo había dejado el día anterior. Entonces se puso á recoger algunos despojos del naufragio, muy preciosos para él. Prefirió entre éstos los que le parecieron más útiles y los ocultó en paraje seguro, para trasportarlos luégo á su cabaña.

Erico era fuerte y trabajó con empeño. Cerca de la puesta del sol, llegó á su choza

contento por lo que llevaba consigo, pero
lleno de cuidado por lo que hubiera podido acontecerle á la niña. ¿Se habría
despertado ésta? ¿Habría salido de la
cueva? ¿Se habría fugado? Nada de esto
había sucedido. La niña no se había despertado, y si se había despertado no se
había atrevido á salir de la cama.

Odin, que se había sentido bien en su
empleo de centinela, había permanecido
en donde se le había dejado. Erico llamó
á la niña. Esta le contestó con agrado.
Erico tuvo confianza, se le acercó y le
dijo:

—¿Qué quieres, niña mía?

La niña le hizo la pregunta que en otra
ocasión le había hecho:

—¿Por qué no me dices Edda?

—Bién, ¿quieres algo, Edda?

—Quiero beber.

—¿Quieres cerveza?

—No.

—¿Quieres vino?

—No: quiero agua.

Erico dió de beber á la niña en un
magnífico vaso de oro, incrustado de piedras preciosas, cáliz de algún antiguo
templo ó copa de algún rey español. La
niña bebió con avidez y no se fijó en aquella joya inestimable: estaba casi ciega á
causa de la fiebre.

VI

Seis meses duró Edda luchando entre la vida y la muerte, pero al fin triunfaron de la última el interés paternal y los cuidados generosos del enano. Si la huérfana se hubiera muerto, éste no habría podido sobrevivirla. Erico amaba á la niña. Todos los afectos del hombre, hasta entonces inertes en su corazón, se despertaron de repente con una fuerza desconocida, estallaron, por decirlo así, é hicieron de aquella criatura infeliz y huérfana el centro y el objeto de su vigor.

Una madre no habría sido más solícita.

Un padre no habría sido más tierno.

Y en caso de peligro, una leona no hubiera defendido mejor á su cachorro.

Renunciamos á relatar todos los desvelos de Erico durante la enfermedad de Edda, los viajes que hizo por ella, ya de noche, ya de día, con tiempo bueno ó malo, y todas las dificultades que tuvo que vencer, dada su situación, para satisfacer las necesidades de la niña y hasta sus más insignificantes caprichos. En cambio, cuánta satisfacción! cuán feliz era las veces que la niña le decía:

—Enanito mío, padrecito mío, no me dejes mucho tiempo sola; ó esto otro: dile á Odin que me acaricie. Odin es bueno con *nosotros*, ¿es verdad, Erico?

Afortunadamente el enano había recogido muchos de los restos del naufragio, y con ellos había dividido la cueva en dos departamentos, le había puesto algunos muebles y la había provisto de cosas que de otro modo le habría sido imposible poseer. Entre éstas figuraban algunas barricas de vino, algunos vestidos, algunos instrumentos, mucho aceite, esperma, marmitas de hierro, &ª un cajón con libros y un hermoso catalejo de mar, de que se servía el enano para observar la isla.

Erico instaló á la niña en la cueva y él siguió viviendo en su cabaña; y para que Edda no supiese nada de *su secreto*, lo ocultó en un nicho de la peña y lo cubrió con maderos, que clavó en el suelo. Desde entonces Erico tuvo dos tesoros que guardar; pero era cierto que prefiría el último.

Una vez tuvo Erico un gran sobresalto: se soñó que había llegado á la isla el padre de la niña y se la había quitado. Pero el enano era un hombre de buen sentido, y pensando en eso, concluyó por persuadirse de que eso no era posible, puesto que Edda pasaría por muerta una vez que las personas del buque habían perecido, y nadie en la isla se había ocupado del naufragio. Además,

¿ cómo podían saber que él la tenía en la cueva? Sin embargo, era tal su inquietud, que se aventuró á preguntarle á Edda si quería que la llevase á donde su padre.

—¿ A donde mi padre? dijo ésta como distraída.

—Sí. ¿ Quieres ver á tu padre?

—Ah! no, Erico. Yo no tengo padre. No.... no tengo.... mi madre nunca me dijo que tuviera padre.

Al decir esto, la niña no manifestó pena ni contrariedad. Erico se tranquilizó.

Larga fué la convalecencia de Edda, larga y con muchas alternativas, pero al fin se puso buena. Entonces quiso pasear por la montaña, respirar el aire libre, conocer la isla, contemplar en el silencio de la noche el cielo del polo é ir á corretear en las orillas del océano. La mariposa se sentía ágil y quería batir en el ambiente sus alas de oro.

Edda tendría entonces diez años.

Aunque el cambio y la alegría de la niña, por lo común melancólica, le agradaban á Erico, éste tenía miedo de que fuese notada su presencia en la isla y, sobre todo, en su cabaña. Dioles, pues, largas á los deseos de Edda y meditó mucho antes de satisfacerlos.

El resultado de estas meditaciones fué

el siguiente: 1.º que no había peligro en
que la niña pasease en la isla, siempre
que lo hiciese en parajes solitarios y agres-
tes, fuera del alcancé de todo ojo humano; y 2.º que, para mayor seguridad,
Edda debía vestir un traje que no infun-
diera sospechas.

Todo esto se podía hacer.

Además, no era posible que la niña estuviese contenta y menos que conservase
su salud, si vivia encerrada en la gruta
y salía sólo á la puerta de la cabaña á
recibir los rayos del sol, rayos débiles y
sin hermosura en aquellas latitudes.

Erico le arregló á Edda un traje de
pieles de negros corderillos y de zorras,
un sombrero de hule y unos zapatos de
palo, con correas, altos y cómodos. Estos
zapatos eran parecidos á los que usan los
esquimales, pues se componían de dos pedazos de madera, unidos por otros dos
hacia la parte del centro, de modo que,
puestos los pies en ellos, quedan libres la
punta y el talón. Estos zapatos se sujetan
con dos correas, y si incomodan al principio, después de algún tiempo no se sienten
y se pueden hacer con ellos grandes jornadas. M. Back caminó una vez con ellos
1,104 millas sin ningún desagrado. Back
era un oficial del Almirantazgo inglés,
perteneciente á la expedición del capitán
Franklin.

También quiso Erico que la niña llevase terciado al hombro un garniel, en que guardaba provisiones; y como era natural que se fatigase, principalmente al regreso de sus correrías, le construyó un pequeño trineo, con tres tablas (una en el centro y dos á los costados) y puso á Odin á tirar de él. En fin de fines, Odin no tenía oficio, porque el rebaño no le daba trabajo y estaba hecho á esa tarea, como buen perro groenlandés. De un modo ú otro, el primer día que salieron al campo Odin haló orgullosamente su trineo.

Listo todo y todo preparado convenientemente, Erico movió su rebaño hacia las montañas en compañía de Edda y de Odín. Los tres amigos iban á pasar un día en el campo. La niña se sentía feliz; el enano se sentía más feliz viendo á Edda contenta, y el perro todavía más que Erico, porque, al verse uncido al trineo, se creía de regreso en su país y vuelto á su juventud.

Los animales aman á su país; también aman su juventud. El ave prisionera que se escapa, cruza el aire como una flecha, pasa el río, atraviesa la montaña y va á buscar el árbol en que vino al mundo bajo las plumas de su madre. Al llegar á él, el canto, comprimido en su pecho, se escapa gozoso, como una nota de felicidad largo tiempo oculta en un laud.   8

Ese canto no es una oración, tampoco
es un recuerdo. Ese canto es el beso que
se le da á la cuna después de la ausencia
y de mil sinsabores. La cuna es la patria.

Desde que Edda estaba en la isla, Erico
había agregado dos vacas á su manada.

El orden en que marchaba la familia
era pintoresco. En primer lugar iba la
manada en sosiego, menos los corderitos,
que triscaban en un lado y otro, se mo-
vían guerra y se daban topes. Seguía
luégo Edda, quien solía detenerse á recoger las escasas y pálidas flores de aquel
suelo esquivo y turboso, y á hacer con
ellas ramilletes para ponerse en el pecho.
Detrás de la niña iba Odin, impaciente
porque ésta prefería correr hacia los arro-
yuelos y hacia los matorrales, en lugar de
entrar en el trineo. Cerraba, por último, la
marcha el buen enano, con su escopeta
de dos cañones en la espalda, el catalejo
en la cintura, junto con su cuchillo de
monte, y su percha en la mano. Se hubiera podido tomarlos por unos pastores
trashumantes.

Pronto se perdieron en el primer plie-
gue del monte.

VII

¿Hablaremos de todos estos paseos?
No hay para qué. Diremos solamente que
entonces Edda era una niña.

¿Qué son los niños?

Suponiendo que el corazón sea el asiento de las pasiones y el cerebro el asiento de las ideas, una persona cuyo corazón y cuyo cerebro están en formación, no puede tener pasiones, ni ideas propiamente dichas. Tendrá gérmenes de una y de otra clase, pero no más.

Ninguna planta joven produce frutos. La savia necesita de períodos cumplidos para convertirse en flores.

Los órganos mismos, antes de su virilidad, son imperfectos.

Un niño es una planta en crecimiento.

Un niño es una savia en gestación.

Edda era una niña, y una niña delicada. En ella no era fuerte el organismo. Un organismo débil ó enfermo es un conductor imperfecto de las sensaciones externas.

Las sensaciones externas, imperfectamente recibidas, producen ideas incompletas. Una idea incompleta es una noción, si no falsa, por lo menos impropia.

Las ideas sin resultado no imponen deberes ni son principios. Una persona sin principios ni deberes es una persona inconsciente. Las personas inconscientes no tienen regla de conducta.

Eso son los niños.

En el niño prima el organismo; pero el organismo tal cual es en el estado de for-

mación. En el niño no hay sino sensaciones imperfectas, que son rápidas. Hé ahí
por qué los niños son voltarios, esto es,
inconstantes.

Lo que en un niño parece *amor*, es costumbre.

Lo que en un niño parece *deseo*, es capricho.

Los niños no pueden estar sin su madre, pero aceptan por madre á la mujer
que los lleva en sus brazos y los alimenta
con el néctar de su seno. La familia de
un niño son las personas que éste está
acostumbrado á ver y con quienes pasa
su vida.

Un niño no le sonreiría á su padre, si
su madre no le hablase á cada instante
de él, si no se lo mostrara con frecuencia y
no le dijera:—Mira á tu papá.... dale un
beso á tu papá.

El padre por sí solo no es terruño para
el niño, ni es tronco, ni es rayo de sol. El
niño ama á su padre con el amor reflejo
de la madre. El frigio Esopo, que fué un
gran sabio porque habló el lenguaje de
la naturaleza - lenguaje que es más co-
rrecto que el de las academias - nos cuenta que la oveja que seguía en el monte á
las cabras, no quiso juntarse al grupo la-
nudo, cuando fué requerida para ello, y
dijo:—Allá pueden estar mi madre, mi

padre y mi parentela; pero yo no reconozco como á tales sino á los que me han
criado y me llevan en su compañía.

Edda no amaba á su familia, porque no
tenía familia. Edda no amaba á su padre,
porque no sabía qué era un padre, ni
quién era el suyo. El recuerdo mismo
de su madre se debilitaba en ella de día
en día. Casi sin conciencia de su situación, sólo sabía que, fuera de Erico, quien
la había salvado y cuidaba de ella, no
tenía á nadie en el mundo. Empero, respecto de todo esto tenía más bien percep-
ciones que ideas. Al principio le había
disgustado el enano, le había infundido
miedo. Después no le pareció ni feo ni
bonito, regular ni deforme, y tenía por él
el cariño que le había producido la costumbre de estar con él y la gratitud que
le causaban sus procederes.

En Edda no había sino instintos. Instintos que habrían cambiado tan luégo
como hubiera cambiado de impresiones.
Por ejemplo, si su madre se le hubiera
aparecido de repente y le hubiera dicho:
“Edda, sígueme,” Edda habría corrido á
los brazos de su madre, y, cuando más,
le habría dicho al enano al separarse de
él: “Adios, Erico.”

En cambio Erico la habría visto partir
lleno de dolor; quizá habría muerto de
pena.

Eso son los niños.

Eso son los hombres; eso son los viejos cuando ponen su cariño en una persona.

Erico amaba á Edda como hombre. Edda quería á Erico como niña.

Erico era para Edda una *necesidad física,* sin que ella lo supiera. Edda era para Erico una *necesidad moral,* y el enano lo sabía bien, á pesar de su rusticidad. ¿ Qué serían más tarde esas dos necesidades ? ¿ Qué serían cuando Edda se abriese á la plenitud de la vida, como se abre una flor á la plenitud de la luz y de las brisas ?

Llegaría un día en que Edda sería mujer.

Llegaría un día en que Edda tendría *ideas, sentimientos, pasiones, voluntad, deseos.* En que Edda compararía y juzgaría.

Llegaría un día en que se vería bella, joven y encarcelada en una isla, en poder de un monstruo.... de un hombre–monstruo, á quien no podía aborrecer. De un hombre–monstruo á quien le debía diez veces la vida, y que había sido para ella su padre y su dios.... Huiría de él ?

Por lo pronto todas estas futuras tempestades no eran sino puntos imperceptibles en el corazón de la huérfana. Puntos imperceptibles..... así también suelen aparecer en el ángulo más remoto del cielo, ligeras nubecillas, cándidas cunas del rayo, que luégo hincha el aquilón y espande el aliento de la borrasca!

Los paseos á las montañas fortalecieron á la huérfana, quien empezó á crecer y á desarrollarse. Trepando en las peñas, saltando los arroyos, corriendo detrás de los corderillos, buscando nidos en los abedules, Edda adquirió fuerzas y agilidad, gallardía y hermosura.

Un día avanzó hasta un ventisquero, y al llegar á él se asustó. En seguida echó á correr hacia donde estaba el enano y lo llamó con esfuerzo. Éste, sobresaltado, fué al encuentro de Edda.

—Ven, ven, Erico, le dijo ésta, medio sofocada. Hay allí una peña que vierte sangre.

El enano palideció. Yá hemos dicho que Erico era supersticioso. En efecto, en el sitio que le mostró Edda había una roca cubierta de hielo rojo, que, al derretirse, corría como si fuera sangre.

—Es hielo, dijo Erico.

—Hielo rojo?...... ¿Hay hielo rojo, Erico?

—Sí, y cuando se funde, corre así, como vino.

Erico se engañaba, lo que él llamaba *hielo rojo* eran los líquenes descompuestos por la nieve. Referimos este incidente para que se vea cuán monótona era la vida de Erico y Edda. Durante las estaciones fuertes, esa monotonía era mayor, porque ni el enano ni la huérfana se apartaban diez metros de la cabaña, y los días eran muy cortos y las noches muy largas; las aves se iban en busca de climas más dulces, se encapotaba el cielo y el mar tomaba un color plomizo oscuro. Sabido es que el corazón se oprime delante de la tristeza de la tierra.

VIII

Han pasado diez años. Erico ha envejecido mucho y Odín ha envejecido más.

Erico ha perdido su fuerza y Odín su fuerza y sus ojos. Los resplandores de la nieve lo han cegado. Más aún: Erico ha caído en tal abatimiento, que hace yá mucho tiempo que no se acuerda de su tesoro, y cuando se acuerda de él, lo desprecia. ¿Para qué quiere él riquezas? Todo su pensamiento, toda su vida están concentrados en Edda. A pesar de eso, mejor dicho, por eso mismo, Erico se ha hebetado.

En cuanto á Odín, el pobre ciego está cada día más triste. Pasa el día echado á los piés de Edda, y cuando ésta le coge la cabeza y la pone sobre sus muslos, Odín bate la cola con alegría y permanece allí horas enteras. El calor de la que ama lo extasía.

Mientras que Odín duerme en su amor, Edda deja caer sus sienes entre sus manos, medita y suspira.

Hace mucho tiempo que Edda ha dejado de ser niña. Ahora Edda es una joven, y su pensamiento se ha abierto á la vida en circunstancias horribles. La primera reflexión de Edda fué ésta: —¿Qué suerte se me espera entre un perro ciego y un enano idiota?

En verdad, Erico no era idiota, pero hacía algún tiempo que era víctima de una tristeza profunda, y casi se había vuelto un autómata. Erico sentía algo que le roía las entrañas.

A su vez, Edda estaba abrumada de melancolía.

Un hecho casual había sacado á la huérfana de la indiferencia en que vivía. Trasegando una noche en la gruta, se encontró el anillo, el relicario y la cartera que habían pertenecido á su madre, objetos á que no había dado importancia Erico.

El anillo y el relicario estaban oxidados. Edda los limpió y se puso el uno al cuello y el otro en un dedo.

La cartera, aunque muy estropeada por el agua del mar y muy endurecida por los años, contenía algunas hojas escritas, difíciles de leer, pero no indecifrables, al menos en partes; y un retrato casi borrado.

Edda miró el retrato largo tiempo, pero no pudo conocer de quién era: ella no había visto nunca al joven que ese retrato representaba. Era éste un joven de unos veinte años de edad, de fisonomía franca y simpática, de esas fisonomías que se hacen querer.

En la cartera leyó lo que sigue:

"Querido Orm. Escribo en esta cartera todas las impresiones recibidas desde que llegó tu carta, para que las leamos en el feliz momento en que volvamos á vernos! Cuánta felicidad, Orm mio! volver á vernos y abrazarnos en presencia de nuestra hija…. pues yá te he dicho que tienes una hija: Edda. Tú la amarás tanto cuanto la amo yo. No te exijo otra cosa. Edda es parecida á ti.

. . . .

"No he tenido ningún inconveniente para emprender mi viaje. Hace años que murieron mis padres y soy completamente libre, pues mis parientes, todos lejanos, no se mezclan en mis asuntos. Habría sido mejor que tú hubieras venido. Sin embargo, ha sido tal mi impaciencia por verte, que no he querido escribirte llamándote y he preferido ir á buscarte. Nos casaremos después de abrazarnos, como me dices. Bien, bien, querido mío, mi Edda va á tener padre! Mi pobre Edda, á quien nunca le he hablado de ti.... que no te conoce ni sabe que existes.... Tú comprendes, una madre culpada.... pero todo va á cambiar, bendecido seas! Los días me parecen siglos."

Edda no comprendió el sentido de estas palabras y frases en la primera lectura. En la segunda sintió que le zumbaban los oídos y que el corazón le daba latidos poderosos. Tal fué su brusca entrada en la vida de la razón. La luz penetró en su alma como un torrente impetuoso. Edda pensó en serio por primera vez.

Pobre Edda! aquella noche fué primero de lágrimas y después de oraciones. Muchos años hacía que Edda no lloraba ni oraba.

Pero la oración, lo mismo que las lágrimas, es un germen que no se debilita, y aunque inerte á veces, no muere. No muere, y responde al primer llamamiento del alma adolorida ó del alma feliz.

La oración es la sonrisa de los desgraciados y la lágrima de la felicidad.

Edda pensó en su madre. Mucho tiempo hacía que no pensaba en ella. Sus recuerdos, en antes confusos, fueron ahora distintos.... el horizonte de su vida se iluminó.

Edda empèzó á comprenderlo todo. Su mayor número de años y los libros que había leído últimamente habían fortificado sus facultades intelectuales. Sin esos libros, aunque vulgares, y sin las nociones que yá tenía en el momento del naufragio, Edda se habría idiotizado en la isla.

Como al través de un velo, en partes oscuro y en partes luminoso, la huérfana vió que su madre no había sido casada y que ella era el fruto de un amor ilícito, pero un fruto que iba á ser legitimado cuando tuvo lugar el naufragio.

Y el retrato.... ¿de quién era ese retrato, cuyos ojos parecía que miraban á Edda con ternura, cuyos labios parecía que le sonreían con amor? ¿Sería el retrato de su padre? No; ese joven representaba la misma edad de Edda; era casi un niño. ¿Sería más bien su hermano? ¿Sería su primo? Al contemplarlo, Edda no sentía por él el respeto que infunde un padre.... Edda no tenía hermanos. ¿Tendría primos? Mas, suponiendo que fuese la de su padre, á esa imagen no estaban unidos ningunos recuerdos suyos; entre ella y él estaba rota aquella cadena de flores que ciñe el corazón del padre con el corazón del hijo. Mejor dicho, esa cadena no había existido.

Fuera pues de la noción general de *pa-*

dre, Edda no sentía nada que la uniese á Orm. Su madre nunca le había hablado de él, ni le había enseñado á amarlo. Edda no se sentía atraída por Orm con el calor de la vida, con el poder de los dulces recuerdos, con las fruiciones filiales. No había entre los dos ningún vínculo de tiempo, de suerte, ni de lugar.

Decidle á un huérfano: —Esa piedra que tenéis delante es vuestra madre. Él os oirá con agrado, quizá hasta con admiración; pero no cubrirá la piedra de besos y de abrazos bajo la influencia de un amor repentino.

No sucedía lo mismo á Edda con su madre. Edda sí había amado á su madre, porque la había sentido madre, y sentía aún el calor de su regazo, el embeleso de su mirada y los tesoros de su afecto.

Sin embargo, Edda contemplaba frecuentemente el retrato del desconocido, se extasiaba en él y se sentía inclinada á amar, no como hija sino como mujer, á la persona que él representaba.

Bellas y sobre todo muy simpáticas eran las facciones de aquella pintura, pero eran más bellas al lado de las de Erico.... Edda no conocía sino esos dos hombres. Esos dos hombres.... de marfil el uno; enano el otro. Sin embargo, el de marfil respondía á su sexo y le interesaba, el

otro no. Mas, cuando pensaba que ese
retrato podía ser el de su padre, se
disgustaba : Edda no quería ser hija de
aquel niño.... además, el hecho le parecía imposible. En el retrato había escrito
algo, quizá un nombre, pero Edda no había podido leerlo, porque ese nombre estaba cuasi borrado.

IX

Edda tenía un gran remordimiento :
durante diez años no había vuelto á acordarse de la tumba de su madre. Primero
había tenido miedo de ella.... después la
había olvidado.

Además, la tumba de su madre estaba
muy lejos de la gruta. Estaba en la orilla
del mar ; del mar, que ella temía como á la
muerte. Al no haber sido así, Edda habría cubierto esa tumba de flores y de
cruces.

Edda se acusó : se encontró culpada
porque se encontró ingrata.

Por fin, una noche fué á visitar la tumba
de su madre y á pedirle perdón por su
ausencia de diez años. Fué sola, porque
Odín no podía acompañarla y porque
Erico habría sido un estorbo para ella.

Las tumbas están solas y úno debe ir
solo á visitarlas.

La noche estaba fría y era pálida la luz de la luna.

La calma era completa.

Como la naturaleza no cambia ni se envejece, Edda encontró el sitio de la tumba de su madre lo mismo que lo había visto la primera vez. Todo estaba allí en el mismo estado : las mismas piedras, los mismos matorrales y los mismos álamos. Estos estaban un poco más crecidos, pero no mucho, pues los árboles no alcanzan una corpulencia notable en las latitudes boreales. El tronco del sauce polar, árbol que crece hasta más allá del paralelo 65, no tiene sino dos pies de diámetro.

Algunas plantas rastreras habían brotado sobre la tumba de la amante de Orm, pero esa tumba no tenía ninguna forma exterior. Nadie hubiera adivinado que entre aquellos dos árboles y en aquella hondonada se hallaban los huesos de un sér humano. Como se recordará, Erico no había puesto sobre esa tumba inscripción ni cruz. Esa tumba debía ser un secreto en la isla, tan hondo, tan escondido como el de las existencias de su tesoro y de Edda. Toda señal puesta en la tumba hubiera servido de indicio. Todo indicio habría sido un denunciante. La madre de Edda, y ésta misma, debían estar para todos en el seno del mar.

Edda cayó de rodillas sobre la tumba de su madre, se inclinó y besó la tierra, lanzó ayes lastimeros y cubrió sus hermosos cabellos con la arena que el viento del mar había amontonado al pié de los álamos.

Durante diez años no había vuelto á recordar á su madre.... durante ese tiempo, su madre no había sido para ella sino una sombra vaga, lejana, medrosa.... algo así como una loca que había querido ahogarla en sus brazos, algo así como un cadáver húmedo, más livido y más rígido que los otros cadáveres, con facciones de espanto, con cabellos desgreñados, con dureza de mármol....

Durante esos diez años el recuerdo de su madre, recuerdo destacado de sus últimas impresiones, no había sido una fruición sino un fantasma.

Empero, ahora que la niña había dejado de serlo y era yá una joven; ahora que Edda tenía formado su cerebro y su corazón; ahora que Edda *sentía bien* y por lo mismo *conocía bien*, su madre volvió á ser para ella lo que, para sus hijos, son todas las madres muertas : un ángel sin alas; una providencia sin el poder infinito, pero con el amor infinito. El vaso que contiene las aguas del mar es más pequeño que el corazón de una madre, vaso que contiene todos los afectos posibles.

El espacio se puede colmar.

El alma de una madre nunca se colma.

Judas se ahorcó no porque se sintió criminal, sino porque se vió ingrato. Un brazo puede herir y encontrar disculpa. Una pasión puede extraviarse y conseguir misericordia. Un ingrato no puede hallar perdón delante de sí mismo ni de los demás.

La ingratitud es una traición moral.

La traición moral hiere lo más íntimo del alma, y no causa cólera, ni odio, ni deseos de venganza ni de justicia. Lo que causa es un dolor que no se mitiga, un desengaño que no se repara.

Edda conocía esto y por eso se desesperaba delante de la tumba de su madre.

—"Infeliz de mí, se dijo. ¿Qué he hecho en tántos millares de días y de noches, que no he tenido una oración para el alma de mi madre, una flor ni una lágrima para sus cenizas?

"Aves desconocidas le han levantado cantos fúnebres entre estos álamos sombríos.... céfiros piadosos han traído hasta ella el aroma de las montañas.... el mar ha salmodiado para ella sus himnos terribles y misteriosos en el silencio y en la oscuridad de la noche!.... sólo yo no he tenido para ella una voz ni un recuerdo!

"Madre mía! no merezco tu perdón, pero acepta mi arrepentimiento!"

La luna ascendía lentamente en los cielos.

Los sauces y las peñas despedían sombras medrosas.

Oíase á los gamos hambrientos morder y desgarrar la corteza de los árboles.

Las olas gemían en la ribera y las gaviotas volaban describiendo grandes círculos sobre la espuma.

El Hecla se asemejaba á una torre ciclópea, calcinada por un incendio.

Edda tenía miedo, pero se dominaba en el dolor.

Cuando se cansó de llorar y de acusarse, de llamar á su madre y de evocar todos y cada uno de los recuerdos de su niñez, sentóse al pié de los álamos y se quedó allí, donde sus sentidos fueron embargados, parte por el sueño, parte por la alucinación. Entonces le pareció que su madre le hablaba desde el fondo del sepulcro y le decía, como la maga de la tradición danesa:—"¿ Quién turba el descanso de mi alma? Estaba cubierta de nieve, salpicada de rocío y bañada de lluvia... hace mucho tiempo que he muerto."

Edda le contestó :

—Soy yo, madre mía. Yo, Edda, la in·

grata, que quiere morir y mezclar sus cenizas con las tuyas.

—Calla! ¿Para qué me hablas, hija de Orm, guerrero valeroso, á quien rechazaron mis padres porque no era noble ni opulento?.... Yo no quiero escucharte.

—Madre mía!

—Me has abandonado hace tanto tiempo, que yá no conozco tu voz, ni te conozco á ti misma. Yo te alzaba en mis brazos, y ahora te veo grande y esbelta como una ondina del lago Melar, como una virgen de las montañas heladas. Los dedos de tus manos reclaman el anillo nupcial.... hay en tus labios ósculos distintos de los que yo sembré en ellos.... tu pecho es un pimpollo núbil, que solo espera para abrirse una leve caricia del viento.... Aléjate de esta tumba. Mis huesos están separados; mis cabellos han caído de mis sienes y se han vuelto polvo.... aléjate! ve á danzar y á reir en el torbellino del mundo, y no turbes la tranquilidad de mis cenizas. Niña amada, yo te arrebaté á la tempestad para que murieras conmigo....... doncella ingrata, te he olvidado. Déjame en paz.... Busca á tu padre, él me abandonó viva como tu me has abandonado muerta.... bien eres tú la hija de Orm. Bien es él tu padre!

—Madre mía! no aspiro á que me per-

dones, pero dame un pedazo de tu sepulcro para quedarme á tu lado por la
eternidad de los siglos.

—No! jamás! tú te arrancaste de mis
brazos para quedarte en el mundo....
¿ qué tenías tú en él? ¿A tu padre? No: él,
que había abandonado y traicionado á la
madre, ¿ por qué no había de abandonar
y traicionar á la hija?

Edda, déjame en paz....

—Piedad!

La madre de Edda no habló más.

X

Desde la visita á la tumba de su madre,
Edda cayó en una honda melancolía. Guar-
dóse en la gruta y no salió sino de tiempo
en tiempo.

En la gruta Edda leía ó meditaba.

Su más dulce ocupación era llorar.

A veces contemplaba el retrato del desconocido y pensaba en que sería feliz si
ese joven estuviese á su lado en lugar de
Erico.... A veces oraba; mas, siempre
era presa de grandes terrores, y se decía:
—¿ Qué va á ser de mí, sepultada viva en
esta isla y en poder de este hombre, que
es bueno pero que puede ser malo?....
Esto no debe continuar. Erico se ha vuelto taciturno.... Erico me lanza miradas

escudriñadoras, miradas voraces, cual sí
fuera yo una paloma y él fuese un mila-
no.... Yá no habla en concierto.... Erico
me huye .... Tengo miedo de Erico.

En ocasiones, Edda se retiraba á los
sitios más ásperos del monte y allí hablaba de esta suerte :—" Cielo cristalino, insondable océano, montañas de fuego que
temblais debajo de mis piés! Yo os invoco,
yo os imploro turbada!

"Víctima de un destino inexorable, la
tempestad me arrojó sobre estas playas
salvajes en brazos de mi madre muerta, y
me ha entregado á un monstruo de la naturaleza.... ¿qué quieren los hados de mí?

¿A qué ley misteriosa está unida mi
suerte?

¿Por qué no perecí hace diez años como
tántos otros seres felices, mis compañeros, que desde entónces son rayos de luz
en la altura y polvo inpalpable en la
tierra?

¿Cuál es mi herencia? ¿Cuál es la parte
de labor que me corresponde en este
mundo? ¿Viviré siempre idiota, prisionera de un semibruto y amada de un perro
ciego?

Espíritus errantes del aire! deidades
de las rocas y de los hielos! genios feroces del Hecla! compadeceos de mí, ó dad-
me la muerte!

Yá mi pecho no tiene suspiros ni mis ojos lágrimas. Pronto se acabarán las palabras de mis labios.... ¡qué será entónces de mí? ¿Seré la loca de estos sitios?

He llamado en la tumba de mi madre, y ésta me ha dicho: *déjame en paz!* Mi madre, pues, me ha maldecido, y me ha maldecido desde el cielo!

Estoy réproba!

¡Monstruos del mar, pájaros de la altura, insectos del bosque, oídme vosotros! vosotros compadecedme! Calmad vosotros el furor de mis malos genios!.... Helados huracanes del polo, vosotros sereis más piadosos, levantadme en vuestras alas y llevadme á una tierra en donde haya flores, en donde calienten los rayos del sol, en donde haya semejantes míos ó estrelladme contra las rocas!....

Hecla poderoso, tus entrañas de fuego serán más piadosas que las entrañas de mi mala fortuna! Hecla horrible, trágame!....

Orm! ingrato seductor, verdugo de mi madre, si es cierto que me diste el ser, sácame de esta isla desgraciada.... prefiero el horror del infierno á los martirios de esta soledad interminable!

Qué silencio! qué inmutabilidad!

¡Por qué no estoy loca?.... mi locura sería mi compañera.... Más, ¿quién dice que no estoy loca?"

Al hablar así, Edda saltaba sobre las peñas y gesticulaba sobre las cumbres, iba, volvía, derramaba lágrimas y soltaba risas convulsivas y estrepitosas. A veces, 'rendida de fatiga, desfallecida de alma y de cuerpo, se sentaba sobre una piedra, dejaba caer su frente entre sus manos y sumergía sus pensamientos en la oscuridad de su dolor.

Así permanecía mucho tiempo. Luégo se ponía de pie, y yá más serena, resumía sus reflexiones en estas palabras: el suicidio ó la fuga.

Edda era alta, esbelta, de una blancura trasparente, de cabellos castaños oscuros y de ojos dulces. La forma de su frente y el recorte de sus labios, revelaban profundidad en sus concepciones y energía en sus procedimientos.

Sus manos eran muy bellas, muy femeninas, pero también muy capaces de empuñar el puñal de Lucrecia ó la copa de Atala. Le faltaban, sí, á aquellas gracias seductoras, los encantos de la educación.

El alma del pobre Erico, á su vez, era el juguete de fuertes tempestades. En más de una ocasión el enano se había sentido hombre en presencia de la huérfana.... La había visto crecer, la había visto hermosear y hacía mucho tiempo que sentía el vértigo del que está en pre·

sencia de un abismo. Cualquiera mujer le habría producido á la larga los mismos ímpetus, las mismas sensaciones....Además de esto, la belleza de Edda lo deslumbraba.

En muchas de esas horas terribles, horas de soledad, pasadas el uno enfrente de la otra, junto de la hoguera que encendían para calentarse en las noches de invierno; en muchas de esas horas, Erico estuvo á punto de estrechar á la huérfana en sus brazos.

Edda era suya, Edda era su *presa;* y aunque no, él era fuerte, él era el rey y el señor de aquella comarca salvaje.... tenía pues derecho á esa mujer. ¿Cuál derecho? el de la posesión, el de las circunstancias, el de la naturaleza.

Edda veía esas impresiones en el rostro y en las miradas siniestras del enano, y temblaba. Temblaba, no porque las comprendiese sino porque le infundían miedo.

Los ojos inflamados y sanguinosos del enano, los estertores que se escapaban de su pecho de gigante y la agitación de sus músculos, la aterraban. Por fortuna Erico, que tenía miedo de su propia temeridad, estaba acostumbrado á obedecer á la joven.

Ésta, en esos momentos de peligro se ponía de pié y le decía con imperio: ¡salid!

El enano salía de la gruta y Edda se encerraba en ella y se ponía en oración. A veces también se ponía á contemplar el retrato del desconocido y le sonreía como pidiéndole ayuda.

Cual un oso herido, Erico pasaba entonces la noche en un rincón de su cabaña, sintiendo correr la sangre de su herida y sin hacer nada por estancarla.

Erico era bueno, pero se había enamorado de la huérfana con toda la intensidad de un amor salvaje. Si Erico no hubiera sido bueno, no habría sido sino una bestia en presencia de Edda.

Erico era también humilde. Sin embargo, ¡quién podía adivinar cuál sería el curso de aquella pasión, dadas las circunstancias de ella? Si en lugar de amor, y de un intenso amor, Erico hubiera sentido simplemente un deseo, la catástrofe no se habría hecho esperar mucho tiempo. El deseo es aguijón que punza. El dolor de la punzada enfurece. El hombre enfurecido es como la fiera. El deseo es brutal, es irresistible.

No así el amor. Éste tiene más limpios y más amplios cielos. El amor del alma es sumiso, es dulce y quiere triunfar esclavizándose. El amor del alma se hace él mismo mártir, pero no da martirio.

Erico amaba á Edda con el corazón, no

con los sentidos. Por eso le tenía miedo, por eso le obedecía. Una mirada de Edda lo dejaba estático. Una palabra de Edda era una orden.

Erico no tenía conocimiento cabal de lo que sentía, pues pudiendo ser un león ó un gorilla al lado de la huérfana, no era sino un lebrel. La belleza de Edda lo subyugaba. Su infortunio lo subyugaba más.

Á pesar de su rusticidad, el enano comprendía que Edda no podía amarlo, y que él no podía ser para ella sino un monstruo, algo menos que un hombre. Esta persuasión lo hacía completamente infeliz, y dejaba correr su vida como un arroyo cuyas aguas fangosas nunca se aclarasen. Suerte bien singular era la del pobre Erico! Era dueño de una mujer capaz de ser el más bello adorno del palacio de un príncipe, y era dueño del mayor tesoro conocido en el mundo — el tesoro del pirata; gozaba de una salud de bisonte y era rey del Hecla; sin embargo, Erico era, por eso mismo, el más infortunado de los hombres.

Tántalo sólo había padecido hambre y sed. El hambre y la sed son dos mortificaciones físicas. Toda mortificación física cesa con la muerte ó muere ella misma. Pasa pues. Lo que no pasa es el dolor de los sufrimientos morales. Estos, como los trapistas, cavan la tumba del desgraciado, pero la cavan lentamente. Cada día dan un barrazo.... cada año sacan una puñada de tierra removida....

La cuchilla visible es benigna. La cuchilla invisible es cruel.

Herid todos los órganos, todos los músculos, todos los huesos del hombre; pero no le hirais el alma.

El alma herida nunca se cura.

El alma del enano estaba herida, horriblemente herida por la fortuna. Su caudal y la huérfana le habían sumido en abismos de pesares. Él no podía explicarse lo que sentía, pero sí lo sabía sentir. Él no tenía palabras ni pensamientos, pero sí tenía corazón.

¡Qué compensaciones tan caprichosas las que le habían tocado en la lotería de la vida! Tenía lo que codician los hombres: tenía el dinero y la belleza, pero él no era hombre.

Habría dado su caudal por no ser enano.

Habría dado su vida por ser igual á Edda.

Habría sacrificado todo por Edda; pero á ésta no la habría sacrificado por nada. Hé ahí la salvaguardia de Edda.

Aquiles, el mayor de los héroes, tenía por compensación negativa la muerte, que llevaba en el pié. Venus, la más hermosa de las mujeres, tenía por compensación negativa, la licencia, que llevaba en el pecho. Erico, el enano Erico, el salvaje Erico tenía por *compensaciones positivas* dos tesoros, y la posesión de éstos lo hacía doblemente desgraciado!

Eso suelen ser las compensaciones. El equilibrio roto no es piedad!

Edda, al lado de Erico, padecía los terrores del miedo. Erico, al lado de Edda, padecía las angustias del amor. La vida del enano y la de la huérfana se habían hecho insoportables.

Su unión era imposible. Había que romperla, pero ambos comprendían que esa ruptura sería una catástrofe.

Debía morir uno de los dos.... ¿cuál?

Debía huir uno de los dos.... ¿cuál? ¿cómo?

Una noche, mientras la tempestad azotaba el océano y la isla, como azota un capataz á dos niños indefensos; en los momentos en que el rayo incendiaba los cielos y las convulsiones del Hecla amanazaban hundir la gruta, Erico tomó valor de los elementos enfurecidos y quiso echarse á los piés de Edda. Ésta se armó con el cuchillo de monte del enano. Su instinto de mujer y de virjen le decían que debía defenderse.... que un peligro inminente la amenazaba, aunque no sabía cuál. Su valor, su sobresalto, su cólera y la cárdena tea de los relámpagos realzaban su belleza.

Parecía una Juno irritada.

En esta vez Erico no se acobardó.

—Salid! dijo Edda.

El enano no obedeció.

Edda se encaminó· hacia la boca de la gruta.

El enano le cerró el paso.

Edda llevó el cuchillo á su pecho.

Erico cayó de rodillas y rompió en llanto.

Edda se serenó y lo contempló con sorpresa.

—Perdón! dijo el enano; perdón, Edda! No vengo á luchar contigo, ni esa lucha sería posible.... te rompería como rompe un huevo la foca. Además, soy tu esclavo, más sumiso que el viejo y ciego Odín, pero más infeliz que él, porque no tengo derecho á tus caricias. Odín ha entrado en tu corazón, yo no.... comprendo la causa y me quejo sólo del cielo.

Aunque monstruo salvaje, me duele tener por rival á un perro....!

Cuando tú lo acaricias, yo gimo; cuando tú lo llamas yo me aparto y voy á golpear mi frente contra las peñas.

Edda, yo te amo!

Al oir estas últimas palabras, la huérfana se estremeció y apretó más con sus dedos el mango del puñal.

Erico continuó así :

—Edda, yo te amo.... hace largo tiempo que te amo, y por lo mismo que te amo, te respeto. No temas nada. Hoy, como ayer, soy tu guardián y te defendería de cualquier peligro con el valor de un guerrero, con la abnegación de una madre ; pero he reflexionado....

Edda no interrumpió al enano ; éste continuó así :

—He reflexionado y he tomado una determinación....

Erico calló por un momento. Edda no le hizo ninguna pregunta. El enano continuó así :

—He resuelto morir.

—Morir! tú, Erico?

—Sí, Edda. Hace mucho tiempo que he debido matarme, y no sé por qué no lo he hecho. Yo soy solo en el mundo, pero aunque no lo fuera y fuera dueño del mundo, ¿de qué me serviría la existencia? Mientras fuiste una niña, fuí feliz al lado tuyo.... entonces tenía yo ilusiones respecto de ti, no de mí. Pero desde que eres una mujer completa, soy muy desgraciado.... he querido entregarme á la embriaguez, pero he tenido miedo de mí mismo. ¿Lo comprendes, Edda? miedo.... yo no quiero estar ebrio á tu lado.... bien brutal soy sin eso.

Quiero morir porque estoy arrepentido de haberte salvado la vida. Estoy arrepentido de haberte criado como si te hubiera robado. Lo estoy de haberme dejado arrebatar por un afecto que yo sabía que no podía ser correspondido ; y como soy bueno, quiero que mi arrepentimiento corrija en parte los males que te he hecho y que me he hecho á mí mismo.

—Hay un medio de arreglarlo todo, Érico.

—¿Cuál?

—Sácame de esta isla. Tú te quedarás en donde has estado toda tu vida.

—Sin ti? solo? abandonado?.... ¿cómo podría vivir en esta gruta sin ti?

—Irnos juntos es imposible.... yo debo buscar á mi padre, yo debo juntarme con él.

—Sí, y como yo no puedo seguirte ni quedarme, mi resolución está bien tomada.... No puedo seguirte porque tú irás á donde yo no puedo ir como hombre, y á donde no debo ir como amante. No puedo quedarme, porque sufriría penas desconocidas.

Edda calló ante la lógica de Erico. Este continuó así:

—Y como no quiero verte partir, porque mi dolor, mi brutalidad, mi amor quizá me obligarían á detenerte.... está bien pensado lo que he pensado: iré al monte, me ahorcaré y tu serás libre.

Edda lanzó un suspiro. ¡ Debía ella detener á aquel hombre al borde del precipicio? ¡debía consolarlo, fortalecerlo, introducir en su pecho la esperanza? Edda comprendía que no debía hacer eso. Se vió pues obligada á ser cruel, y lo fué: calló. Erico comprendió este silencio y se afianzó más en su determinación. El alma del enano era grande y también era clara. No le sorprendió la conducta de Edda y continuó así:

—Una vez resuelto á morir, tengo necesidad de confiarte un secreto; quiero ponerte en posesión de lo que siempre hubiera sido tuyo, y de lo que tú debes gozar porque puedes gozarlo.

Edda estaba triste y contrariada.

Erico añadió:

—Sígueme! y se dirigió hacia el rincón de la gruta en donde tenía el tesoro del pirata. Allí hizo volar en briznas la estacada que lo ocultaba. El oro y los diamantes rodaron en cascada hasta los piés de Edda. Erico alumbró con una antorcha el espacio en que había tanta riqueza, y dijo á la huérfana:—Todo eso es tuyo. Permita el cielo que ese tesoro disculpe á tus ojos las faltas que cometí arrancándote de los brazos de la muerte y teniéndote á mi lado.

Cuando tal hice, solo pensé en hacerte mi heredera. Entonces tú eras una niña y mi corazón estaba inocente. Hoy eres una mujer, y yo debo limpiar mi corazón culpado con el agua del arrepentimiento.

—Hay aquí algo más grande que tu tesoro, y eres tú mismo, Erico! exclamó Edda y besó las manos del enano.

Luégo agregó:

—Ojalá que siempre hubieras sido mi padre, como lo fuiste el día del naufragio y como lo acabas de ser ahora mismo; pero guarda tus riquezas. Yo no las quiero; no las necesito.

—¿Me desprecias?

—No, Erico: te admiro. Voy á dejar la Islandia para ir á encerrarme en un convento. Iré á golpear en las puertas de una casa de Dios, cargada con los huesos de mi madre. Erico, no puedo amarte como mujer, pero te amaré como santa. Adios, padre mío!

Al día siguiente Erico mostraba á la huérfana desde un agrio peñasco el camino de Runkirik; y cuando ésta partió cargada con los huesos de su madre y con el retrato del joven sobre su corazón, la fué siguiendo con los ojos hasta que la perdió de vista. Entonces volvió á la gruta, entró en ella y tapó su entrada para siempre.

9

El tesoro de Juto siguió intacto. Erico no había sido el heredero del pirata.

Edda, cargada con los huesos de su madre, llegó á Runkirik, cerca del gran Geysser, y fué á llamar en las puertas de la casa del Obispo de aquel lugar. Éste la hizo conducir á Groenlandia, y de allí, con la ayuda de los Hermanos Moravos - quienes se compadecieron de su juventud y sus desgracias - pasó á Europa, donde fué colocada en un Capítulo de canonesas irregulares. Edda quería encerrarse en un claustro, pero los Hermanos le pusieron un plazo, durante el cual le ayudarían á buscar á su padre.

Como lo sabe el lector, en los Capítulos de canonesas regulares son permitidos los votos y se vive en comunidad, bajo la regla de San Agustín. No es así en los Capítulos irregulares: en éstos se desconocen los votos y las afiliadas, que por lo común son nobles, gozan de sus rentas y pueden casarse el día que quieren. Edda aceptó el plazo y se dijo:—Si encuentro á mi padre, le diré cuál es el sitio en dónde está el tesoro de Erico. Si no lo encuentro, ese tesoro será para los Hermanos Moravos.

Tal fué la historia que el hermano Miguel le contó al caballero.

FIN DE LA PARTE SEGUNDA.

TERCERA PARTE.

EDDA.

I

El hermano Moravo condujo al barón á la presencia de Edda, llamada entonces *sor María*, y le dijo: —Aquí tenéis al señor de Rauzan.

El barón y la canonesa se contemplaron un instante. Sor María era una hermosa y gallarda joven de veinte y tres años de edad, blanca, rubia y serena. Ese instante resumió toda la vida de aquellas dos personas: Edda vió en el barón al joven del retrato, pero al joven hecho hombre, y palideció.

El barón vió en la canonesa la imagen viva de una mujer á quien había amado hacía mucho tiempo, y palideció también.

—¿Sois el barón José Hugo de Rauzan? le preguntó Edda, casi sin saber lo que le preguntaba.

—Para vos, soy simplemente *Orm*, dijo éste.

Edda dió un grito y se desmayó: estaba en presencia de su padre. Un momento después volvió en sí, y padre ó hija se confundieron en un abrazo. Aquél dijo:

—Sé yá cómo os salváisteis del naufragio. Decidme ahora cómo me habéis encontrado; el hecho es muy singular.

—De un modo sencillo.... todo ha sido obra de vuestro casamiento, señor. Como debéis saberlo, él hizo mucho ruído; tánto, que su noticia llegó hasta el Capítulo y el nombre *José Hugo de Rauzan* quedó impreso en mi memoria. Contemplando un día vuestro retrato, pues siempre gustaba de hacerlo, quise, por la centésima vez, decifrar el nombre borrado que hay en él y trabajé mucho. Cuando yá empezaba á fastidiarme de la inutilidad de mi trabajo, comprendí que una de las letras mayúsculas que había en medio del renglón borrado, era una *H* y la otra una *R*, y me dije riéndome: "Acabaramos! es el retrato del señor de Rauzan." Yá con esta idea, continué trabajando y vi que en el renglón borrado cabían perfectamente las diez y seis letras de vuestro nombre. Lo que empezó por ser una burla, pasó pues á ser una idea seria. Seguí trabajando y descubrí que la octava letra era una *e* acentuada y la última una *n*. Entonces me dije: "Este retrato puede ser el del barón. Si no es el de él, el barón puede, quizá, decir de quién es."

—Bien pensado.

—Escribí en seguida al hermano Miguel, mi protector, mi angel guardián, para que viniese. Él vino; le dije mi parecer, lo encontró fundado y se encargó de ir á buscaros.

—Mas, ¿por qué habéis tardado tánto tiempo?

—Porque el hermano Miguel no estaba en este país. Cuando hablamos, convinimos en que el retrato era el vuestro; pero diferimos en que vos fuérais mi padre. Yo no opinaba así.

—¿Por qué?

—No sé.... me parecíais demasiado joven.... computaba mal el tiempo....

Al hablar así, Edda estaba preocupada y se manifestaba fría. Las palabras *soy simplemente Orm*, la habían echado en un abismo. Todas sus dudas habían cesado.

—Oidme ahora, dijo el barón. Como lo habéis visto en las líneas que encontrásteis en la cartera de vuestra madre, yo la esperaba para desposarme con ella; mas, lo que me llegó fué la noticia del naufragio. Grande fué mi dolor, pues el amor á vuestra madre es el único que he tenido en mi vida. Para mitigarlo, me puse á recorrer el mundo. Sabéis que yo era pobre y que los padres de vuestra madre me rechazaron por eso; la suerte empero había cambiado para mí.

—Basta de entrevista, dijo el hermano Miguel al reparar en la palidez mortal de Edda. Necesitáis descansar y reflexionar sobre los medios de que se vale el Todopoderoso para fijar el destino de sus criaturas. Señor barón, permitidme que os acompañe á vuestra casa; tú, hija mía, reposa algunas horas..... volveremos á vernos mañana.... yá le he dicho al barón todo lo que tú pudieras decirle.

—Una palabra, dijo el caballero, ¿habéis pronunciado los votos, Edda?

—No. Llevo el nombre de *sor María* por gracia del Capítulo, pero soy novicia....

El barón dió á su hija un beso en la frente y se apartó de ello lleno de alegría y de esperanza. Se sentía muy feliz en esos momentos. Por el contrario, Edda se quedó triste y turbada; y cuando su padre salió de su celda, cogió el retrato de éste y lo partió con dos líneas anchas y negras. Esas líneas formaban una cruz.

Al saber la baronesa que su marido había salido de Túsculo en compañía de un sacerdote y que había pasado con éste la mayor parte del día, creyó que el barón se ocupaba en estudiar algún punto canónico, y tuvo miedo, en cuanto pudiera estarse tratando de alguna informalidad sustancial de su matrimonio. Como se ve, Lais estaba muy distante de la verdad.... sin embargo, ¿sería Edda para ella una estrella de bendición ó un astro malo?

El barón volvió al día siguiente al Capítulo sin esperar al hermano Miguel. Tenía que hablar con su hija acerca de los votos de ésta y le parecía que le faltaba tiempo para ello. Edda lo recibió con respeto, pero con frialdad, y esperó á que su padre le hablase primero. Este le dijo:

—Edda, disponeos á salir hoy mismo del Capítulo.... ¿os parece bien?

—Sí y nó, señor. Sí á primera vista; no á la luz de la reflexión. He pensado en ello toda la noche.

—Explicaos.

—Si vos, señor, estuviérais soltero, mi deber era á vivir con vos, en este país ó en otro cualquiera; pero estando casado, no creo prudente hacerlo. Tampoco, aunque tengo la edad, sería aceptable que saliese del Capítulo para llevar vida de persona libre.

El barón no replicó; y no replicó con tanto más razón cuanto que en las aflicciones que padecía su hogar, Edda habría sido en él una manzana más de discordia. Pero si el barón no replicó, sí suspiró y se arrepintió una vez más de haberse casado con Lais. Eva habría amado á Edda. Ésta agregó:

—No sé, tampoco, hasta dónde convenga

que se sepa en la ciudad nuestro encuentro.... mi existencia siquiera.

—Ese obstáculo no es grave. Cuando
me casé con la baronesa era yo viudo.

—Viudo!

—Sí, hija mía. Mas, no os sorprenda
esto, no os pongáis celosa. Cuando conoz-
cáis las causas de mi primer matrimonio,
veréis que fueron insuperables.... Mi primera mujer murió loca en un manicomio.
Como nosotros no tenemos que dar cuenta
de nuestra vida, todo el mundo os tomará
por hija de aquella infortunada señora.

—Así podría allanarse eso; lo que si no
puede allanarse es lo de la señora baronesa. A mi edad y después del modo cómo
he vivido, me parece imposible que nos
aviniésemos. Tranquila, pues, se quedará
la baronesa en su casa y tranquila yo en
el Capítulo..... lo otro sería una cadena
de turbaciones. ¿Me garantizáis lo contrario ?

—De ningún modo.

—Bien; está resuelto el punto de dejar
el Capítulo para ir á vivir con vosotros.
Pasemos á otro : ¿ debo dejar el Capítulo
para habitar una casa distinta de la vuestra ? No.

—Eso depende.... quizá sería bueno
que tomarais estado casándoos.

—No lo creo conveniente. Yo no me casaré nunca.... Debo pues quedarme aquí.

—Bien, quedaos en *interinidad;* desistid de pronunciar los votos sagrados.

—Sí, me quedaré para pedirle al cielo por vos, y ahora como antes, para cuidar los huesos de mi madre....

—Edda!

—Los tengo conmigo. Esa ceniza sagrada no podía quedar en el polo.

Al decir esto, la canonesa se puso de pié y mostró al barón la urna en que estaban los restos de su madre. El barón abrió la urna y estuvo contemplando aquellos fríos restos. Algunas lágrimas se desprendieron de sus ojos; pero eran tranquilas, semejantes á las gotas de agua que resbalan por las mejillas de una estatua después de la lluvia.

—Eso es lo único que queda en este mundo, dijo Edda, de la joven que se sacrificó por vos.

Edda no daba al barón el nombre de *padre.*

—Sí, hija mía; pero de nada me acusa mi conciencia. Sus padres no me la quisieron dar por esposa; yo tuve que huir de su lado, y cuando yá fuimos libres é íbamos á ser dichosos, el mar me la arrebató para siempre.... Después.... después yo os creía muertas á ambas, y una promesa solemne....

—Y ahora? dijo Edda con acento acusador y visible amargura.

—Ahora? ahora yo quería separarme del mundo, y creí conseguirlo poniendo entre él y yo el valladar del matrimonio... Vuestro encuentro, á tiempo, nos habría salvado á los tres; hoy es demasiado tarde.

—¿Os habéis separado del mundo?

—Sí; pero no soy feliz.... más tarde hablaremos de esto. No debemos juzgar de los procederes de las personas sin tener á la vista las circunstancias de modo, tiempo, lugar, causas, &c. que las han compelido á obrar de esta ó de otra manera; y por lo común, la razón más fuerte es la que no podemos divulgar.

—Pues bien, yo me quedaré aquí, cuidando las cenizas de mi madre, y no pronunciaré los votos sagrados sino después de algún tiempo. Esto da espera. Hay otra cosa que no da.

—¿Cuál, Edda?

Para responder á esta pregunta, Edda le habló al caballero del tesoro de Erico y de lo que, respecto de ese tesoro, ella les había dicho á los Hermanos Moravos. Cuando Edda acabó de hablar, dijo el caballero:

—Ese tesoro debe ser del tiempo de los escandinavos y debe ascender á muchos millones. ¿Qué compromiso tenéis con los Hermanos?

—Todos y ninguno. Todos, porque les he comunicado mi secreto, y ninguno porque á nada me he obligado con ellos. Sin embargo, los creo acreedores á él por los muchos beneficios que me han hecho.

—Es verdad; ese tesoro en sus manos quedará mejor que en las de un rey.

—Sí, ellos lo emplearán en el servicio de la humanidad.

—Mas, ¿Erico habrá sabido ser prudente hasta el fin?.... ¿ no habrá hablado?

—Sí. El pobre habrá muerto de pesar y para cumplir su testamento. Él me dijo: "Todo esto es tuyo. Permita el cielo que ese tesoro disculpe á tus ojos la falta que cometí arrancándote de los brazos de la muerte."

—¿Lo creeis?

—Erico se habrá encerrado en la cueva y habrá perecido en ella. ¿Qué debemos hacer?

—Debemos sacar ese tesoro de donde está.

—¿Y después?

—Después tomaremos consejo de las circunstancias y de los tiempos.

El barón y el hermano Miguel, después de conferenciar, llegaron á estas conclusiones: 1ª que sería difícil dar con el sitio donde estaba el tesoro, si Edda misma no iba á mostrar ese sitio; 2ª que Edda no podría ir sin su padre; y 3ª que debían tomarse muchas precauciones, porque la empresa no estaba exenta de peligros.

El barón continuó visitando á su hija todos los días por espacio de un mes · y preparando en secreto lo necesario para hacer su viaje á Islandia. Lais, que hacía expiar á su marido, estaba muy sorprendida de los frecuentes viajes de éste al Capítulo; pero todo se lo explicó cuando supo que había en ella una canonesa extranjera, de mucha hermosura, joven, llamada *sor María*, quien no había aún pronunciado los votos. Pensó entonces que el barón estaba empeñado en una aventura galante, ó como ella decía, " vuelto á sus antiguos libertinajes." Esto la enfureció.

Pero fué mayor su cólera cuando, supo por sus espías, que el barón había salido de la ciudad y embarcádose con la canonesa. Entonces lo apellidó *raptor sacrílego*, *esposo adúltero*, *verdugo jurado del bello sexo*, y lloró, se hirió el rostro, maldijo el día de sus bodas y envidió á Eva, quien estaba tranquila en su tumba. Antes de ese día, Lais no había vuelto á acordarse de su amiga.

En medio de sus arrebatos, le llegó á la baronesa una carta del barón, carta que, primero, arrojó lejos de sí y después leyó con avidez. La carta decía así:

"Señora baronesa. Como habéis perdido mi confianza, no quise participaros á la voz ni antes de ahora, que me veía obligado á emprender un viaje, que es de sumo interés, y del que no regresaré antes de algunos meses. En ese viaje correré peligros, pero cuento con el fervor de vuestras oraciones. Os dejo á Man para que os acompañe. Es un hombre leal y prudente. Ojalá que mientras yo cruzo los mares, vos meditéis sobre vuestro modo de ser conmigo y os decidais á dirigir mejor de lo que lo habéis hecho la barca conyugal. Eso depende únicamente de vos; basta un soplo del viento para disipar una tempestad, pero es necesario que ese soplo sea generoso. Por lo común somos desgraciados, porque no sabemos ceder; esto es, porque no sabemos ser amigos de nosotros mismos: ceder, en el mayor número de casos, es *alcanzar.*

"Confío en vuestro propio decoro para que no empecéis á gritar que *me he fugado.*

"Vuestro. RAUZAN."

Lais leyó esta carta tres veces y se llenó de perplegidad. Indudablemente había misterio en la conducta de su esposo.

Entretanto el barón, Edda y el hermano Miguel navegaban á todo vapor hacia Islandia; y cosa singular! aunque iban en busca de un gran tesoro, ninguno de ellos tenía ansia de encontrarle, ni hacía depen-

der de él su felicidad en este mundo. El
barón estaba saciado, el hermano Miguel
vestía un sayal y Edda había dormido
diez años sobre ese tesoro como sobre un
montón de heno. Además, ¿para qué quería Edda unas riquezas que no podían
darle el calor que le faltaba á su corazón?
Mal nacida, mal educada y mal curada de
la enfermedad que le había acometido
después de su naufragio y por causa de él,
Edda era una joven casi rústica, casi des-
engañada, casi loca. No tenía recuerdos
gratos, ni esperanzas; no sabía hacerse
ilusiones y estaba tan desagradada de su
presente, que solía pensar en el Hecla y
echar de menos á Odín y al enano!

II

Nuestros argonautas – el barón, su hija
y el hermano Miguel – embarcados para ir
en busca de un vellocino de oro verdadero,
se acercaban rápidamente á las costas de
Islandia; y aunque no iba con ellos Tiflis
para gobernar el timón, ni Linceo para
descubrir los escollos, ni Orfeo para matar
el fastidio del viaje con los sonidos de su
lira, su barca marchaba bien y los días se
deslizaban para ellos como si fueran horas.

El barón se sentía feliz con el encuentro
de su hija; pero ésta se sentía mortificada,

contrariada, aturdida. El retrato que había encontrado en la cartera de su madre, había llamado su atención y había despertado en su pecho una simpatía extraña, que no tenía nada qué ver con el afecto que les tienen las hijas á sus padres. Edda estaba muy lejos de sentirse feliz.

Es opinión común que el poeta nace y el orador se hace. Algo parecido sucede con los padres. Los padres también se hacen. Queremos decir que no basta que nos los dé la naturaleza: se necesita que ellos puedan y sepan cumplir su misión de afecto, de cuidados y de trato con sus hijos. Cuando esto no sucede, sea por lo que fuere, los padres no son para sus hijos, ni éstos son para sus padres, sino una *relación*, pues lo que no ha hecho el tiempo no lo hace el instante. Hé ahí por qué Edda no se sentía *hija* al lado del barón.

No estaba éste en el mismo caso, porque veía á la que había amado representada en Edda; y como ésta era el fruto de su cariño, las unía y confundía á las dos en un mismo afecto.

El barón amaba, pues, á su hija sin reserva; pero ésta gastaba con él todas las reservas posibles, lo que el barón atribuía á las condiciones especiales del sexo femenino y á la vida salvaje de la huérfana.

Durante la travesía y en las ocasiones

más á propósito para ello, el barón contaba su historia á Edda. Daremos el extracto de sus conversaciones. Helo aquí.

—No tenía veinte años cumplidos cuando me enamoré de vuestra madre, quien me correspondió á pesar de no ser yo noble y rico, como ella. Sus padres me negaron su mano; mas, nosotros no tomamos consejo de esta negativa, y como ella era también muy joven, nos dejamos arrebatar de la locura y fuísteis vos el fruto desgraciado de nuestra inexperiencia. Yo me hubiera desposado de todos modos con vuestra madre, pero ella fué encerrada en la casa paterna y yo tuve que huir. Vuestra madre aprobó mi conducta.

Pasé á otro país con mi hermano Alcides, quien generosamente me había acompañado en mis amores y quiso acompañarme en mi expatriación. Alcides y yo éramos gemelos y nuestra semejanza era grande.

Como éramos jóvenes, robustos, de algún talento y diligentes, y como ambos habíamos sido soldados, pronto nos abrimos paso y coronamos una carrera. Además, yo leía á Lavater y á Mesmer, magnetizaba y decía la *buena ventura* á los jóvenes. Alcides tocaba la vihuela y cantaba con primor. Esto nos trajo la compañía de los caballeros ricos y elegantes, y esta compañía nos abrió las puertas de la buena sociedad.

Aunque yo no conocía los secretos de las estrellas, ni en ese tiempo conocía aún á Simón el Mago, al conde de Saint-German, á Apolonio de Tiane, &c, deliraba con los *iluminados* y me esforzaba para imitar á Cagliostro. Más tarde estudié á Gall y á Jorge Combe, y como tenía una penetración muy grande, fuí por algún tiempo el rey de los salones y el encanto de las gentes frívolas, quienes llegaron á creer que, con sólo quererlo yo, adivinaba sus secretos y pasiones y veía el porvenir. De esta fama usé y abusé para hacerme querer y para hacerme el héroe de mil aventuras galantes, de mayor ó menor interés.

—Entretanto mi madre, dijo Edda, lloraba por vos, sufría el rigor de sus padres y el desprecio social.

—Sí, Edda; pero yo no la había olvidado, y si no había ido á buscarla, era porque no tenía aún los recursos bastantes para ello. Yo tenía fe en ella y ella la tenía en mí, pero debíamos esperar. Cuando creí llegado el tiempo, le escribí como lo sabéis, pero el mar puso término á su existencia.

—Continuad.

—Después de muerta vuestra madre y

en los momentos en que yo me creía sin
misión en el mundo, tuvo lugar el hecho siguiente. Mi hermano Alcides tenía
relaciones con una joven á quien amaba
tiernamente, y se había comprometido á
casarse con ella. Era ésta la hija única de
un hombre terrible y muy mal reputado,
circunstancias que hacían que mi hermano fuese aplazando de día á día el
cumplimiento de su promesa ; mas, como
todo tiene un término, el padre de la joven
le notificó á ésta que si Alcides no se ca-
saba en *tal* día y á *tal* hora, los mataría á
ambos. Como era capaz de ejecutar su ame-
naza, mi hermano huyó del lugar y no se
volvió á saber de él en mucho tiempo. Figuraos, hija mía, cuales serían el dolor y
el miedo de la pobre Balsina (este era el
nombre de la joven) ; no sólo se veía engañada por su amante, sino que se veía
muerta, pues conocía el genial feroz de su
padre. En su tribulación, apeló á mí aunque no nos conocíamos sino de nombre,
pues Alcides me hablaba á mí de ella, así
como le hablaba á ella de mí. Me buscó y
cuando estuve en su presencia se echó á
mis pies, me abrazó las rodillas y me bañó
con sus lágrimas. Su belleza, su juventud
y sus desgracias me tocaron el corazón ;
más, ¿que podía yo hacer ?

—Á la verdad, su situación era deplo-
rable.

—Me dijo que su padre la mataría si Alcides no iba á casarse con ella el día fijado; que yá había matado á una sobrina suya, de quien era tutor, por algo menos grave; que la salvara, que sería mi esclava, mi perro, lo que yo quisiera. Que no dudaba de la sinceridad de Alcides y que creía que volvería á buscarla, cuando desaparecieran las causas que lo habían hecho salir repentinamente del lugar, causas muy poderosas sin duda. Por último, me propuso que la sacara de la casa de su padre y que la ocultara en la mía, hasta que Alcides volviera, porque no veía otro medio de librarse de la muerte; y al decirme esto, se asía de mis vestidos y declaraba que no me soltaría, salvo que le cortase las manos. La pobre muchacha estaba llena de terror.

—No era para menos.

—Yo no podía ejecutar aquel rapto, que me exponía á mil dificultades y peligros, si, como era probable, mi hermano Alcides no volvía; pero no tenía valor para abandonar á la infeliz que me besaba los pies y me miraba, pendiendo de los míos, con unos ojos que me partían el alma. Tuve entonces una idea singular. Como Alcides y yo nos parecíamos tanto que era imposible distinguirnos, le dije á Balsina que si mi hermano no venía á casarse á la hora

convenida, me pondría yo uno de sus vestidos, imitaría sus modos é iría á casarme
con ella. Que nos quedaríamos en la casa
de su padre y aguardaríamos á que Alcides volviera. La joven estaba tan aturdida
y tan espantada, que le pareció el plan
excelente y me apellidó su *amigo*, su *hermano*, su *salvador*, su *dios*. Arreglado así
el plan, yo me volví á mi casa y Balsina
entró en la suya, llena de una dulce alegría. Había olvidado deciros que la amante de mi hermano vivía en las afueras de
la ciudad.

—Permitid, señor, dijo Edda, que os
manifieste el asombro que me causa un
plan tan descabellado.

—Lo era y no lo era, hija mía. Lo era
en cuanto á las responsabilidades que me
imponía su ejecución; pero no en cuanto
á que no había otro modo de libertar á
aquella infeliz de la muerte. Además, yo
quería mucho á mi hermano y tenía confianza en que volvería. No obraba así, pues,
sino por benevolencia respecto á Balsina
y por cariño respecto de Alcides. Mal habría cumplido mis deberes para con mi
hermano, si hubiera dejado sacrificar á su
novia y me hubiera limitado á lamentar
mi impotencia, á llorar su desgracia. Yo
soy hombre de acción.

Al fin llegó el día fijado. Esperé hasta

el último momento y viendo que Alcides no parecía fuí resueltamente á la casa de Balsina y me casé con ella.

—Os casasteis!

—Lo había ofrecido. Hoy mismo volvería hacerlo así por ella, que era un angel, y por Alcides, á quien tánto he amado! Pobre Alcides!

Edda miró de un modo singular á su padre: hallaba loco y poético lo que había había hecho, y lo admiraba.

El barón continuó:

—Nos casamos, y cuando hubo terminado la ceremonia, el padre de Balsina nos hechó de su casa como á dos perros dañinos.

—Qué hombre!

—Nos echó y con esto sucedió lo mejor que podía sucedernos.

—No comprendo.

—Es muy sencillo explicároslo: media hora nos había bastado para alcanzar la libertad de Balsina y para librarnos del monstruo que le había dado el ser. Conduje á Balsina á mi casa, la instalé allí como la prometida de mi hermano, y yo me fuí á otra parte. Así se cumplió un año. A mediados de otro, Balsina que pasaba llorando los días y las noches y aguardando á su amante, empezó á perder la esperanza y cayó en una melancolía de grave carác-

ter. La hice ver de los mejores médicos del
país y éstos declararon que la joven tenía
perdida la razón y no habría modo de de-
volvérsela.

—¿Que hicísteis entonces?

—La saqué del país en que estábamos y
la llevé á otro, donde la presenté como mi
esposa y la coloqué en un manicomio. En
él la visitaba de tiempo en tiempo.

—¿Cuál era su manía?

—Ninguna, pues, no hablaba, y cuando
iba á visitarla me cogía las manos, me miraba fijamente con sus hermosos ojos, y
me decía: "Si no vuelve, mi padre me
matará. Silencio! silencio!" En los últimos tiempos yá no me conocía.

—Y ¿cuánto tiempo duró así?

—Hasta su muerte, acaecida hace poco.
Yo mismo la deposité en la tumba. Hé
ahí, hija mía, la historia de mi primer matrimonio y por qué el mundo me llama *libertino* y me acusa de haber vuelto, con
mi trato, loca mí á primera mujer! En su
deseo de preferir lo malo á lo bueno, el
mundo acepta las cosas sin exámen y las
divulga sin piedad. Para mi, Balsina fué
siempre la esposa de mi hermano.

—Señor, tenéis un gran corazón!

—No, Edda, hice por Alcides lo que él
hubiera hecho por mí, ¿creeis vos que él
se habría parado delante de algún obs-

táculo para traer á vuestra madre á donde
yo estaba y arrojarla en mis brazos?

—¿Habeis vuelto á saber de vuestro
hermano?

—Sí; os hablaré de él en otra ocasión.

—¿Y vuestro segundo matrimonio?

—Yá hablaremos de él también. La
muerte de vuestra madre, la desaparición
de Alcides y la muerte de Balsina cambiaron el curso de mis ideas y por consi-
guiente el de mis acciones. Abandoné las
lecturas frívolas y leí á Bacon y á Bálmes.
El primero me enseñó una regla, que es la
guía de mi vida y me ha dado muy grandes resultados. El segundo me enseñó á
creer y á *esperar.* Cuando los hombres no
creemos ni esperamos, vivimos como los
hotentotes.

—¿Cuál regla, señor?

—Bacon me enseñó que, por medio de
una observación atenta de los hechos y
de las cosas, se pueden conocer y separar
las circustancias y las causas esenciales
de las que no lo son; y que, una vez hecha esta separación, se pueden dominar y
dirigir esas causas y circunstancias. Que
muchas veces el obstáculo, real ó no, es el
mejor agente de nuestras obras, si sabemos apoderarnos de él, combinarlo y diri-
girlo.

En este punto cortó el barón su historia

y se puso á cazar peces. Decimos á *cazar*
y no á pescar, porque los mataba con tiros
de pistola en lugar de cogerlos con redes
ó anzuelos. Cuando Edda vió que su padre no erraba ningún tiro le dijo:

—Con el pulso que tenéis, mataréis á
todos vuestros contrarios en los duelos.

—Es cierto que siempre doy en el blanco, pero también lo es que no me bato
nunca.

—Es particular....con la vida que habéis llevado.

—No, Edda; y para que conozcais mis
doctrinas respecto de desafíos, voy á refe-
riros lo que me sucedió una vez. Por un
lance cualquiera, fuí citado á un combate
singular. Yo no creo en estos *juicios de
Dios*, porque no creo que la destreza y la
fuerza sean las leyes del mundo moral, ni
que los débiles, sólo por ser débiles, no
tengan razón....pase este absurdo entre
las naciones, pero no entre los hombres.
No hay una ley para los pueblos, pues
éstos tienen por juez al cañón, y las responsabilidades colectivas no son de nadie;
pero sí la hay para los individuos. Yo recibí los testigos del que se decía agravia-
do por mí, y en lugar de enviarle los míos,
escogí cinco personas de las más distinguidas de la ciudad, las constituí en jurado de honor, les puse de manifiesto el caso

y las circunstancias de él, y les declaré
que si me encontraban culpado, le daría al
ofendido una pública y cordial satisfacción. Que eso era mucho mejor que sem-
brarle una bala en el pecho. Que, para
mí, el código del honor tiene dos artículos:
uno que declara fuera del gremio de los
caballeros al ofensor de otro caballero; y
otro que manda dar por incorporado en
ese gremio al ofensor que satisface realmente á su ofendido. Mi doctrina fué aceptada, y el jurado declaró que yo era culpado. Di en consecuencia la satisfacción
ofrecida; no hubo *víctima* ni *héroe*, y yo
fuí en adelante más cauto en mis palabras
y en mis obras. Creo que así se debe proceder siempre.

—¿Y si el sentenciado en estos casos
de honor no se somete á cumplir la pena?

—Eso querrá decir que es contumaz y
que desprecia la sanción social. La persona que desprecia la sanción social no
tiene por qué imponer la suya. No hará lo
que se le dice, pero todo el mundo dirá
que ha debido hacerlo, y quedará mal con
todo el mundo. Hará lo que los reos rema-
tados, quienes se fugan de los presidios
para no cumplir su condena; esto es, se
hará un *reo prófugo* de la buena Sociedad.
Estamos muy lejos de que se proceda así;
pero no importa. Hemos llegado yá á ex-

tremos **más** distantes, viniendo de puntos
más lejanos. Hemos apagado las hogueras
con que se imponía la fe, le hemos quitado
á la justicia legal el carácter de simple venganza, le hemos dado su libertad á los esclavos, hemos dejado de despojar á los
náufragos y los hemos socorrido, hemos dejado de infamar y de empobrecer á los hijos
por las faltas y los errores de sus padres,
hemos igualado la condición del hombre y
la de la mujer, &.ª El duelo es un dios antiguo, falso, un ídolo que está aún sobre el
altar; pero el duelo caerá como cayó la
horca y el cuchillo de las manos de los
señores feudales, como cae la divinidad de
los reyes de las páginas de la historia. Es
imposible convenir en que el honor de todos los hombres esté en la punta del flore-
te de los espadachines y en las cápsulas
de los revólvers.

—Pero se les da el nombre de *cobardes*
á los que no se baten.

—Yo llamo cobardes á los que se baten;
y son cobardes, porque no tienen el valor
de sobreponerse á las preocupaciones vulgares. Además el valor es una gran cualidad, pero no debe comprarse con la sangre de nuestros semejantes y la orfandad
de las familias. Las leyes no deben permi-
tir que los hombres se hagan justicia por
su mano, como lo permite la barbarie, y

las costumbres deben venir en apoyo de
las leyes. Una estocada ó un balazo bien
dado, no prueba nada. La moral pide otra
sanción.

III

El día en que se habló de su segundo
matrimonio, el caballero le dijo á Edda:

—Yo deseaba apartarme del mundo y
pasar el resto de mis días en la tranquilidad de un hogar sereno. Sabía por observación propia, que los hombres de cierta
edad no deben casarse con mujeres jovenes, quienes, por lo común, son amigas de
la moda, de las fiestas y de los placeres,
no saben llevar el yugo de la familia y
son incapaces de dirigirse en caso de viudez. Además, siempre he preferido los corazones formados yá, firme base de los
afectos serios. Yo no habría podido vivir
al lado de una niña, frívola como son todas las niñas, ni hacerme maestro de ninguna educanda, pues lo que necesitaba era
de una *compañera*, formada como yo y capaz de amoldarse, por convicción, á mi
modo de ser. Por eso preferí á Lais y me
alejé de Eva. Eva era un bello tipo, pero
era sensible en extremo y adecuada sólo
á un amor positivo, sin iniciativa, sin
arranques é incapaz de todo lo que no fuera sumisión y lágrimas. Eva me habría

fastidiado con su abnegación ilimitada, con su inercia....habría sido mi esclava y no mi *alter ego.* Preferí la rosa á la sensitiva.

Cansado de viajar, cansado de amar, cansado de vencer, las tempestades y las calmas sociales yá no tenían halagos para mí. Mi ambición había sido coronada en todos los caminos. No creía en la sinceridad ni en las virtudes de nuestra pobre especie, ni hallaba nada que llenase los vacíos que habían dejado en mi corazón el estudio del mundo y los pesares. Además, ¿qué podía hacer yo del resto de mis días ? A todas partes me seguía el fastidio, como sigue la sombra al cuerpo; la vida del *solterón galante* me infundía asco y necesitaba, no de un norte para fijar mi rumbo, sino de un centro amable para gravitar alrededor de él. Me casé pues. Si hubiera sabido que vos existíais no me habría casado y habría ido á buscaros. Vos me habrías dado el hogar que me faltaba y habríais sido la luz y el centro de ese hogar; pero no lo sabía, no podía suponerlo siquiera....os creía muerta con vuestra madre.

—Es verdad, nos hemos encontrado demasiado tarde.

—No, Edda, eso nunca. Recordad que os estoy hablando de las condiciones personales y sociales en que me hallaba cuando resolví casarme de veras. La primera vez fué un juego....

—¿No sois feliz, señor?

—No lo soy, pero vos me haréis feliz.

Edda calló; después de un rato dijo:

—Quién sabe!....

—¿Por qué dudais?

—Porque nos hemos encontrado estando ambos en condiciones equívocas. Vos teneis un dueño; y yo....yo no se lo que tengo, ni lo que me falta; no amo el mundo.

—¿Amaréis á la baronesa?

—No sé, pero no olvidaré que ella fué la causa de haberos encontrado.

—¿Ella por qué?

—Porque sin el ruido de vuestro casamiento, no habría llegado vuestro nombre hasta mí y no me habría puesto otra vez á adivinar lo que estaba escrito en vuestro retrato. Hacía mucho tiempo que había abandonado esa tarea.

El señor de Rauzan se quedó pensativo. Edda suspiró.

—Es bien singular, dijo el caballero como reflexionando; es bien singular lo que me decís, por más sencillo que parezca....Si me hubiera desposado con Eva de San Luz ó si hubiera permanecido soltero, no nos habríamos encontrado, y de habernos encontrado, no nos habríamos

reconocido. Veo en esto la mano de Dios·
Doy pues por bueno todo lo acontecido....
para obtener á Edda hube de aceptar á
Lais....Por otra parte, yo debía casarme
con esa señora.

—¿Por qué, señor?

—La baronesa había hecho por mí lo
que no hace nadie por otra persona : había sacrificado su amor propio, su presente, su porvenir, su dignidad. Se había abis-
mado para salvarme de los tiros de mis
enemigos. Si lo había hecho por amor, no
hay duda que su amor era grande ; y si lo
había hecho por virtud, ¿ cuál virtud podrá compararse con la suya ? Lais estaba
no sólo deshonrada por ligera sino en ridículo. *Deshonrada* y en *ridículo*, ¿ sabeis
lo que es eso para una joven hermosa y
brillante, llena de ilusiones y de esperanzas, orgullosa de sí misma y de sus riquezas? Después del incidente del bosque,
¿ qué podía ser Lais en la sociedad? qué
en el mundo? Una persona debil se habría
suicidado. Todos la veían culpada, todos
la veían despreciada, todos la acusaban.
¿Quiénes buscarían yá su amistad ó su
compañía? ¿quiénes la respetarían en
adelante? Lais estaba perdida. Si se quedaba en la ciudad, viviría en las lágrimas
y en la humillación. Si se iba de ella, la
maledicencia y el sarcasmo la seguirían

como dos bacantes implacables. En medio de las pasiones sociales–la rivalidad y la envidia–¿quién habría tenido piedad de ella? Quizá la habrían olvidado; pero el olvido en estos casos es una sentencia de infamia.

—Vos, señor, tuvisteis piedad de ella.

—Sí, Edda, tuve piedad de Lais; era yo quien debía tenerla. Yo, el autor involuntario de su caída. Ella se había levantado con el aliento de una heroina y les había gritado á los que se estaban echando sobre mí como una jauría:—"Atrás! caníbales! el caballero de Rauzan es inocente; si hay un reo, ese reo soy yo! Si necesitais de una víctima, escupidme; tomad mi nombre y despedazadlo. Teneis sed y hambre de contumelia, saciaos en mí!" ¿Qué debía yo hacer, entre tanto? ¿Permanecer impasible? aplaudirla con los labios? levantarla en el santuario de mi razón? No, Edda. Eso hubiera hecho un egoísta, eso hubiera hecho un ingrato. Aunque inocentemente, yo la había arrojado al mar proceloso en que se ahogaba. Mi deber era lanzarme á ese mar, salvarla ó perecer con ella.

—La salvásteis : sois noble, señor.

—Sí; le di mi mano y mi nombre. Si más hubiera tenido, más le hubiera dado. Le quitaba al mundo su presa.

—Teníais además vuestro corazón....

—Esa conquista le correspondía á ella. Mi nombre y mi mano la purificaban y la levantaban hasta mí. A ella le tocaba levantarse á su vez. Cuando se quiere, se puede ascender mucho....la escala del amor, Edda, es la escala de Jacob: va de la tierra al cielo. En mi matrimonio con Lais no ha habido capricho, ni aturdimiento: ha habido simplemente *deber*. Eva me amaba, pero yo no podía matar á Lais dos veces. Yo había arrojado la sombras sobre su nombre y me apresuré á arrojar la claridad. Ese es mi modo de ver las cosas; esa ha sido siempre mi línea de conducta. Sin embargo, vereis que por todas partes me sigue la calumnia; vereis que, respecto de mí, se inventan las más negras historias, que se me hacen las imputaciones más infames, ¿ todo por qué? Porque Dios me dió una inteligencia y unas prendas poco comunes, prendas que yo he cultivado en lo posible por medio del estudio, de la laboriosidad y la austeridad. Se me adula, es cierto, pero también se me escarnece. ¿ Qué habríais hecho vos en mi caso, Edda?

—Me habría casado con Lais en la plaza pública. El sacrificio obliga y Lais era acreedora por su conducta á esa reparación.

—Os reconozco en esas palabras, hija mía. Eso fué lo que hizo vuestro padre. Si no sirve para esposa la mujer que se entrega sin reserva y que desprecia al mundo por un hombre, ¿cuál podrá servir? Sin embargo....

—Qué? señor.

—Hay que distinguir los arrebatos sinceros de los que no lo son, y no olvidarse de que el fuego pierde con el tiempo sus llamas y su intensidad. Cuántas personas hay que darían su vida, su fortuna, tal vez su honra por otras, y que no le sacrifican un átomo de su *vanidad,* de su *terquedad,* ni el más leve de sus *caprichos.* Hija mía, el corazón es un piélago insondable y el género humano el peor de los géneros conocidos. Lais lo arrostró todo por mí en una hora, y lo arrostró sin esperanza. Si yo hubiera pagado con desdenes ú olvido su mérito, ella me amaría cada día más y lloraría por mí con las lágrimas de un amor desgraciado, lágrimas que no tienen igual; pero como volví generosidad por generosidad y atrevimiento por atrevimiento; como la preferí al mundo entero, quizá la posesión la haya saciado y crea que ella no me debe á mí nada y que yo se lo debo todo á ella.... Hacemos siempre lo que nos parece mejor, pero casi siempre nos equivocamos, y la causa de

10

nuestros errores son las personas mismas á quienes queremos agradar, en quienes confiamos.

—¿ La baronesa acaso ?....

—Dos veces me he casado y en ninguna de ellas han entrado en ello mi voluntad y mi amor. Tampoco ha entrado mi conveniencia. Las circunstancias, sólo las circunstancias me han llevado al pie del altar. La única vez que quise casarme, no pude conseguirlo ; y fuera de la única mujer que he amado, ninguna ha hecho palpitar de veras mi corazón. He desfilado por en medio de ellas como por entre una doble ó triple linea de estatuas, admirando en una las formas, en otras la belleza, en otras la gracia y les he pagado á todas la ternura, el cariño ó el favor pasajero que me han dispensado ; pero ninguna de ellas ha satisfecho mis sentimientos, ni colmado íntegramente las aspiraciones de mi espíritu. Yo, hija mía, no sé amar sino con el espíritu. Necesito junto de mí una *alma*, porque ésta, á diferencia de la hermosura (que cansa al fin por que no cambia), no cansa nunca, pues se renueva constantemente como la faz de un cielo afortunado. El amor se enfría, la belleza se acaba, sólo el espíritu no se envejece, sólo él es inmortal, sólo él es múltiplo. Dos corazones que se aman son dos llamas que juegan ; dos almas que se avienen, son dos ángeles que se encuentran....y, como después de todo, la vida no es sino un viaje de la cuna al sepulcro, es prferible tener por compañera en ese viaje una deidad de la altura á una peregrina del suelo.

Yo no he gozado nunca de esa dicha suprema, pues cuando amé á vuestra madre y fuí amado de ella, para mí el amor era un *ímpetu*..mi corazón desbordaba en lugar de recoger su savia y acendrarla. Tampoco podía ser de otro modo: los veinte años no son los cuarenta, y la sazón de los frutos jovenes carece de fuerza.

El barón calló. Se conocía que no le decía á su hija todo lo concerniente á su vida....el decoro de padre se lo vedaba.

—¡Y Eva! preguntó la canonesa.... habladme de Eva.

—Eva era un angel, y si yo me hubiera casado con ella la habría engañado. Yo llevo conmigo la muerte....la muerte súbita, horrible, casi pudiera decir la muerte del maldito.

—Vos?

—Sí; y ella merecía no ser engañada. Pronto conocerás mi secreto. Entonces veréis lo miserable de la condición humana, su impotencia delante del mal. El invencible Aquiles llevaba la muerte en el talón....la fábula es una grande enseñan-

za. Yo quiero que los que me envidian y
los que me ensalzan, me vean cuando estoy sólo, completamente sólo, y me entregó al dolor íntimo que me consume. Si me
vieran, me compadecerían ó me desprecia-
rían, como me compadezco y me desprecio
yo mismo. Edda mía, el brillante barón
de Rauzan es un.... miserable!

IV

Los viajeros llegaron sin contratiempo
á Inglaterra y de allí pasaron á las islas
de Shetland, en donde el barón compró un
buque ballenero, lo tripuló con hombres
escogidos y bien armados, y tomando el
gobierno de él lo dirigió con firme mano hacia las costas, yá vecinas, de la Islandia.
Era su intención ganar esta isla rebasando
el cabo Portland y buscar una caleta desconocida entre este cabo y Reikiavik. Allí
desembarcarían y se encaminarían hacia
las faldas del Hecla, procurando no ser vis-
tos de nadie.

El barón dió á su buque el nombre de
Noddok, que fué el del pirata noruego que
descubrió la Islandia en el año 860 de nuestra éra. El se mandó llamar *Olao*, le dejó
á su hija el nombre que ella tenía y dijo
que era su mujer, y no admitió á bordo
otro pasajero que el hermano Miguel,
quien decía iba para Groenlandia.

El barón, quien cogió pronto el lenguaje y los modos de los pescadores de ballenas, vestía el traje de éstos como si hubiera sido el suyo propio. El objeto que lo llevaba á aquellos mares desiertos lo obligaba á tomar estas precauciones.

—Hay necesidad, le decía al hermano moravo, no sólo de sacar el tesoro sino de no perderlo y de no perder nuestra vida con él.

En ocasiones desconfiaba de la misma tripulación (que había sido enganchada para algo desconocido), aunque se le había ofrecido una buena gratificación.

Cierto día un marinero le dijo á otro:

—¿De qué clase será la ballena que vamos á pescar?

El interrogado respondió:

—Una ballena blanca, para obsequiar á la reina.

—¿De qué le serviría á la reina una ballena blanca?

—Pues entonces será para el marido de la reina.

—¿De qué le serviría á él una ballena blanca?

—Será entonces para el príncipe heredero.

—No seas porfiado. ¿De qué le serviría al príncipe una ballena blanca?

—Será entonces para el patrón.

—A él no le importa que la ballena sea negra ó blanca, gris ó verde sino que sea grande y le dé mucho aceite.

—Quién sabe!....quién sabe!....si le importa también alguna otra cosa.

El barón supo luégo esta conversación, como sabía todo lo que tenía lugar á bordo del *Noddok* y para evitar que cundiesen las sospechas, escogió los hombres más despiertos y más atrevidos de su barco y los hizo *camaradas* de los otros. Estos camaradas ó, mejor dicho *espías*, recibían una paga doble.

Olao evitó en su rumbo las islas Feroe y despúes de recorrer las costas más meridionales de la Islandia, desembarcó en una caleta salvaje de las más próximas á las faldas del Hecla. Una vez allí, hizo llevar á tierra algunas armas y provisiones, levantó una tienda y le mandó á su segundo que fuese á pescar mar adentro mientras él descansaba con su esposa de las fatigas del viaje y se divertía casando zorras. El segundo de Olao debía volver á la caleta cuando viese en cierta roca, que se designó, un trapo blanco, puesto en un palo.

Al hermano Miguel se le preguntó qué haría él, y él dijo, de modo de ser oído de todos, que iría á pie hasta Reikiavik. Quedóse, pues, también en tierra.

El *Noddok* elevó anclas, y como álguien sospechase de la quedada de Olao y de su mujer, uno de los espías le dijo:

—Cosas son éstas de gentes ricas.... ¿no has sospechado que nuestro patrón es un lord ballenero?

El hermano Miguel encontró aventuradas las disposiciones del barón y le dijo:

—¿Señor, habéis puesto el barco en manos de esos hombres?

—Sí, hermano.

—¿Y si se alzan con él y no vuelven?

—Eso no importaría nada; lo que importaba era que nos trajesen y yá estamos aquí. Digo más: mejor sería que no volviesen. Si encontramos el tesoro, no dejará de haber su peligro en confiárselo á estos cuasi-piratas.

En los días siguientes, el barón, Edda y el hermano Miguel recorrieron las faldas del Hecla en diferentes direcciones, pero Edda no pudo encontrar el sitio que buscaba; y al no ser por los rasgos generales de la isla, habría creído que no era la misma en donde había pasado su infancia. Cabaña, aprisco, rebaño, todo había desaparecido.

El barón empezó á dudar, Edda y el hermano moravo empezaron á desalentarse. Por todas partes no se veían sino peñascos coronados de nieves perpetuas y

cubriendo grandes depósitos de fuego;
masas basálticas, semejantes á muros y to-
rreones; y vapores terrestres, que el viento impelía y alzaba hasta la zona de las
nubes. Después de muchas escursiones
sin éxito bueno, el barón declaró que daba
por terminada la empresa. El hermano Miguel quiso observar algo pero el caballero
le dijo:

—Hubiera sido una locura no venir á
buscar el tesoro, pero sería otra, y mayor,
persistir en buscarlo. Esta isla es un con-
glomerado de volcanes en constante actividad y de desastrosos efectos. El suelo
cambia aquí de aspecto y de estructura
todos los días. Ahora pocos años-en 1783
-á causa de una erupción del Skaptefell
el río Skap-Aa salió de madre y se llenó
de piedra pómez y de lavas, se hundieron
parte de las costas y un distrito entero
quedó cubierto de ceniza. Emanaciones
fétidas y espesos nubarrones envolvieron
la isla por muchos días, y á ésto se siguió
una peste que mató dos mil personas y
muchos centenares de animales. Además,
no es extraño ver aparecer y desaparecer
en las costas de esta tierra, islas de fuego,
que vomitan llamas y toda clase de materias en combustión. El sitio en donde estaba el tesoro debe haber sufrido algún hundimiento y ésto hace imposible dar con él.

Edda y el hermano Miguel no replicaron, y ninguno sintió el mal éxito de la empresa.

Al día siguiente, al amanecer, el barón puso en la cima de la roca la señal convenida. El tesoro de Juto debía quedar en el seno del Hecla.

Por otra parte, ¿ sería aquel tesoro una alucinación de la mente enfermiza de Edda ? El barón y el moravo se cambiaron algunas palabras á este respecto. Ese engaño no sería el primer caso de esa clase.

El *Noddok* volvió á la caleta y Olao le dió á la tripulación permiso para saltar á tierra. En ella permanecieron tres días más, durante los cuales el barón, Edda y el hermano Miguel visitaron los *baños* y las *calderas* de la isla. Se les dá allá el primero de estos nombres á los pozos de agua tibia que manan tranquilamente de la tierra, y el segundo á los surgideros ruidosos de agua hirviendo. En medio de éstos y de una gran llanura, en la parte occidental y hacia los 65° de latitud Norte, sobre un otero, se levante el Gran Geysser. El grueso de este chorro es de más de cinco metros ; su altura varía entre 9 y 66 metros y su receptáculo pasa de 12. Es pues mayor que el chorro de Versalles y el de La Fama de la Granja. El agua del Gran Geysser es brillante y muda de

colores según la altura del sol. La forma
del vapor que lo envuelve cambia á cada
instante. De las aguas de este chorro usan
los islandeses para cocinar y para darle
formas á la madera. Su calor no baja de
70° Reamur. Las paredes del tubo natural por donde sale el agua están perfectamente lisas y parecen de ágata. El agua es
de una pureza extraordinaria y silicatiza
los objetos. El barón cogió allí un pedazo
de papel impreso, que parecía una lámina
de pedernal y tenía las letras en perfecto
estado. El cauce por donde corren las
aguas del Gran Geysser parece ser de
mármol.

Antes de retirarse del chorro, el barón
hizo cocinar en sus aguas algunas aves.
Esta operación duró 20 minutos.

Del Gran Geysser pasaron al *Strockr* ó
Agitador, pozo de una boca en forma de
tubo. Los pedazos de césped y de turba
que los marineros arrojaron en este pozo,
se reventaban instantáneamente con la
mayor violencia y levantaban una columna de agua cenagosa, negra como tinta,
á una altura de más de treinta varas. Esta ebullición duraba ocho ó diez minutos.

El *Rujhium*, está sobre una colina de
quinientos piés de elevación y tiene dos
orificios. Por uno de ellos arroja el agua
de hora en hora, con gran ruido y en

una cantidad tál, que sir John Stanley la ha calculado en 14,766 arrobas por minuto.

Edda no quiso visitar los otros manantiales. El hermano Miguel le dijo al barón:

—¿A qué causa atribuís los fenómenos de esta isla? ¿Quizá al fuego central?

—No, dijo el barón. Yo no acepto la teoría plutoniana; ó mejor dicho, la acepto con algunas reservas graves.

—Me sorprende esa opinión.

—No; es la misma de Bonald. Es cierto que las capas ó costras de la tierra son más calientes á medida que son más profundas, y que habrá algunas en las cuales el hombre no podrá permanecer sin arderse; pero esta misma observación es la destructora de la doctrina plutoniana, pues sí á cada 27 metros de profundidad, el calor aumenta un grado, á los 3,000 metros, el calor debe poner el agua en ebullición y á los 100,000 debe volatilizar el diamante. Ahora, como el radio terrestre tiene 6.366,000 metros, es claro que el calor central máximo en la proporción indicada, llegaría á ser de 250,000 grados! Pues bien: 12,000 grados bastan para volatilizar todos los cuerpos sólidos de la tierra. Debemos pues cambiar las proporciones en el aumento del calor, ó averiguar la influencia del calor plutónico según las respectivas distancias internas.

Me inclino á creer en las causas locales.

—¿Suponéis entonces?

—Supongo que los fenómenos de esta isla son producidos por circunstancias especiales; pues al serlo por causas generales, esos fenómenos debían tener lugar también en otras partes, y no es así.

Después de la visita á los Geyssers, el barón subió una tarde, á la caída del sol, solo y pensativo, á la cumbre del Hecla y estuvo contemplando desde allí la escena horrorosa que el volcán domina.

La luz del astro-rey era débil. El cielo carecía de colores y las aguas del mar, surcadas por lejanos y no bien pronunciados girones de espuma, eran grises y estaban tranquilas. Todo el paisaje era estéril, sombrío.

El barón no veía desde aquella altura los reinos de la tierra, ni nada que pudiera tentar su deseo, muerto como esas regiones medrosas. Vertientes de azufre, de de insoportable olor, pantanos de lodo hirviendo, columnas de agua saltando en todas partes como respiraciones de leviathanes monstruosos, cerros de volcanes fantásticos, crateres calcinados, grupos de rocas basálticas, grandes emanaciones de humo espeso y ruidos continuos y terribles, como los de una artillería invisible, todo era allí propio de un cuadro del infierno. En vano se habría buscado en aquellos parajes caóticos el matíz de una flor, la verdura de una hoja, el hálito de un árbol, el canto de una ave, la huella de un animal cualquiera. Allí todo estaba muerto; allí todo tenía el triste color de las piedras enegrecidas y estaba cubierto con el cendal despedazado de la nieve.

La desolación era absoluta.

¿De qué serviría allí tener una alma, de qué tener un corazón? ¿De qué serviría allí poseer un tesoro como el del pirata escandinavo? Allí la ciencia era inútil, imposible el amor, nulos los sentimientos, ridículas las pasiones, odiosa la vida. Allí no podía haber otro huésped que el demonio, quien sacaría la cabeza, de cuando en cuando, de la olla del Hecla para maldecir á los hombres, ó vendría á pasearse taciturno sobre la nieve, coronado de rayos y majestuoso con las galas del tormento. Aquella tierra no era una patria, ni un altar....serviría, cuando más, para un cementerio de náufragos, como le había servido á su amada....

—Sinembargo, decíase el barón, estos horribles principios, estos ventisqueros, que infunden pavor, esta lava que quema, estos ruidos que ensordecen, este frío que hiela, esta soledad que aniquila, fueron los compañeros de la niñez y de la juventud

de Edda. Aquí se enfrió su corazón, aquí se
le formó ese carácter sombrío que mina su
existencia....aquí se acostumbró á no reír
y á no llorar. Edda es una planta sin savia, sin aroma y sin colores...es una verdadera flor del polo.

Marcha conmigo, pero no es sino una
estatua animada. Me la ha dado el cielo –
bendito sea – pero no podré hacer nada de
ella. A veces creo que su razón esta tras-
tornada.

El barón se equivocaba en esto. Natural
era que Edda tuviese un temperamento
sombrío y que sus prendas estuvieran os-
curecidas por lo imperfecto de su educación; pero había algo en el fondo de ella
que los ojos del barón no alcanzaban á
ver, á pesar de su vasta capacidad, de su
ciencia y de su experiencia; y eso que
él no veía, no tenía por causa los sombríos parajes en donde Edda había vivido,
sino el secreto que la mortificaba. La ceguedad del caballero en esto era una co-
rroboración de la falibilidad humana. El
no veía lo que otro cualquiera habría adivinado.

V

Una tarde que Edda y el barón estaban
sentados en la orilla del mar, ambos calla-
dos y ambos tristes, viendo el juego de

las olas alborotadas, dijo aquélla á éste:

—Habladme, señor, de vuestro hermano Alcides. Deseo saber qué fué de él.

El barón guardó silencio por un momento; luégo habló así:

—Sabéis que la ciudad de Edimburgo, capital de Escocia, está situada en un punto muy pintoresco y se compone de dos partes: la nueva y la vieja. La parte nueva tiene calles regulares y largas, magníficos edificios y bellas plazas. La parte vieja, construída en diferentes épocas, no tiene de notable sino sus edificios y monumentos, históricos en lo que se relacionan con los antiguos reyes del país.

Pues bien, por ahí en los años de 1826 á 1828, en la parte vieja de la ciudad y en uno de los lugares más sucios y escondidos de ella, el honrado matrimonio Hare – Guillermo Hare y su mujer – tenía una casa-posada, de poca comodidad y de oscura fama (1).

Hare era un hombre bueno con sus huéspedes: les daba plazo para que le pagasen lo que le debían, los convidaba á beber y los cuidaba tánto que algunos se morían de gordos.

La mujer de Hare llevaba más lejos sus

(1) Todos los hechos y todas las personas del horrible episodio que se va á referir son rigurosamente históricos.

bondades, pues solía salirse de la posada
y andar arriba y abajo las calles de Edimburgo, buscando parroquianos ó inspi-
rándoles confianza, para que fueran á
vivir con ella y su esposo.

Un dia, en una de estas pesquisas, la
mujer de Hare se encontró con Guillermo
Burke, un antiguo conocido suyo, y con
una joven que iba con él, llamada Helena
Mac-Dougal. La mujer de Hare le dijo á
aquella pareja:

—Entremos en esta taberna y tomemos una botella de vino. Estoy algo fatigada y podemos hablar. Hacía mucho
tiempo que no os veía, Guillermo.

—Sea, dijo éste. Nunca es malo beber
un poco. ¿Qué dices, Helena?

—Nunca es malo beber ni descansar en
compañía de los viejos amigos, respondió
la interpelada.

—Y nosotros somos *viejos amigos*, dijo
la mujer de Hare, pues conozco á Guillermo hace muchos años ....¿os habéis
casado?

—No; Helena no es mi esposa....es una
inclinación, contestó Burke y le dió una
palmadita á su compañera en el hombro.

Era Helena una mujer alta, fica, pálida,
poco limpia de cuerpo y de alma y joven
aún. Burke era un irlandés bajo de cuerpo y rehecho, de carrillos prominentes,

ojos pardos y hundidos, de cuello enorme, de cejas abundantes, de nariz aplastada y de bigotes y de cabellos rojos. Burke era era fuerte como un toro de montaña.

Mientras se bebían el contenido de la botella, la esposa de Hare le dijo á Guillermo:

—¿Qué hacéis ahora? ¿en qué os ocupáis?

—Al presente no hago nada.... no me cae trabajo, pienso pues irme hacia el Oeste. Edimburgo es un lugar malo para mí.

—No vayais al Oeste, no vaguéis más. Venid alojaros en nuestra casa. Mi marido no es exigente con sus inquilinos. Allí os daremos un cuarto y no os faltará trabajo.... sí, no os faltará.... sois fuerte, Guillermo, y podéis ayudar á mi esposo. Hare está yá cansado.

Acabada la botella, Burke y su *inclinación* siguieron á la mujer de Hare, quien los condujo á la casa-posada. Al llegar á ésta, la mujer de Hare dijo á su marido:

—Os traigo lo que necesitáis. Vos estáis fatigado y Guillermo Burke, aquí presente, es un hombre fuerte, que puede desempeñaros. Guillermo Burke es un antiguo amigo mío.... es un hombre de confianza y remienda muy bien, aunque eso deja poco.

Hare miró de piés á cabeza al recién venido y lo halló de su agrado. Respecto de Helena no le sucedió lo mismo y le dijo á su esposa:

—Está bien; pero era mejor que tu amigo fuera soltero.... quizá la habitación que tenemos es pequeña para dos.

—Nos amamos mucho para no caber en un mismo nido, dijo Burke. Además, Helena es la discreción misma.

—Bien, bien, podéis instalaros, palomitas, dijo Hare. Guillermo es fuerte y me agrada.... quiero descansar.... sí, quiero descansar.

Mistriss Hare instaló á sus huéspedes y volvió al lado de su esposo, á quien le dijo:

—¿Qué te parece mi hombre para ejecutor.

—Para *ejecutor?* preguntó Edda.

—Yá vereis, dijo el barón.... Me parece como hecho en molde, respondió Hare.... ahogará como un elefante; pero hay que marchar con cautela. Lo catearé, lo catearé. Mientras tanto que haga sus remiendos.

Entre los huéspedes de Hare había un viejo achacoso, llamado Donald, quien debía tres meses de pensión y no tenía probabilidad de pagarlos. Pero Hare era un hombre muy bueno con él y le decía:

—No os aflijais, mi buen Donald. Comed y bebed, dormid y pasead. Yo no tengo apuro, y yá cambiareis de fortuna. Hoy son tres meses, después serán cuatro y después cinco, ja! ja! ja! el tiempo corre como un gamo; pero Dios no abandona á sus criaturas. No importa, no importa: comed y bebed, Donald.

Sin embargo, fuese por aflicción ó por otra causa, Donald murió de repente la noche de Navidad y nadie se sorprendió de eso. Es natural que se mueran los viejos. Ese mismo día Hare le ofreció á Burke un vaso de cerveza. Este lo aceptó; pero después del primer vaso, se bebió otro y otro. Hare era persona de conciencia y los vasos en que les daba de beber á sus parroquianos eran grandes, muy grandes. Cuando Hare vió que Burke había bebido como bebe un buen irlandés que no paga lo que se bebe, le dijo:

—Se nos ha marchado el viejo Donald tan de repente que no arreglamos cuentas.

—¿Os debía?

—Sólo tres meses.... era un buen hombre; paciencia, no todo ha de ser caminar entre flores.

—¿Y no ha dejado nada?

—Nada, fuera de su cuerpo.

—Ese lo dejamos todos, exclamó Burke riendo. ¿Ese qué vale?

—Un cadáver no vale nada en otros pai
ses, pero en Inglaterra sí vale algo.

—¿ Qué vale aquí un cadáver ?

—Vale lo que den por él ; la ley ha crea
do ese comercio, porque prohibir es esti-
mular....

—¿ Se comercia aquí con los cadáveres ?

—Lo mismo que con los aceites y los
trigos: tenemos un Gobierno que todo lo
prevee y que quiere que todo valga dinero.

—¿ Quienes comprán los cadáveres ?

—Los cirujanos.

—¿ De modo que el viejo Donald ha
dejado algo ?

—Ha dejado su cuerpo, que puede valer
unas doce guineas.

—Oiga ! el viejo Donald era un propietario. Doce guineas....!

—Eso digo yo, observó mistriss Hare,
tomando parte en la conversación. Vamos
á perder doce guineas y Donald le debía
á mi esposo tres meses de alojamiento. No
es el caso de andar con escrúpulos.

—Bebed, dijo Hare á Burke ; bebed y
no hablemos de intereses. Eso es mez-
quino.

—¿ Por qué no hemos de hablar, si Donald os debía tres meses justos ?

—Sí, dijo Hare, pero nosotros no somos
parientes de Donald.... además, yá el
cuerpo está en el ataud.

—Eso es lo menos: se le volverá á sacar, dijo mistriss Hare. ¿ Qué decís de eso, Burke?

Este, que tenía yá perdido el sentido, respondió:

—Digo que doce guineas son doce guineas: un hombre vivo vale mucho menos.... yo no valgo eso; yo ignoraba....

—Mi marido tiene derecho á ese cadáver porque el difunto le debía tres meses de pensión.

—Bien, dijo Hare, cediendo á los razonamientos de su esposa. Aún es tiempo. ¿ Qué decís, Burke?

—Digo que doce guineas son doce guineas.... Donald os debía.

—Entonces?....

—Entonces no hay sino que poner manos en la obra, dijo mistriss Hare.

—Listo! dijo Hare y se puso de pie.

—Listo! dijo Burke. Yo soy un buen amigo. ¿ Qué debo hacer?

—Poca cosa; venid.

Hare, ayudado de Burke y de su esposa, sacó el cadáver del ataud y llenó éste de cortezas de palo de curtir. Aquella misma tarde Hare le vendió el cadáver de Donald al doctor Knox, quien tenía una mesa de disección y le dió por él las doce guineas en que lo había valuado el vendedor. Burke llevó su parte, y quedó iniciado en la honrada profesión de Hare. No había en ésta sino una dificultad: la de hacerse de cadáveres.

—¿Habría que robarlos? preguntó Edda espantada.

—Sí, y había que matar á las gentes para obtenerlos, dijo el barón. Ambas cosas se hacían en Inglaterra hasta 1830, época en que el Parlamento reformó las leyes que habían producido á los *ahogadores* y á los *resurreccionistas*.

—¿Qué era un ahogador?

—Un ahogador era un asesino.

—¿Y un resurreccionista?

—Un resurreccionista era un ladrón de cadáveres sepultados. Cuando Hare y Burke le vendieron el cadáver del viejo Donald al doctor Knox, éste lo examinó. Vió que estaba bueno y que no había en él señal de violencia, de arma ni de veneno, y dijo:

—Está bien. Vale doce guineas. Traedme cadáveres sanos, como éste, y os los compraré todos.

—¿Decís que la ley permitía eso?

—Eso permitía la ley; eso sancionaban las costumbres, Edda. Cada país tiene sus aberraciones, y la Inglaterra no se queda corta en ellas. La ley permite también que los maridos vendan á sus mujeres en el mercado público. Hé ahí por qué Hare no se inquietaba cuando sus huéspedes no le pagaban; y hé ahí por qué los cuidaba y alimentaba bien. Sin embargo, me direis, hija mía, que no todos los deudores de Hare habían de morir en poder de este hombre.

—Ciertamente.

—Sin embargo, Hare conocía el modo de hacer morir de repente á sus parroquianos. Cuando lo creía oportuno, los convidaba á beber cerveza y cuando estaban ébrios, se les sentaba en el estómago, les tapaba la boca y las narices con una mano y con la otra les apretaba el cuello. Así pasaban como muertos de intemperancia ó de apoplegía, y el doctor Knox compraba sus cuerpos y decía: —"Traedme siempre *gentes frescas*, como éstas." El doctor Knox era un cirujano distinguido y no regateaba el precio de los cuerpos frescos y sanos. El viejo Donald había corrido la suerte de otros muchos.

—¡Qué decís?

—Lo que mistriss Hare le había llevado á su esposo era un verdugo. Hare no quería trabajar yá y debía reemplazarlo en su oficio Guillermo Burke, su tocayo. Este sospechaba del proceder del posadero; mas, ¡qué le importaba eso, si Hare partía con él sus utilidades y botellas? Se dice que no se halla la felicidad en nin-

guna parte; Burke la hallaba en un bolsillo lleno. Por lo demás, la ley y la costumbre permitían á las familias vender
los cadáveres de sus deudos; Hare creía
vivir bien viviendo de este comercio criminal. Los cirujanos necesitaban de cadáveres y como el gobierno no se los daba,
natural era que los compraran. ¿ Por qué
no habían de tener los padres el derecho
de vender la piel y los huesos de sus hijos? ¿ Por qué no había de tener un hijo
el derecho de vender las entrañas de su
madre? No siempre el parentesco ha de
ser una carga.

—Es horrible, señor!

—El negocio era legal.... Cierto día
llegó á pasar la noche en la posada de Hare una mujer de Gilmerton, que había
venido á Edimburgo á practicar ciertas
diligencias para el matrimonio de una
hija. Hare conversó con ella muchas horas de la noche, la invitó á beber y la em-
briagó. Cuando yá la mujer hubo perdido
el conocimiento, Hare llamó á Burke y
descubriendo el cuerpo de la ébria, á quien
había desnudado y puesto en la cama,
le dijo:

—Mirad, es bien formada y está sana.
¿ Necesitais dinero?

—Yo siempre necesito dinero, Hare....
¿ quién no lo necesita?

—Si os parece, la ahogo; le venderemos el cuerpo al doctor Knox.

—Haced lo que gusteis.

Hare le tapo la boca y las narices á la mujer, le apretó el cuello y le dijo á Burke:

—Sentaos en el estómago con fuerza, para que no se mueva.

La mujer de Gilmerton espiró sin dar un suspiro. Llevado su cadáver al día siguiente al doctor Knox, éste lo pagó sin regatear y dijo lo de siempre —"Traedme cuerpos frescos, como éste."

Edda estaba espantada.

—Así marchaba la Casa ahogadora de Burke, Hare & Cª, casa que, del 1º de Abril á fines de Octubre, llevó diez y ocho *cuerpos frescos* al doctor Knox; esto es, á razón de dos ó tres por mes. Burke se hizo pronto un habil ejecutor, tan habil como Hare; pero nunca le dijo á su *inclinación*, Helena Mac-Dougal, nada de su nuevo oficio, aunque no hacía remiendos y no le faltaba dinero. Helena, sin embargo, lo sabía todo, pues expiaba á Burke; pero tampoco le habló de ello á su mancebo. En caso de una catástrofe, la *inclinación* no quería hallarse comprometida. Cada cual sabe qué es lo que le conviene.

Las víctimas de la casa de Burke, Hare & Cª eran siempre escogidas entre las gentes que no podían ser echadas de menos inmediatamente. Digo *inmediatamente*, porque dos ó tres días después de vendido un cadáver y de despedazado por los cirujanos, no se podía probar su identidad. Una madre no habría podido reconocer á su hijo, ni un hermano á su hermano. Los cadáveres, se vendían desnudos y no se podía contar con el indicio que dieran de sus vestidos.

En la posada de Hare había una buena colección de zapatos, pantalones, sayas, sombreros, levitas, etc.; pero de eso no se hacía cuenta, como no se hace cuenta de la cáscara de ciertas frutas, ni de la piel de ciertos animales.

Por cualquier motivo – quizá con el de disfrutar de más comodidad – Burke y su *inclinación* dejaron algún tiempo después la posada de Hare y fueron á habitar en una casita situada en el fondo de una de esas callejuelas sombrías que abundan en los arrabales de Edimburgo. Allí vivían como dos pichones, comiendo, bebiendo, fumando, charlando y durmiendo, como personas que tuviesen una renta segura. En aquella época, Burke trabajaba por su cuenta y también en asocio de Hare; y el negocio marchaba bien. Empero, como Burke no tenía telas de araña para cojer las moscas; esto es, como Burke no tenía posada, salía á buscar personalmente los *cuerpos frescos* que tánto apreciaban en el anfiteatro del doctor Knox ; y á la verdad, era hábil para hallarlos.

El 31 de Octubre de 1828, cerca de las 9 de la mañana estaba Burke de acecho en una tienda de un arrabal de la ciudad, cuando entró en ella una mujer andrajosa, de 45 á 50 años de edad, pequeña pero robusta, y pidió de limosna un penique para comprar pan. Burke pensó que aquel *cuerpo fresco* no le desagradaría al doctor Knox y dirigiéndose á la pordiosera le dijo con aire cariñoso :

—¿ Cómo os llamáis ? Creo conoceros...

—Me llamo Madgy Dorcherty, vengo de Glascow y busco á un hijo, á quien no he podido hallar.

—Dorcherty de Glascow ! exclamó Burke, bien lo pensé. Sois parienta de mi madre. Venid á mi casa, buena mujer ; yo os daré de almorzar.

La mendigo no creyó ni dejó de creer en el parentesco de que le hablaba el desconocido, pero sí creyó en el almuerzo que éste le ofrecía y lo siguió sin hablar palabra. Al entrar Burke en su casa, algunas personas de la vecindad notaron que venía con una mujer desconocida.

Ese mismo día, á las tres de la tarde, fué Ana Black á visitar á Helena, su ami-

ga y vecina, y al ver á la Dorcherty comiendo en un rincón sopas de pan y leche,
le dijo:

—Helena, ¿quién es esta mujer?

—Es una escocesa, una amiga de *mi
marido*, respondió Helena con indiferencia; no sé más.

La Dorcherty se quedó en la casa de
Burke, pues no tenía á donde ir. Además
allí se le trataba bien, y el dueño le había
dejado una botella de licor para que be-
biera á su salud. Después de comer, Burke y Helena salieron y cuando llegó la
noche, la Dorcherty, algo bebida, pasó á
la casa de Ana Black y le dijo:

—Quiero volver á la ciudad para buscar á mi hijo. Los parientes de mi madre
no parecen y se hace tarde. El señor Burke es muy bueno; me ha dado de comer y
me ha hecho beber bastante.... bien lo
necesitaba yo; pero debo buscar á mi
hijo.

—Mejor es que no vaya usted ahora á
la ciudad, dijo Ana Black; usted puede
extraviarse.

—Sí, es seguro que no podría encontrar
el camino de esta casa y no tengo dinero
para pagar un albergue para èsta noche.
Me quedaré.

—Espérelos usted aquí, si le parece,
dijo Ana.

—Sí, aquí los esperaré.

Pocos momentos después llegaron Elena, Hare y su esposa y entraron en la estancia de Ana Black, donde bailaron, cantaron, se rieron y bebieron licor de una botella que mistriss Hare había traído consigo. El matrimonio Hare trató con mucho respeto á la parienta de la madre de Burke y le hizo beber gruesos tragos. Guillermo Burke no se presentó hasta las diez de la noche. Se había estado en una taberna. Poco después se fueron los amigos de Ana y ésta se acostó, pero no pudo dormir porque los cantos y los gritos continuaron en la casa de Burke, primero, y después los insultos y los golpes. A las once, de paso para su habitación, Flugues Alston oyó una voz de mujer que gritaba: *al asesino!* en la casa de Burke, y los golpes que se daban dos hombres peleando. Alston quiso acercarse para ver lo que acontecía, pero oyó un grito penetrante y sordo, *como el último de una persona á quien se ahoga,* tuvo miedo y se alejó. Repuesto en seguida, buscó un sereno *(watchman),* pero como no halló ninguno, entró en su casa y se acostó. Algún tiempo después oyó á dos personas que hablaban en voz baja. Luégo quedó todo en silencio y Alston se durmió.

Hé aquí lo que había pasado.

Burke, Hare y las mujeres de éstos siguieron cantando y bebiendo por algún tiempo, pero después Helena y mistriss Hare se salieron de la pieza y se pusieron á conversar en el pasillo. La Dorcherty se quedó adentro, medio dormida. Entonces Hare acusó á Burke de ingratitud, porque *hacía presa* para él sólo, después de que Hare era quien lo había puesto en el camino de tan útil y honrado comercio, y después de que Hare partía siempre con él, hermanable y religiosamente, el producto de todas sus víctimas. Pero como los hombres ébrios no entienden de razones, pronto el debate degeneró en atroces insultos y en amenazas.

—Por esta vez, esa mujer será mía, dijo Hare.

—No tendrás del valor de ella ni un penique, contestó Burke.

—Será mía porque yo la ahogaré, dijo Hare poniéndose de pié.

—No la ahogarás tú sino yo, replicó Burke porque es mía, y al decir esto le dió un empellón á Hare.

Este le contestó con un golpe y los dos cómplices se abofetearon un rato. Ese era el ruido que había oído Ana Black.

Burke era más fuerte que Hare y luégo que puso á éste fuera de combate, apagó la luz que había en la pieza y se avanzó

hacia la parienta de su madre. Esta, que
había medio recobrado el sentido con el
ruido de la lucha, se incorporó y corrió
hacia la puerta gritando: ¡ socorro! ¡ al
asesino!

Ese grito era el que había oído Alston.

Burke atrapó por fin á la Dorcherty,
como un tigre atrapa un antílope, y con
la destreza que ya tenía en el oficio le
tapó la boca con una mano, con la otra le
oprimió la garganta y las narices y sen-
tándosele en el estómago permaneció ahí
como quince minutos. La Dorcherty lanzó
algunos gemidos antes de espirar, pero no
pudo hacer resistencia.

Uno de esos gemidos fué el que oyó
Alston.

Muerta la Dorcherty, Burke encendió
una vela y le dijo á Hare:

—Eres un estúpido, puesto que vienes
á buscarme querella y á meter ruidos que
pueden llevarnos á la horca.

—Puede ser, pero estoy resuelto y no
toleraré que abuses de mis bondades; tu
me robas.

—Calla! insensato. Bastantes cuerpos
frescos hay en Edimburgo y bastante rico
es el doctor Knox, nuestro corresponsal,
para que vengas á pelear por el cadáver
de esta vieja rechoncha.

—Apesar de todo, me darás la mitad;
es justo, Burke. Tendré mi parte.

-No te daré ni un penique.

—Te denunciaré á la justicia.

—Hazlo, y yo cantaré, y haré cantar á tu mujer. Hala, si quieres, la cuerda; ella no me ahorcará á mí sólo.

—Burke, no eres mi amigo.

—Soy tu amigo, Hare; pero quieres abusar.

—Me darás mi parte?

—Por las buenas te daré lo que quieras; por las malas, nada.

Hare no era terco y no adelantó la cuestión. Se levantó, llamó á su mujer y se marchó con ella.

Ese era el ruido de conversación que había oído Alston.

Lo que sí no supo Ana Black, ni Flugues Alston, ni nadie, fué que dos veces que la Dorcherty quiso ganar, para huír, el pasillo en donde estaban Helena y mistriss Hare tomando el fresco, las dos amigas la empujaron con fuerza y la hicieron volver á entrar en la estancia. Esto lo hicieron sin decirle nada y sin darse por entendidas de lo que pasaba adentro. Helena y mistriss Hare eran cómplices mudos y misteriosos de sus consortes, á quienes amaban tánto, que mientras ellos se golpeaban duro y firme, ellas se reían y los llamaban *locos* y *borrachos*. Vivían pues con ellos como hubieran podido vivir con otros hombres, y se apartarían de ellos el día que los vieran caídos ó arruinados. Al rey muerto, rey puesto.

—Qué gentes! exclamó Edda.

—Al día siguiente, continuó el barón, entre las siete y ocho de la mañana, estaban reunidas en la casa de Burke las nueve personas que paso á enumerar: Burke y su manceba, Hare y su esposa, Ana Black, Juana Lauric (ésta era una vecina de Burke, que había oído el ruido causado en la noche anterior en la casa de éste, pero que no había hecho caso de él), un tal Grey y su mujer, y un muchacho llamado Juan Broggan. Burke tenía una botella en la mano y bebía. De repente vació todo el contenido de la botella en un vaso y lo arrojó sobre una cuja y un saco de paja que estaban en un rincón del cuarto.

—¿Por qué derramas ese licor, Burke? le preguntó Ana Black.

—Porque necesito la botella y nadie quería yá beber.

Al arrojar el licor, Burke le había hecho cierta seña misteriosa al muchacho Broggan. La mujer de Gray vió la señal de Burke. Juana Lauric dijo entonces:

—Helena, ¿por qué no está aquí la vieja escocesa?

—Ayer la puse en la calle, porque se

11

permitía demasiadas llanezas con Guillermo.

Aquella respuesta era torpe y también era una mentira, pues todos sabían que la Dorcherty había estado hasta las once de la noche en casa de Burke. No se hizo, sin embargo, ninguna objeción. Helena, que conoció en el acto la falta que había cometido y que se asustó con el silencio que guardaron los presentes, añadió como para cambiar el curso de las ideas de éstos:

—¿Oyeron ustedes anoche el ruido que hicieron Hare y Burke al reñir?

—No hables de eso, mujer, dijo Burke con disgusto; yá somos amigos otra vez.

Los vecinos y amigos de Burke estuvieron entrando en la casa de éste y volviendo á salir, el resto del día, como lo tenían de costumbre. Burke se había ido á sus negocios, pero antes había recomendado á Broggan que se sentase cerca del saco de paja que estaba en el rincón, se estuviese allí hasta que él volviese y no dejase que nadie lo tocase. Así lo hizo Broggan, pero al anochecer, cansado yá, se salió de la pieza. Mistriss Gray, que lo expiaba, entró inmediatamente en aquella, corrió hacia donde estaba el saco de paja, metió las manos en él y dió un grito: había tocado un cadáver, desnudo y frío!

—El de la Dorcherty, dijo Edda.

—Salió entonces de la pieza, llamó á su marido, separaron la paja y vieron el cadáver de aquella infeliz, desnudo, echado sobre el costado derecho, con la cara hacia la pared y la boca ensangrentada.

El matrimonio Gray dió el aviso á la policía; mas, cuando ésta fué á la casa de Burke, yá el cadáver había desaparecido. No encontraron sino dos ó tres manchas de sangre debajo de la cama. Burke y su manceba fueron reducidos á prisión, aunque negaron el crímen de que se les acusaba; pero cometieron la falta de fijar un tiempo distinto, cuando se les preguntó á qué horas había sido despedida la Dorcherty de su casa.

Al día siguiente fué encontrado el cadáver de la víctima en el anfiteatro del doctor Knox y todos los que habían visto á la Dorcherty la reconocieron al punto. El encargado del anfiteatro declaró que Burke le había vendido aquel cuerpo por 160 chelines, y también que le había vendido otros muchos. Los oficiales de la policía, al practicar nuevas diligencias, encontraron en la casa de Burke la camisa de la Dorcherty, el pañuelo que ésta llevaba en la cabeza y otros de sus andrajos. Finalmente, un especiero dijo que él le había vendido una caja de madera de trasportar té, que era la misma en que Burke había llevado el cadáver al anfiteatro. Apesar de esto, Burke y Helena siguieron negando su crímen.

El juicio duró dos años, al cabo de los cuales comparecieron Guillermo Burke y Helena Mac-Dougal ante la *High Justiciary* de Edimburgo " acusados : 1.º ambos y cada uno (el uno ó el otro) de haber con malicia y felonía colocado ó extendido sus cuerpos ó personas, ó parte de sus cuerpos sobre el cuerpo de Madgy ó Margery ó María Dougal, ó Douffie ó Campbell ó Dorcherty, entonces ó últimamente residente en la casa de Rodese Stewart, entonces y ahora ó últimamente labrador, y entonces y ahora ó últimamente residente en Edimburgo ó cerca de Edimburgo.

2.º De haber mientras élla, (la dicha Madgy ó Margery ó María Dougal ó Douffie ó Campbell ó Dorcherty) estaba tendida en tierra, cubierto su boca y ló demás de su rostro, con sus cuerpos ó personas ó el cuerpo ó la persona del uno ó del otro ; y de haber apretado su garganta y de haber tenido su boca y sus narices cerradas con sus manos, y así ó de otra manera no conocida, haberla ahogado y sofocado, impidiéndole respirar. Y 3.º de haber ambos y cada uno (ó el uno ó el otro) cometido este crímen con la mala intención de vender el cadáver de la dicha Madgy ó Margery ó María Dougal, ó Douffie ó Campbell ó Dorcherty, así asesinada, á un médico ó cirujano, como objeto de disección."

Diez y siete individuos figuraron en el proceso y aunque ninguno había podido ser desmentido, cuando se les dirigió á Guillermo Burke y á su manceba esta pregunta, según la ley: "¿Sois ó no culpados?" Ambos respondieron con firme voz: " No culpados."

La declaración que más daño hizo á Burke fué la de su compañero de crímenes, la de su amigo Hare. Este fué al principio acusado como cómplice de Burke; pero cuando vió que éste lo negaba todo, para salvarse, pidió que se le admitiese á *revelar por el rey.*

—¿Qué significa eso, señor?

—Según la ley inglesa, el cómplice que se hace testigo del rey (cómplice–delator) tiene derecho al perdón de su crímen.

—Seguid.

—Antes de que declarara Hare, no había contra Guillermo Burke sino fuertes sospechas é indicios graves pues no se había probado la violencia de la muerte de la Dorcherty. Al hablar Hare todo quedó aclarado y Burke quedó perdido. El tribunal deliberó cincuenta minutos y lo declaró *reo.*

—¿Y Helena?

—Respecto de Helena Mac-Dougal el tribunal dijo que no estaba probada la acusación. Guillermo Burke fué condenado el día 28 de Enero y el presidente del tribunal, al leer la sentencia, le dijo: " El tribunal, conforme con una antigua costumbre, hubiera podido mandar que, después de la ejecución, fuese atado vuestro cuerpo con cadenas de hierro y colgado en el camino real, para retraer á quien quisiera seguir vuestro ejemplo; pero ha creído que tal espectáculo sería demasiado repugnante y se ha limitado á ordenar que, después de que se le quite del patíbulo, sea llevado vuestro cadáver al anfiteatro del doctor Knox y entregado á los mismos escalpelos á que entregásteis vuestra víctima. ¡ Sea vuestro esqueleto, conservado en la sala de anatomía de Edimburgo, un monumento del suplicio reservado á semejantes crímenes! "

Guillermo Burke oyó su condena con indiferencia y siguió con la misma impasibilidad que había mostrado durante el juicio. Pocos días después, ora por un grito de su conciencia, ora por vengarse de Hare, Burke pidió que se le oyese de nuevo, y ante el Sheriff, el Procurador fiscal y el Secretario del Sheriff, relató con satisfacción y muy detalladamente, todos los pormenores de esta horrible historia, pues el

proceso no se había ocupado sino de lo
relativo á la Dorcherty. Fué entonces que
supe, porque ví su nombre en la lista de
las víctimas, que mi hermano Alcides
había llegado una noche á Edimburgo y
había ido á hospedarse en la casa de Hare.
Allí fué ahogado por éste, mientras dormía.
—Vuestro hermano!
—Alcides tuvo la imprecaución de decirle á Hare que llegaba á la ciudad por la
primera vez, que no conocía á nadie en ella,
ni era conocido de nadie. Esto lo perdió,
porque Hare no vió peligro en asesinarlo.
Ahogándolo y vendiendo su cuerpo inmediatamente á los cirujanos, su crímen
quedó desconocido é impune, como de ordinario.
—Pero vuestro hermano debía ser un
hombre fuerte y ha debido defenderse.
—Hare temió eso; pero mi hermano,
que había llegado muy cansado á la ciudad, dormía profundamente cuando fué
ahogado. Todo esto lo supe de boca del
mismo asesino.
Registrada la casa de Hare en virtud
de la denuncia de Burke, se encontraron
un gran número de vestidos y de zapatos,
así de hombre como de mujer. Entre estos
despojos estaba la ropa que tenía puesta
mi hermano. Yo la recogí. La cuenta de
los célebres *ahogadores de Edimburgo* de
bía ser muy larga.

—¿Qué hicísteis, señor, al saber el desastroso fin de vuestro hermano?

—Juré vengarlo.

El día señalado para la ejecución, millares de gentes cubrían los sitios cercanos al patíbulo y las calles por donde Burke debía ser conducido al suplicio. Arboles, tejados, torres, todo estaba lleno de espectadores. Un puesto cualquiera, una ventana, valía veinte chelines. Al día siguiente se supo que habían concurrido al horrendo espectáculo, quince mil mujeres. Burke le dijo á su confesor que se sentía feliz al verse detenido en el camino de sus crímenes y que confiaba en la misericordia divina.

La comitiva se puso en marcha cerca de las ocho de la mañana. Los magistrados, junto con una porción de oficiales de la policía, fueron los primeros en subir al cadalso. En seguida subió el reo, sostenido por dos sacerdotes católicos. Burke iba vestido de negro y se mostraba tranquilo. La multitud, al verlo, ahulló como una manada de lobos. Todos querían beberse la sangre de aquella hiena.

Burke y los dos sacerdotes se arrodillaron y oraron. Hubo entonces un gran silencio; más, al terminar aquella ceremonia, la multitud dió gritos salvajes, alaridos y silbidos, y le gritó al verdugo:

—Nada de cuerda: *burkado!* *burkado!*

—¿Qué quería decir con eso?

—Que se ahogara á Burke por el método empleado por él para ahogar á sus víctimas.

—Qué horror!

Al oír estos gritos espantosos lanzados por más de cincuenta mil bocas, Burke miró en derredor suyo con serenidad. Los magistrados y los agentes de policía bajaron del patíbulo. La multitud volvió á gritar: *burkado! burkado!* Hare! ¿en donde está Hare? Ahorcad á Hare, pero ahogad á Burke!

El verdugo sin hacer caso de lo que se decía, le quitó la corbata á Burke y le puso el dogal. Burke le dijo entonces:

—Tened cuidado, porque me lastimais: el nudo está por detrás.

—Era mucha delicadeza en aquellos momentos.

—No, Edda; era un simple instinto.... y también presencia de ánimo.

El verdugo lanzó á Burke al vacío. A cada sacudida de Burke, el pueblo daba ahullidos de satisfacción. El concurso no se disolvió sino una hora después, cuando fué quitado de la cuerda el cadáver. El cuerpo de Guillermo Burke fué despedado por las manos de los cirujanos en las mismas mesas y con los mismos instrumentos que habían servido para despedazar á sus víctimas.

—Horrible fin, pero justo.

—Horrible en apariencia, Edda; pero nó en el fondo. Burke murió auxiliado por la religión y fortalecido por el arrepentimiento; pero sus víctimas....? ¿cuántas de ellas no estarían mal consigo mismas y con Dios en el momento de espirar? Burke dejó el mundo, á donde no ha debido venir, por una puerta de bendición. Murió como cristiano el que debió haber muerto como perro. En cuanto al suplicio, ¿qué es el suplicio para un monstruo como ése?

Edda meditó sobre las palabras del barón. Este continuó así:

—Como en Inglaterra no se surtía legalmente de cadáveres á los anfiteatros y se había dejado hacer de ellos un artículo de comercio, como una propiedad de la familia de los difuntos, los especuladores de cierta especie ó los *resureccionistas* como se les llamaba, se hicieron contrabandistas de cadáveres, exhumándolos primero, esto es, robándoselos de los cementerios, y después ahogando á los vivos para obtener los *cuerpos frescos* que se vendían en los anfiteatros. Yo, que tenía que vengar á mi hermano, escribí inmediatamente en uno de los periódicos de

Edimburgo las siguientes líneas : " No se
impedirán las exhumaciones clandestinas,
ni se acabará con los sacrilegios resurreccionistas, hasta que se provea legalmente
de cadáveres á los cirujanos. Como están
hoy las cosas, se protege aparentemente á
los muertos, pero se les quita la seguridad
á los vivos." Así empecé una lucha audaz
y sostenida contra el Gobierno y contra
una de las aberraciones del pueblo inglés,
y en 1830, dos años después de la ejecución de Burke, cuando otros crímenes de
la misma especie llenaron de espanto á
Londres, alcancé la abrogación en parte,
de las leyes que habían dado tan funestos
resultados.

—¿ Vos, señor ?

—Sí ; las leyes que producen el crímen
ó lo fomentan, son un delito de lesa sociedad. Yo, como escritor, ataqué esas leyes,
y también como orador.

—Habeis sido miembro del Parlamento ?

—Sí, Edda, tengo un asiento en esa cor-
poración y en Londres me llaman *lord
Douglas.*

—Ignoraba que os llamaseis así. En
España soy el *conde de Fuentes* y en Africa
el *emir Abassy,* añadió el barón sonriéndose.

Edda volvió á meditar, después dijo :

—¿ Fué así como vengásteis á vuestro
hermano ?

—Sí, porque esa fué la satisfacción que me dí por el agravio recibido por él. Hare había asesinado á Alcides ; pero la responsable mediata de ese asesinato era una mala ley.

—Sois admirable, señor! exclamó Edda.

—Los que no me conocen ó suponen que no me conocen, me mezclan de un *modo criminal* con los ahogadores de Edimburgo.

—Es posible !

—Se me ha llamado cómplice de Burke y de Hare. La envidia es capaz de eso y de más. Poco á poco, iréis viendo en qué consiste la *felicidad* del llamado barón de Rauzan. Vuestra madre, mi único amor, murió estrellada contra las rocas ; mi hermano, mi único amigo, murió ahogado vilmente ; vos, mi hija, fuísteis recogida por un enano idiota y pasásteis la mitad de vuestra juventud en una isla espantosa ; vuestro tesoro mismo acaba de volverse humo. Eva, la angelical Eva, se murió de amor por mí, y no quise salvarla, porque no valgo lo que ella valía, y la habría engañado ; y yo, pronto sabreis por qué soy la estatua de oro con pies de barro. Hija mía, desconfiad siempre de las apariencias doradas. Hay siempre lágrimas en las pupilas más secas y palpitaciones latentes en los corazones más quietos.

V

Antes de dejar la Islandia, Edda condujo á su padre al sitio que había servido de sepultura á la madre de la joven. Allí estaban todavía los dos abedules. Un hundimiento del suelo marcaba el lugar del sepulcro. No se había encontrado el tesoro, pero se halló la tumba. Edda se arrodilló y oró. El barón grabó en la corteza de uno de los sauces polares esta palabra: *Sulina!* Ese nombre era también el que él tenía grabado en su corazón.

El "Noddok" volvió á darse á la vela, pero esta vez enderezó la proa al mar del Norte y se dirigió á Altona, ciudad de los bordes del Elba. Allí despidió el barón á los individuos de la tripulación y les regaló el barco. Allí el hermano Miguel se despidió para siempre de Edda y del barón, y allí se quedaron éstos para descansar de su viaje á la isla.

Un mes después, Edda, que estaba siempre triste, le dijo al barón que quería volverse al Capítulo, y pasar en él el resto de sus días. El barón le dijo:

—Os llevaré al Capítulo, pero quiero que me acompañéis á los baños de Wisbaden. Siempre me han sido provechosos esos baños y quiero dármelos antes de volver á Túsculo.

—Me es indiferente, llegar al Capítulo unos días antes ó unos días después, y como quereis que os acompañe, marcharemos cuando gustéis.

Al dirigirse á Wisbaden, el barón tenía cierto propósito; sin embargo, no lo seguiremos por ahora al bajo Rhin, porque tenemos necesidad de decir qué hacía la baronesa en Túsculo y qué pasaba á su alrededor.

Lais estuvo muy desagradada con el viaje del barón, con la compañía que hacía á éste una linda canonesa de veinte y tres años y con la presencia de Man en su casa. Respecto de este último se dijo: Nunca me ha gustado este hombre....me parece un perro mudo, pues no ladra nunca, y no conoce más dueño que á su amo.

En cuanto á la canonesa, todo se hubiera aclarado para Lais si álguien le hubiera dicho estas palabras: esa joven es *hija del barón.* En cuanto á no haber marchado con su esposo, ella sola tenía la culpa, pues su esposo le había perdido la confianza y quizá también el cariño. Pero así es nuestra especie: la ignorancia de ciertas cosas nos hace cometer errores; la ceguedad de nuestros defectos y pasiones, nos hace cometer errores; los cálculos mal hechos nos hacen cometer errores, y después nos quejamos de la suerte y de nuestros semejantes. En ocasiones, no son errores los que cometemos sino crímenes. Entonces ponemos el grito en el cielo, acusamos á la Divinidad y nos llamamos *desgraciados!*

Eso le sucedía á Lais, quien metía el dedo en el fuego como los niños y luégo alzaba la casa á gritos. Lais, en lugar de hacer eso, ha debido usar también de la fórmula de lord Bacon, que manda observar atentamente los hechos y las cosas, para separar las causas esenciales de las que no lo son, y para convertir, en lo posible, los obstáculos en auxiliares eficaces de nuestros propósitos.

Lais había nacido rica. Lais había sido mimada por sus padres y por su primer marido, quien gozaba cuando la veía aplaudida y respetada; Lais había sido cortejada por deudos y extraños; Lais era bella. Todo esto la había engreído, todo esto la había hecho soberbia, y no admitía contradicción, pues saltaba por encima de los obstáculos para estrellarse ó triunfar, pero no retrocedía.

Si Lais hubiera separado lo esencial de lo accesorio y lo ocasional de lo permanente, quizá se hubiera dicho: "El viaje del barón en compañía de un anciano y de una canonesa, aunque extraño, no puede ser para mí causa de celos de amor; la

permanencia de Man en Túsculo debo tomarla por una prueba de interés de mi
esposo, pues me deja al hombre de toda
su confianza, para que me sirva. Puede
haber en todo esto un misterio, pero no
una agresión contra mí. Pero no se dijo
eso y vió en el viaje una superchería y en
Man un espión. Esto irritó su amor propio,
yá muy escitado y resolvió no darse por
notificada,como ella se decía, y hacerle *entender al público*, como también se decía,
que ella no le prestaba atención á los de-
sórdenes de su esposo. Entonces se puso
á vivir aquella vida de lujo, de fiesta y
de semi-escándalo que llevaba cuando el
barón llegó á la ciudad de ***; y como para
esto necesitaba de cómplices y éstos no
podía encontrarlos entre las gentes serias,
quienes se estimaban á sí mismas y respe-
taban la ausencia del barón, los buscó y
halló en la casada anónima, en Mortimer,
en el capitán Hércules, en ciertas dos damas y en cierto mozalbete, quien le había
hecho la corte y á quien ella había despreciado. En cuanto á Paquito, él tenía
puesto obligado dondequiera que asaban
un pavo ó tocaban un violín.

Pronto fué Túsculo un Eliseo.

Allí se bailaba, allí se bebía, allí se reía
y allí deslumbraba Lais con sus trajes, su
hermosura y su amabilidad. Hagamos tes-

tigo al lector de algunas de aquellas alegres y ruidosas escenas.

Lais está sentada, cual si fuera una reina, en una otomana y, como distraída,
juega con su abanico, en tanto que Mortimer, vestido según el último figurín de
París, la enamora algo descaradamente.
Un poco apartado de ellos, está Hércules,
quien muge como un toro y hace que lee
un diario, aunque de lo que menos se ocupa es del tal diario, porque el buen señor
conoce poco las letras.

—Concedo, dice Lais; concedo que se
debe preferir para amante á un hombre á
la moda en vez de un pobre cupidillo im-
berbe ó un simple *don cualquiera ;* pero
entre un hombre á la moda y un hombre
de modas hay su diferencia.

—¿Qué entendeis por un hombre de
modas?

—Eso no se pregunta, amigo. ¿No es
verdad, capitán Hércules?

—Es verdad, señora.

Antes de pasar adelante, debemos decir
que Lais, para mejor emplear su tiempo,
un día inclinaba la balanza de su corazón
del lado del *civil* y otro día del lado del
militar. Con aquel á quien le tocaba *su
día,* era tierna é insinuante, y con aquel
á quien no le tocaba, era impertinente y
cruel. Aquel día la balanza se inclinaba
del lado del Capitán.

—Eso sí se pregunta, dijo Mortimer, que se había sentido aludido con chocarrería.

—Pues bien, dijo Lais; si se pregunta, no se responde. Las gentes mayores de edad deben entender lo que se les dice, y si no lo entienden, no deben preguntarlo porque se desacreditan.

—¿Os enfadais?

Lais no le respondió á Mortimar y dirigiéndose á Hércules le dijo :

—Me tenéis, Capitán, muy disgustada con eso de venir á leer los periódicos á mi casa. Haced eso en el café y acercaos ahora á acá.

—Creía que importunaba, dijo Hércules, y obedeció á la baronesa.

Cuando el Capitán se sentó junto de Lais, ésta se quitó del pecho un ramo de violetas y le dijo :

—Aspirad este olor; es delicioso.

—En efecto, dijo el Capitán.

—¿Os gusta?

—Oh! sí! es un aroma del cielo.

—Pues quedaos con ese ramo. Cuando esté marchito me lo devolveréis.

—¿Para qué, baronesa?

—Para saber si es durable vuestro cariño. Dicen que mi esposo, el barón de Rauzan, guarda los ramilletes de sus queridas por años enteros....¿creerá que son amuletos?

Hércules puso el ramo de la baronesa en uno de los ojales de su levita azul, galoneada de oro, y Mortimer se retiró enojado.

—Mirad! dijo la baronesa confidencialmente á Hércules, al tiempo que se cubría los labios con su abanico; está celoso. Sed prudente, señor Capitán, no quisiera disgustos en casa.

—Seré lo que vos querais, ídolo mío.

Al oírse llamar así, Lais miró al militar con desdén.

A la noche siguiente el vapulado fué Hércules y el favorecido Mortimer. Esta clase de juego de bolsa divertía mucho á los concurrentes á la casa de la baronesa, pero era peligroso para ella. Con los perros de presa no se debe jugar y menos se debe mostrarles la carne para engañarlos. Aquí el peligro mayor estaba de parte del Capitán, quien no entendía las doctrinas de Platón' y creía –según su oficio–que la mejor de las cargas es la que se da á la bayoneta. Entretanto Lais, para aparecer ingeniosa y hábil, iba cada día más lejos que el día anterior, confirmando una vez más el dicho de que Júpiter dementiza á los que quiere perder. Ella se burlaba de sus dos amantes fingidos, pero ellos le perdían el respeto....el público de Túsculo, aconsejado por la casada anónima, se in-

clinaba por el galán militar, para que la
caída de la baronesa fuera más resonante,
más ridícula. Para lograr esto, se preparó
cierta intriguilla, que debía poner por
obra el mozalbete despreciado. Este mozalbete era un escritor de folletines y leyó
en Túsculo el artículo que va en seguida,
en una velada literaria.

Para entender el alcance de ese artículo,
es necesario recordar que Mortimer tenía
los pies muy pequeños y estaba encantado
con ello. Hé aquí el artículo.

HOW MUCH AND HOW LONG.

"La breve historia que vamos á referir—si es que alcanza á ser una historia—
pertenece á la ciudad de Nueva York;
nosotros no la hemos inventado.

"Habla un rico y joven español con su
criado; éste es inglés. Un criado inglés
es un sirviente respetuoso, cumplido y
serio. No diríamos lo mismo de un criado
francés. Un español joven y rico en Nueva York es como un gato relamido en la
luna. En esta *ciudad-dollar* el hombre
que esté pensando en sus grandes ojos
negros, en sus mostachos de granadero,
en su pequeño pie y ensortijada cabelle-
ra, es un hombre completamente fuera de
lugar. Lo mismo decimos respecto del

vestido: todos los yankees se visten como si fueran monos de palo, llevan la cabeza rapada como cabeza de dervís y usan pies de rey (metrum). Exceptuamos de esta regla á unos cuantos jóvenes elegantes, que son una nueva especie de lagartijas, ligeros como éstas, y de vestido tan ajustado al cuerpo, que se puede estudiar en ellos anatomía pueril, como se estudia veterinaria en un caballo de carrera. Tienen cuello de grulla y zapatos de antenas.

" El español dice:

"—Ve y compra un ramillete de á dos duros y traelo acá.

" El inglés sale del hotel, va y compra un manojo de rosas escarlatas, entre frescas y marchitas, atadas con un trapo y desgoznadas todas. El español lo recibe, lo huele y trata de establecer alguna simetría entre las flores predilectas ·de Venus; pero como éstas están deshojándose, se deja de obra y le dice al inglés:

"—Ve á casa de Elisa y díle que le envío ese recuerdo; que luégo iré á verla.

" El criado vuelve á salir y el amo se peina, se acaricia los bigotes y se recrea un instante en sus pies, arqueados, pequeños y metidos en un par de zapatos de hada. Sus medias tienen arabescos.

" Aunque los buenos mozos creen—sus razones tendrán para ello—que basta que las mujeres los vean para que se enamoren de ellos, siempre cuidan de preferencia á alguna de sus hermosuras, y á ella le encargan el ataque principal en todas sus guerras de conquista. Estos tienen una confianza ciega en sus ojos, melancólicos ó habladores; esos otros en sus labios, francos, dulces; aquéllos en su frente apolínea, coronada de rubios cabellos, &c. Nuestro español estaba enamorado de sus pies, y en esto consistió su desventura con Elisa, pues al tiempo que don Fernando (es mejor decir su nombre que hablar con misterio) se esforzaba en calzarse bien y en disminuír siquiera un centímetro por semana el tamaño de sus pies, ella lo encontraba cada vez más inaceptable, más ridículo, sin que él diera con la causa de esto.

"Un día se encontró Elisa con una amiga suya en un almacén de Broadway y ésta le dijo: "—¿Cómo van vuestros negocios con don Fernando?" Elisa se sonrió y le dijo al oído: "—Tiene unos pies *celestiales;* puf!" Las dos amigas soltaron la risa; y qué risa!

"El criado llevó el ramo; Elisa lo recibió é hizo á éste una venia de cómica; pero como no le dijo nada, el inglés regresó á donde estaba su amo y le dijo:—*No news.* Elisa no había pensado salir aquel día de su casa, pero el deseo de lucir el ramo de don Fernando le hizo cambiar de propósito y se fué al Parque Central. El ramo le cubría todo el pecho y parte de los costados, y las envidias que suscitó fueron iguales á su tamaño.

" Cuando don Fernando fué á visitarla, según se lo había hecho decir, no la encontró, y para matar su disgusto se fué también al Parque Central. Don Fernando tuvo allí el desquite, pues vió á su caro tormento en un bello carruaje, halado por dos caballos velocísimos. Con ella iba un sujeto que Ulises hubiera tomado por Polifemo, pues no sólo era agigantado sino tuerto. Elisa iba cándidamente recostada sobre él.

" Si don Fernando hubiera sabido cuál era la causa de los desaires que padecía, le habría atisbado los pies á su rival, y habría gozado al vérselos. La base de aquel edificio guardaba una proporción matemática con el resto de sus dimensiones.

" Como los males no andan nunca solos, los españoles, que son enamorados, son también celosos. Don Fernando le mostró el puño cerrado al desconocido, mientras llegaba el momento de buscar un lance con él y de darle una estocada. Este lance se presentó un día y el yankee

le dijo : "—No combatir yo por bagate-
las ; si usted quiere, puede tomar á miss
Elisa en matrimonio ; ella ser muy bonita."

"Don Fernando dejó pasar algunos días,
durante los cuales se forjó la ilusión de
que iba á olvidar á su amada ; pero no
fué así y entonces resolvió hacerle unos
versos. Todos los españoles son poetas, y
los españoles enamorados son poetas sen-
timentales ; desgraciadamente para sus
intentos, el Cupido americano no gusta
de las Musas, y una ó dos veces que se le
huyó á su madre, cuando todavía era
niño, lo encontraron en éxtasis delante
del Becerro de Oro. Desde entonces anda
siempre con Tántalo y con Midas y abo-
rrece las nubes. Elisa recibió los versos
de don Fernando, y como lo que esperaba
hallar en su carta era prosa, arrojó ésta
lejos de sí y se dijo : "El español gusta
de la comedia."

" Así iban pasando los días. Don Fernando estaba desesperado, y le exigía con
más empeño á su zapatero, que le hiciese
más pequeños los zapatos. Este buen
hombre no podía comprender de lo que
se trataba y meneaba la cabeza entre re-
signado y violento. Si por él hubiera
sido, aunque no sabía nada del amor de
don Fernando, ni de la mala voluntad que

le tenía Elisa á los hombres de pies pequeños, le habría hecho las botas á su buen parroquiano en las hormas de aquel gigante que de cada paso andaba siete leguas.

" La amiga aquella á quien Elisa le había dicho que don Fernando tenía pies de mujer china, era una excelente amiga de Elisa, y por lo mismo estaba de parte del español, no al respecto de que éste hiciese alarde de tener los pies pequeños y de calzarse bien, sino al de que Elisa le correspondiese su amor ; y un día que se encontró con él le dijo :

" —Sé que Elisa no lo ama á usted porque antipatiza de muerte con las personas que tienen los pies pequeños.... Usted ha debido observar que ella anda siempre acompañada de un hombre que tiene pies de africano.

" —Ciertamente, no me he fijado en ello.

" —Excúseme usted. Nosotras las mujeres reparamos siempre en una multitud de cosas insignificantes.... á Elisa le gustan los hombrotes, y cuando no se tiene un pie de media yarda no se entra en su reino, que es muy bello en verdad.

" —¿ Cree usted que yo debo cortarme los pies por agradarla ?

" —Oh ! no : los pies de usted valen

mucho más. Lo que usted debe hacer es otra cosa.

" —Cuál?

" —Decirle á su zapatero que le vaya agrandando sus zapatos paulatinamente, un centímetro por visita, de modo que ella no lo perciba—si es que lo percibe— hasta que haya caído.

" —¿Cómo caído?

" —Hasta que le haya perdido á usted la antipatía que le tiene.... eso es lo que quiero decir.

" Don Fernando echó una mirada lastimera á sus pies y suspiró á la sola idea de consumar el sacrificio que se le proponía.

" —Vacila usted? No haría yo eso en su lugar. Viéndolo bien, no se trata de que haga usted una locura; pero aunque así fuera, cuántas locuras, reales locuras, no hacen los hombres todos los días! Bien merece Elisa que las botas de usted crezcan un palmo más. Piénselo usted bien. Aquí, en Nueva York, no estamos en España, para que las mujeres nos demos tres caídas por una serenata, por un baile ó porque los hombres se maten por nosotras.

" —Es verdad.

" —Recuerde usted lo que le pasó con Jonatás.

" —Qué ! ¿ lo sabe usted ?

" Me lo refirieron entre los dos; pero Jonatás es hombre de conciencia y siempre que se habla de eso dice: " —Don Fernando puede ser casado cuando quiera; yo ser de los de la boda. Mientras no se case, Elisa ser la mujer más libre del mundo."

" Nuestro enamorado, entre si lo hago ó no lo hago, resultó en la puerta de su zapatero—32 Bearn Street—y le dijo resueltamente que le hiciese una serie indefinida de zapatos, y le diese á cada par de ellos un centímetro de aumento, así en lo ancho como en lo largo. El zapatero, sin saber por qué, halló aquella resolución muy racional. Es de advertir, aunque no viene al caso, que el precio de los zapatos subiría en proporción del tamaño.

"Ocho días después don Fernando, antes de ponerse los zapatos, se ponía dos ó tres pares de medias, unas sobre otras, y les llenaba la punta y los costados de motas de algodón.

"El corazón de Elisa se iba ablandando á medida que le iban creciendo los pies á don Fernando. Éste había entrado en el período de las familiaridades, que es precisamente el peligroso en estos casos. Por ejemplo, una noche en un teatro él le ofreció un ramillete y Elisa le dijo con

una gracia imponderable :—*No flowers;
whisky.* En otra ocasión en que don Fernando le preguntó si lo quería, Elisa le
dijo :—Al presente sí, porque os veo hombre ; y le tocó los pies con su abanico.

"El inglés contemplaba en silencio la
alegría de su amo y en su doble cámara—
las gentes sabias tienen hasta tres—creía
que el amor de Elisa era tan postizo como
los pies de su amo ; y que éste habría llegado á la cumbre desde el principio si hubiera sabido emplear el *dinero* en lugar
del *tiempo.* El buen hombre tenía razón,
pues aunque los ingleses dicen que *time
is money,* los ingleses hacen su diferencia entre ¿ *how much ?* y ¿ *how long ?* Los
enamorados empiezan por gastar su tiempo en cartas, endechas, citas y suspiros,
todo lo cual no vale nada. El dardo certero es el dardo de oro.

"En Nueva York se escapa el dinero de
las manos con más facilidad que las an-
guilas, y la plata de don Fernando no fué
una excepción. No hay cosa más trasparente que un bolsillo vacío ; y como Elisa
había leído en un libro viejo de historia
que las mujeres de ciertos hombres de
uno de los pueblos del Norte de Europa,
cuando se les acababan las provisiones,
le ponían de almorzar al marido un par
de espuelas sin condimento alguno, indi-

recta que era más eficaz que las del padre Cobos, pues el marido montaba á caballo, cogía sus armas y se iba á hacer mercado en el campo ajeno; Elisa, que había leído esto, decimos, un día le mandó á don Fernando un par de botas de muñeco y una carta en que le decía: "Os hago gracia de vuestro sacrificio: es tiempo de que os volváis á calzar como antes." Don Fernando se mordió los labios; se quitó los diez pares de medias que tenía puestas y pagando á duras penas un pasaje de segunda clase, se embarcó para España. Allí lo encontrámos un día en Madrid, en la Puerta del Sol, viejo y arruinado, hablando de las *delicias* de Nueva York, ciudad á donde pensaba volverse cuando regresara de la India un amigo suyo, que se había ido para allá á buscar fortuna.... siempre que la encontrase y quisiera partirla con él."

El triunfo del mozalbete fué completo. Varias veces fué interrumpida su lectura con *bravos* y *hurras*, y al concluír hubo aplausos y apretones de manos.

Mortimer, que comprendió que él era el objeto de las burlas y de la sátira del literato, se enfureció, perdió los estribos, como se dice, y le dió una bofetada al autor del escrito. Este le arrojó una silla á la cabeza, que no le hizo daño, pero que echó por tierra dos lámparas encendidas. La señora anónima se iba desmayando de risa. Hércules juró por Baco y siguió á la baronesa, quien se entró en un aposento inmediato mientras se calmaba el desorden, y Paquito dijo lleno de afán:—Paz! paz! señores; todo esto es obra de la imaginación.

Man contemplaba esta orgía desde cerca de la puerta; y al ver las copas de champaña volcadas ó á medio vaciar, el desorden de los muebles y de las personas, pensaba en su amo con tristeza. El barón pasaba en aquellos momentos el paralelo 60 en los mares británicos, é iba en busca de unos diamantes, que al haberse encontrado, habrían servido quizá para adornar el blanco cuello de su esposa! Así son las cosas del mundo.... El "Noddok," sacudido por el huracán, estaba en esos momentos más tranquilo que la casa de Túsculo.

El escándalo de que acabamos de hablar puso término á las reuniones *íntimas* en la casa de la baronesa, y de éstas no se supo en la ciudad sino lo que Paquito les contó á sus amigos en el calor de la confianza íntima; pero á las tertulias se siguieron las visitas aisladas ó individuales, especialmente las del folletinista, quien había conquistado al fin y sólo con

unas cuantas líneas, el favor de la baronesa. Lais gustaba del talento y de las letras amenas.

El Capitán, desde la noche de la catástrofe, iba poco á Túsculo y permanecía
poco allí. Al parecer, yá no solicitaba el
amor de la baronesa.

Cuando Man supo que su amo estaba en
Wisbaden, le escribió contándole los des-
órdenes que había en su casa. Al recibir
la carta de Man, se dijo el barón:—De
todo es capaz una mujer vana y despechada...... después dirá que yo soy el
responsable porque la abandoné, sin tener en cuenta que élla es inocente y
sensible.

De tiempo atrás, Lais tenía el deseo de
hacer un registro en las habitaciones del
barón. Quería conocer la vida de su marido, sorprenderle sus secretos aun á costa de una infidencia. Sin embargo, le re-
pugnaba violar el sagrado doméstico.
Pero como pueden más la curiosidad y
los celos que la propia dignidad en las
personas de genio impetuoso, una noche,
mientras todos dormían en Túsculo, se
entregó ella á trasegar los muebles y á
buscar en el escritorio de su esposo *algo*
que le ayudase á descubrir el pasado de
aquel hombre—enigma.... algo de lo que
élla llamaba la vida criminal de su esposo.

Al principio no encontró nada, pero luégo halló una cajilla de ébano, con dibujos de plata, en que había algunas cartas escritas en inglés, en español, en francés y en árabe, respectivamente. Lais no conocía algunos de estos idiomas, pero por las firmas y los caracteres vió que esas cartas no eran de hombres. De estas cartas, las más antiguas, pues se remontaban á veinte y cuatro años atrás, eran las que tenían esta firma: *Sulina*, y las más modernas las que tenían esta otra: *Shamakha*. También había en el cofrecillo algunas flores marchitas, algunas guedejas de pelo de diferente color, algunos anillos y unos seis ú ocho retratos de mujeres de imponderable hermosura y de trajes de distintas épocas y naciones.

Lais leyó las cartas que pudo, pero ninguna de ellas le dió la luz que buscaba: todas ellas eran cartas de amores, de citas, de enojos, de reconciliaciones, de promesas y de todo eso que es tan *bello* para los que aman y tan *ridículo* para los que observan. Pedazos de historias, ruinas de juventud; y como nada le satisfizo, exclamó:—"Hé aquí el triste tesoro de un libertino!.... estoy segura de que no cabrían en este cofrecillo las lágrimas que el barón ha hecho derramar, ni las ilusiones que ha arrancado del pecho de estas pobres mujeres. A cuántas de ellas no habrá hecho infelices como á mí!.... Si les fuera dado hablar á estos retratos, yo los interrogaría y ellos me darían millares de quejas de él y se juntarían conmigo para maldecirlo y para odiarlo. A todas estas criaturas las habrá engañado y abandonado, como me ha engañado y abandonado á mí.... Ah, señor de Rauzan, sois un pirata del bello sexo, no por lo que valéis intrínsicamente, pues no valéis nada, sino por ese poder irresistible, por esa fuerza de seducción mágica que os ha dado el Demonio!"

También encontró Lais en la alcoba del barón una calavera de mujer. Cogióla con asco y con miedo y luégo la puso en el lugar en que estaba, diciendo:—" Debe ser la calavera de la loca....qué hombre! Así guardará la mía!"

La baronesa salió de las habitaciones de su esposo menos informada de lo que había esperado, pero más ansiosa, más despechada y sin notar que al través de las vidrieras de una de las ventanas de la cámara, mal cubierta por la cortina, había una sombra, que esa sombra la proyectaba un cuerpo, y que ese cuerpo era el de Man.

Man espiaba á la baronesa á todas horas, de noche y de día; pero Man no ha-

bía recibido tal encargo del barón. No.
Era que el fiel criado no gustaba de Lais.
Le había disgustado que ésta se hubiera
casado con su amo, y la vigilaba para encontrar modo de perderla. Lais y Man an-
tipatizaron desde el día que se vieron por
la primera vez, y se hubieran extermina-
do si hubieran podido. Siempre que Lais
lo veía, se acordaba del bosque de Somier,
de la pérdida de la carta y de todo lo que
se había seguido á eso, y se encolerizaba.
En ocasiones solía decirse:—"Este hombre
debe conocer toda la vida del barón; pero
es más fácil hacer hablar á un muerto que
á él.... Yo he debido ganarme la voluntad de este hombre; y al hablar así se
sentía dispuesta á cometer cualquiera
clase de humillación ó sacrificio, que le
diese por resultado el dominio de aquel
doméstico. Tal suele ser la fuerza de las
pasiones en los caracteres impetuosos é
irreflexivos!

Cuán grato hubiera sido para Lais haber podido arrojarle al barón, uno á uno,
todos los *abominables* secretos de éste. El
sacerdote se había rebelado contra el ídolo
y quería vapularlo.

VI

El uso de los baños es tan antiguo como
el mundo y la historia nos habla de ellos

desde el origen de éste. En unas partes
por higiene y en otras por placer, siempre
se les ha establecido y frecuentado, y no
faltan pueblos que los hayan instituído
como precepto religioso.

Homero habló de los baños de Teléma-
co y de los perfumes con que en ellos un-
gían el cuerpo del hijo de Ulises bellísi-
mos esclavos.

El uso de los baños y la manera de es-
tablecerlos pasó de los griegos á los ro-
manos. En tiempo de César había baños
en todas las casas y se usaba de ellos
desde el medio día hasta la noche.

Fueron muy comunes entre los egipcios
y los conocieron los incas y los aztecas.

La magnificencia de los baños públicos
en Roma, llamados *termas* en tiempo de
los emperadores, no ha tenido rival. Cui-
daban de ellos los ediles; y son bien conocidas las Termas de Nerón, de Tito, de
Diocleciano, &c.

Hoy en día, ni los baños públicos ni
los privados tienen la suntuosidad de los
antiguos; quizá pudiéramos decir que
tampoco tienen el mismo objeto. Hoy se
va á los sitios de baños á gozar de la estación, á jugar, á divertirse y también
como á lugares de citas de amor. Sólo se
bañan un diez por ciento de los que con-
curren á ellos.

Por lo que hace al caballero de Rauzan, éste llevó á Edda á los baños de Wisbaden, en Alemania, á una legua del
Rhin, con el objeto de familiarizarla con
el gran mundo y de hacerla amar el lujo,
la elegancia y las amistades de alto tono,
pues quería que su hija no insistiese en
pronunciar los votos religiosos, ni le gustaba la decadencia de ánimo, ni la frialdad
de las maneras de la pupila del enano.
Eso era lo que quería el barón, pero tenía
pocas esperanzas de lograrlo, pues Edda
estaba cada día más apartada de la sociedad, más sumida en sus abstracciones
melancólicas, más uraña, más hosca.

El caballero marchó poco á poco en la
ejecución de su plan, y antes de poner á
Edda en relación con las personas, la
puso en relación con los sitios. Llevóla á
las pintorescas orillas del Tannus, la hizo
caminar á pie en las montañas que se levantan entre la ciudad y el río, la llevó á
las excavaciones donde se han encontrado multitud de preciosas antigüedades, y
la hizo andar y desandar las campiñas,
montada en hermosos caballos. Por último, la llevó á visitar el palacio de Biberick, superior al de Wisbaden, donde hay
un vasto y magnífico jardín y un edificio
llamado *Platz*, que está construído sobre
una colina destinada á la caza. En Biberick dijo el barón á Edda :

—Es muy interesante todo esto, pues el edificio imita bien la arquitectura de los castillos señoreales de la Edad Media.

—Señor, dijo la joven, me cansa yá tánto venado.

Edda aludía á que en la entrada del salón principal hay unos venados de bronce y en el salón una multitud de cuadros de venados en diferentes actitudes.

El barón se calló. Estaba acostumbrado á oír cosas semejantes de los labios de su hija, cosas que él atribuía, no tanto á su tedio habitual, cuanto á lo imperfecto de su educación, y también al mal estado de su mente.

Según las costumbres de Wisbaden, los bañistas comen á la una del día y en mesas redondas de más de doscientos cubiertos. En los comedores hay galerías altas para los músicos, que tocan durante las comidas y bajan en los intermedios para recibir su propina de manos de los presentes. Edda gustaba más de dar esta propina que de oír la música de la fonda; y á las tres de la tarde, cuando las señoras volvían á continuar sus labores y los caballeros se ponían á fumar sus pipas, élla se paseaba en los jardines públicos, como fugada del lado de su padre, ó se encerraba en su habitación, donde se ponía á llorar, teniendo la cabeza entre las manos y á exclamar :—"¡Qué infeliz soy! ¡Qué infeliz soy!" El baróu y su hija se habían hospedado al principio en el hotel de "Las Cuatro Estaciones."

A las veces también, desde una de las ventanas de sus aposentos, Edda se ponía á buscar entre los veinte y cinco ó treinta mil extranjeros que había en los baños (entre quienes había ingleses, americanos, franceses, dinamárqueses, suecos, españoles, rusos, polacos, italianos, suizos, holandeses, belgas, alemanes y más de doscientos príncipes con sus correspondientes comitivas), un joven, un hombre que le llamase la atención, hacia el cual correría para echarse en sus brazos y decirle :

—Llevadme contigo!.... salvadme de mí misma! Amadme, para que yo también pueda amaros!

Noches enteras solía pasarse sin meterse en la cama, sin dormir y pensando en Erico, el enano, en Odin, el perro ciego, en la gruta del Hecla, en los chorros calientes, en los líquenes rojos y en decirse : —"¡Qué feliz era yo entonces! ¿Por qué abandoné aquellas tierras heladas y la dulce compañía de mis ovejas?.... Allí mi corazón dormía el sueño del idiotismo y era inocente en sus afectos, puro en sus intenciones.... mi universo era yo misma! Erico me habría sepultado junto de los huesos de mi madre."

Cuando iba al teatro, donde trabajaban á la sazón los mejores actores de Europa, solía entusiasmarse con las tragedias sombrías, y cuando los otros lloraban, ella gozaba con el sacrificio y las desventuras de los personajes escénicos. *Efigenia* la deslumbraba; *Desdemona* la seducía. Ella también habría amado á Otelo; ella también habría seguido á Chactas, como Atala al través de las selvas de América.

Cogida del brazo de su padre, recorría las salas de juego, situadas en la ala izquierda del edificio, y allí perdía grandes cantidades de oro á la ruleta, que era el juego preferido de los elegantes. Algunas veces ganaba, pero pronto se disgustaba y se apartaba de las mesas con paso tan acelerado, que á su padre se le dificultaba seguirla. ¿A dónde iba? Ella misma no lo sabía. Huía. ¿De quién huía?.... Tal vez de sí misma.

En la parte principal del edificio de los baños está el salón de baile, y allí se baila el *wals*, que es la danza favorita del lugar. Edda, á veces, entraba en ese salón y bailaba hasta que se le agotaban las fuerzas. Cuán bella se ponía entonces su cara con el sonrosado de la agitación!

A estos ímpetus espasmódicos sucedían

desfallecimientos absolutos y Edda se encerraba en sus habitaciones y dejaba pasar los días sin recibir á su padre. Este, entre tanto, hacía venir para ella trajes, joyas, dijes y cuanto puede halagar el orgullo y el gusto de una mujer bonita, ó tranquilizar el perturbado ánimo de una hija adorada. Todo, empero, era en vano: Edda no gustaba de estas cosas. Edda no era joven; Edda no era mujer. El lujo la agriaba.

Los baños de Wisbaden están dentro de la ciudad, á poca distancia de los sitios más concurridos, y no son frecuentados sino antes de las siete de la mañana, según la costumbre alemana. Hay pues, necesidad de pasar el día buscando emociones ó distracciones. Esta era á veces la tarea de la linda ex-canonesa, quien había logrado llamar la atención de los bañistas por su talle esbelto, la palidez asombrosa de su rostro, la abundancia de sus cabellos, por su lujo y sus excentricidades brillantes.

De regreso de Biberick, encontró un día Edda un caballero joven, muy bien puesto, que montaba gallardamente un brioso corcel. Lo acompañaban otros cuatro ginetes de porte muy distinguido. El joven le interesó y Edda le preguntó á su padre quién era.

—Es el hijo menor del duque y de la duquesa de Nassau. Va para el palacio de cuyos jardines venimos nosotros.

—De modo.que es casi un príncipe.

—Sí, porque el ducado de Nassau ha sido siempre una monarquía constitucional; además la nobleza de su familia es de las primeras de Alemania.

Edda le dió un fuerte latigazo á su caballo, como si le hubiera producido rabia lo que le dijo su padre, y olvidó pronto el gracioso saludo que le había hecho el joven, pues se dijo:—Me ha sonreído como príncipe, no como *hombre*.... Yo soy una *mujer*, no una princesa.

El barón presentó un día á Edda á la señora marquesa de Egina, quien la recibió con mucha afabilidad y la llamó *hija* desde el primer momento. Edda cultivó con agrado el trato de esta señora, que había sido y era aún muy amiga de su padre. También la presentó á la señora del Pau, mujer de menos edad que la marquesa, de modales muy cultos, muy instruída y muy elegante. Una y otra habían oído la súplica del barón al respecto de *domesticar*, como él decía, las inclinaciones de su hija, de hacerle amar el mundo y de apartarla á todo trance del camino del Capítulo.

El trato distinguido de aquellas dos señoras y el afecto que desde el primer momento le manifestaron, cambiaron por algunos días á Edda; pero ésta volvió pronto á su tristeza habitual y cuando la marquesa la presentó á su hijo, que era un joven muy estimable por cierto, Edda lo recibió con una indiferencia respetuosa. Luégo huyó de él, como si no gustase de su compañía. Un día que éste le ofreció una novela, muy á la moda entonces, Edda le dijo:

—Gracias, caballero; no tengo afición á los libros.

El joven la miró con sorpresa y guardó silencio: le había sorprendido la rudeza del tono y la frialdad de Edda.

Al terminar la estación de los baños los extranjeros empezaron á regresar á sus hogares. Cuando la marquesa de Egina se despidió del caballero de Rauzan, éste le entregó un paquetito cerrado y sellado.

—¿Qué es esto? dijo la señora.

—Son vuestras cartas. Las he conservado como una reliquia y las he leído muchas veces como se lee un libro de viajes por un país encantado que se ha recorrido en otro tiempo y en buena compañía. Pero han volado yá nuestra juventud y nuestras ilusiones, y debemos romper con el pasado.

—Me habéis ganado de mano sólo en

hablar, pues yo también os traía las vuestras, dijo la marquesa, y al decir esto, le presentó al barón otro paquetito igual al que éste le había entregado.

—Si los jóvenes, dijo el caballero, supieran que las pasiones humanas acaban casi todas por la indiferencia, como acaban las hogueras por la ceniza, no les darían importancia y buscarían la felicidad lejos de esas pérfidas magas.

—Los jóvenes no saben eso, Hugo, como nosotros tampoco lo supimos un día; y vale más que no lo sepan, porque Dios no ha creado el mundo para los anacoretas sino para los dos sexos.

—¿Seríais capaz de volverme á amar, Angelina?

—Sí, si vos fuerais capaz de devolverme mis veinte años y de tomar los vuestros. Revivid la causa y ella producirá sus efectos.

Cuando el barón pidió sus órdenes á la señora del Pau, ésta le dijo:

—Si no es por vuestra hija, no hubiera tenido el placer de veros á mi lado. ¡Cómo cambian los tiempos!

—Sí, cambian y con ellos cambian las situaciones. No ha sido mi corazón el que me ha alejado de vos; ha sido vuestro matrimonio y el mío. Tengo una *esposa* y una *hija*.

Así dijo el barón, pero al mismo tiempo pensaba en que no tenía nada de lo que decía.

—¿Nos volveremos á ver en otra parte?

—Tal vez en París.... aunque empieza á abrumarme el peso de los años y quiero descansar.... como Aquiles, voy á meterme en mi tienda; pero tendré más fortaleza que el héroe de Homero: no saldré de ella.

—Tenéis una hija soberbia, que suplirá en vos vuestras antiguas locuras de amor. Además, destruída Troya, yá es inútil el valor de vuestro brazo.

—¿Aludís á mis años?

—Aludo también á Edda.

—Ay! Fanny, mi hija es díscola y mi deseo más grande es que encuentre un esposo.

—No, Hugo, Edda no es díscola: Edda sufre. Sondead su corazón, si podéis.

—¿Os ha dicho ella algo?

—Me ha dicho lo bastante para compadecerla.... El frío del polo la ha helado hasta los huesos.... el mundo europeo es para ella una fantasmagoría. Mi opinión es que no la contrariéis. Dejadla hacer su gusto. Si está poseída por un capricho, ese capricho le pasará. El tiempo acendrará sus propósitos, ó los desvanecerá. Me ha dicho que el claustro, ó el suicidio.

El barón sospechaba algo.... algo veía; pero cuando empezaba á ver la claridad, apartaba los ojos de ella y rompía, por decirlo así, el hilo de los pensamientos que asaltaban su espíritu.... Edda estaba loca.

Hacia el fin de la temporada, Edda se cansó del hotel de "Las Cuatro Estaciones" y se fué á vivir al *Kursaal*, edificio espléndido, construído en el fondo de un paseo y junto á una fuente de agua dulce. Detrás del Kursaal hay un grande estanque con botes y después del estanque un hermoso jardín. A uno y otro lado de la portada hay corredores de arcos soportados por altas columnas y en ellas tiendecillas de confites, libros, estampas, frutas, cigarros, &c. Por último, en frente del Kursaal hay un prado espacioso, que termina en la calle de Guillermo, adornado con columnatas.

En esta bella mansión vivió un poco más animada la hija de Sulina y del señor de Rauzan, pero después volvió á su tedio habitual.

En el Kursaal recibió el barón nuevas cartas de Man, y en éstas el fiel servidor le decía que volviese cuanto antes á Túsculo.

—No hay urgencia en ir allá, dijo el caballero, y la razón para no ir allá es la

misma que tiene Man para llamarme. Los
errores de mi esposa tendrán un fin trá-
gico, y poco me gusta ir á luchar con los
adversarios que ella se ha dignado darme.
Dejémosle marchar en paz. Si su deber,
si su honor y su conciencia no la aconsejan, no quiero que su *moralidad* sea la
obra de mi regreso.

VII

Antes de dejar el espléndido hotel de
Kursaal, tuvo lugar el hecho siguiente,
que pinta bien el carácter del señor de
Rauzan. Entre los bañistas estaba la
princesa de Spa, señora joven aún, algo
desmedrada de fortuna para su rango y
de un orgullo insoportable. Viajaba *de
incógnito*, para los efectos del aparato doméstico, pero repicaba su título como una
acémila su campanilla.

La princesa de Spa tenía una hija, que
era una encantadora criatura de once
años. Su nombre era Adelaida-Carlota.
Sus ojos eran los de una corza y su pelo
el de una Magdalena.

Todo el mundo quería á esta hermosa
niña, pero todo el mundo antipatizaba
con su madre. Adelaida-Carlota era dulce y atenta; la princesa era áspera y altiva. No permitía que su hija se le apar-

tase de su lado, y más de una vez la había reñido porque le había pedido permiso de arrimársele á Edda, á quien se manifestaba aficionada. Un día llegó hasta decirla, de modo que la ex-canonesa la oyese:

—Ven acá, niña; te he dicho que no estás entre tus iguales.

En otra ocasión, para no encontrarse con el barón y Edda, que se paseaban en el prado, suspendió su camino y les volvió la espalda bruscamente. Al hablar del barón había dicho:

—Hay algo misterioso en ese hombre, que infunde más miedo que curiosidad... lástima que sea tan simpático!

La señorita Adelaida-Carlota padecía de una enfermedad que los médicos habían declarado incurable, y pocos eran los que no habían dicho que no llegaría á los quince años. Este pronóstico tenía muy apenada á la princesa. Yá hacia el fin de la estación de los baños, la niña tuvo varios ataques sucesivos, ataques que fueron tan graves que todos desconfiaron de su curación. Hubo un día en que la niña se sintió morir, hubo un día en que el peligro fué inminente, y no había más esperanza que un milagro.

Alguien le dijo á la princesa que ese milagro lo podía hacer el caballero de Rauzan.

—¿Quién? dijo ésta. ¿El padre de la señorita melancólica?

—Sí, el padre de la señorita Edda.

—No me gusta ese hombre.... mejor dicho, le temo como á un espíritu infernal.

—Qué singular es eso!.... el barón de Rauzan es de la primera nobleza.

—Es *barón* ese caballero?

—Es barón y es uno de los hombres más distinguidos de Europa.

—No me resuelvo á ocuparlo.... quizá.

—La dificultad no está en eso, sino en que él quiera serviros : no es médico de oficio.

—Entonces, ¿cómo queréis que ponga mi hija en manos de un empírico?

—¡Un empírico el señor de Rauzan!... pero dejémonos de hablar cosas ociosas: el tiempo es precioso y vuela, señora.

—¿Qué debo hacer?

—Ir personalmente á suplicarle al barón que recete á vuestra hija.

—Personalmente?.... yo?

—No hay necesidad, dijo en aquel punto el barón, que hacía dos minutos había llegado y había oído las últimas palabras de la conversación. No hay necesidad de que os separéis del lado de vuestra bella hija en estos momentos. Yá estoy aquí y he venido á ofreceros mis servicios. Nada puedo aseguraros, pero creo que podré salvar esta vez á la niña, como en otro tiempo tuve el gusto de salvaros á vos misma....

—Es posible!

—Princesa, supongo que no lo habréis olvidado; pero no hablemos de eso....

—¿Sois vos el caballero que me arrancó de los brazos de la muerte, cuando nació mi pobre hija?

—Sí, princesa. Entonces lo hice por amistad á vuestro esposo; hoy lo hago por un deber de humanidad y por simpatía por vuestra hija. En cuanto á vos, os tengo el respeto y la consideración de siempre. Pero repito que no aseguro nada.

—Gracias, gracias, señor barón. Tened la bondad de seguirme.

La princesa, mujer en ese momento ó mejor dicho *madre* en ese momento, condujo al caballero junto del lecho de la enferma. Esta abrió sus grandes ojos, separó el cabello de su frente y recibió al barón con alegría.

—Buenas tardes, dijo el barón. ¿Cómo os sentís, enfermita?

—Viéndoos, me siento bien, dijo la niña.... ¿por qué no trajisteis á vuestra hija?

—Vendrá luégo á veros. Ahora vais á permitirme que os examine.

—Haced, señor, lo que gustéis.... preguntadme lo que queráis....

El caballero examinó á la niña. En seguida hizo abrir las ventanas de la habitación para que se renovara el aire, y él mismo le puso á la enferma unas almohadas, para que estuviera con más comodidad.

—Hace once años, dijo el caballero, que, al venir vos al mundo, os recibí en mis brazos, en momentos en que vuestra madre parecía que iba á espirar.... sería ciertamente muy singular que saliéseis del mundo en mis brazos también. Mas, confío en Dios que eso no sucederá.

El barón volvió á examinar á la enferma. Después dijo:

—No me he engañado.... esta enfermedad es común en los individuos de vuestra familia, señora princesa.

—Efectivamente, y eso es lo que me tiene alarmada.

—Se hereda el germen, pero ese germen no es indestructible en los primeros años. Probaré.

Al decir esto, el barón dió á la niña unas gotas de un elíxir que había traído consigo, y le recomendó que estuviese tranquila y confiada.

—Confío mucho en vos porque os quiero, señor; sé que no me dejaréis morir.

—Ahora voy á dejaros para volver dentro de una hora.

—Está bien, señor.

Mientras duró la visita del barón, la princesa lo estuvo contemplando, y como el rostro del caballero estaba lleno de inteligencia y de insinuación, como sus cejas se extendieron, como se iluminaron sus ojos y como en sus labios se mostró una sonrisa paternal, la princesa cambió súbitamente de impresiones, y en un segundo pasó del desdén á la amabilidad, del miedo á la confianza, de la antipatía al cariño. El señor de Rauzan perdió, para ella, sus tintes sombríos, y la princesa le pagó el tributo que le pagaba la generalidad de su sexo al hombre irresistible.

Cerca de las siete volvió el barón al lado de la enferma, quien dormía aún, y dijo á la altiva Eleonora—éste era el nombre de la princesa:

—Hay que darle el elíxir á la niña cada dos horas, durante la noche.

—Está bien; me lo dejaréis.

—No puedo dejároslo.

—¿Por qué?

—Porque la cantidad que debe dársele es variable, y sólo puedo medirla yo, según se vaya presentando la enfermedad.

—Os váis á dar una gran pena.

—No, señora. Esa no es pena para mí. Pasaré la noche á la cabecera de la niña.

De otro modo es imposible salvarla. Una gota más ó una gota menos podría matarla. Os repito que sólo yo puedo determinar la cantidad de cada bebida.

—Cuánto me obligáis !

—Señora, en este momento no soy en vuestra casa sino un *médico*. Dejo mañana á Wisbaden, y vos me olvidaréis ahora como me olvidasteis hace once años.

—Vos os fuisteis de huída, como os iréis ahora.

—No me he detenido aquí sino para salvar á vuestra hija. Hace una semana que he debido partir, pero temía esta crisis y quería seros útil.

—Barón, sois muy generoso.

—Sé que no gustáis de mí, pero mi deber moral me manda hacer el bien que pueda, sin ver más que ese mismo bien.

—He sido ingrata, barón.

—No os acuso.

—Yo no sabía quién fuera el *famoso caballero de Rauzan*. Cuando nació Adelaida–Carlota llevabais otro nombre. Al caballero de Rauzan lo conocía por mi esposo.... Ahora lo conozco por mí misma. Dejadme que os estreche la mano.

El barón besó con respeto la mano de la princesa. Esta se sintió fascinada. El abismo á que ella temía arrimarse era un abismo de flores.

El caballero pasó la noche al lado de la enferma y le propinó el elíxir, según sus propios cálculos. Al día siguiente la niña estaba fuera de peligro y el barón y Edda dejaron el Kursaal.

Adelaida–Carlota encontró debajo de sus almohadas este billete :

"Amiguita, cuando leais estos renglones estaréis curada. Sed feliz, como sois buena y linda. RAUZAN."

La niña mostró á su madre la esquela, y ésta la leyó á traves de sus lágrimas.

El corazón de la niña rebosaba de dicha, el de la madre iba á latir mucho tiempo á impulsos de un recuerdo inefable.

VIII

Viajando por el Rhin, el barón se sentía muy contrariado de que su hija no encontrase placer ninguno en contemplar las pintorescas orillas de este río, cantado por los poetas y hermoseado por las leyendas ; y como, además de no encontrar placer en aquella contemplación, estaba cada día más triste, díjole una vez :

—Decidme, hija mía, ¿ qué pudiera hacer yo para alegraros ?

—Para alegrarme, nada, señor ; pero sí podéis darme un goce pasajero hablándome de vos. Eso es lo único que me intersea en la vida.

—¿Queréis que os cuente mi historia?
—Sí, señor.
—¿Toda mi historia?
—Lo que vos creais digno de relatar. La marquesa me ha hablado mucho de vos, pero quiero aun saber más, mucho más.

El barón lanzó un suspiro. Apesar de todo, él no había sido feliz. Su vida, aventurera y novelesca había estado rodeada de goces efímeros, no verdaderos; de ilusiones, no de realidades amables; de oropeles, nada más. Era afortunado para las cosas pequeñas y desgraciado para las grandes; y hasta el encuentro de su hija, lleno de encantos para cualquiera otro hombre, para él era un motivo de mortificación, pues el carácter de ésta y la melancolía que la dominaba, lo traían inquieto y pesaroso. El barón quería hacer de Edda la primera figura femenina del país en que ésta se encontrase; tenía los medios para conseguirlo y Edda tenía las cualidades necesarias para merecerlo, pero todo se estrellaba contra sus indomables inclinaciones: la soledad, el silencio, las lágrimas y la instabilidad de procederes, tan propia de las personas que persiguen un imposible y no quieren abandonarlo.

—Voy á hablaros, dijo el barón, de lo que más puede interesaros respecto de mí. Voy á mostraros el reverso de la medalla, para que veais cuán engañosas son las apariencias en las humanas condiciones; para que veais que no hay ídolo, por hermoso que sea, que no tenga las piernas de arcilla. Por una multitud de esfuerzos, de estudios, de pruebas, de sacrificios y de raras condiciones, logré levantarme en la sociedad y ser *una fuerza*, fuerza dominada por mi voluntad, ayudada de mis vastos conocimientos y de mi inteligencia poco común. Todo estaba al alcance de mi mano; dominaba sin querer, arrastraba sin pretenderlo, y disponía sin reserva del cariño de las mujeres y de los hombres. A este respecto, mi atracción era maravillosa.

En cambio de esto—que era mucho sin duda—el cielo, para castigar mi soberbia ó para dar una prueba más de que nada hay ni puede haber perfecto en la tierra; en cambio de todo esto, Edda, el cielo me dió una enfermedad horrible, incurable, asquerosa....

—Cuál, señor?

—La catalepsis. Esa es mi verdadera y única esposa, que me abraza y me ahoga.

—La catalepsis?

—Según dicen los médicos y lo demuestran los hechos, esta enfermedad suele tener origen en el exceso de los trabajos

intelectuales, en el abuso de los licores ó
en algún desarreglo de la economía animal. Como me siento bien organizado y
como soy hombre sobrio, creo que la catalepsis en mí es obra de lo mucho que he
trabajado mentalmente. Podéis imaginar,
hija mía, dados mis recursos y el grande
interés que he tenido por curarme, cuánto
habré hecho y á cuántas pruebas me habré sometido; pero aunque esta enfermedad es tan vieja como el mundo y se conoce en todas partes, todos mis esfuerzos
han sido inútiles. He viajado, he estudiado la medicina, he asistido á muchos enfermos.... todo en vano. Esto último no
me ha servido sino para ver mi propia
miseria en la miseria de los demás.

En esta espantosa enfermedad, aunque
la persona queda inmóvil después del as-
queroso acceso, sus miembros adquieren
tal flexibilidad que se les puede volver en
todas direcciones y dejarlos en la postura
que se quiera. Se pierde el pulso y la res-
piración, se enfría la piel y las mandíbu-
las se ponen en convulsión. Los ojos permanecen abiertos pero el paciente no ve
nada y sus pupilas se hacen insensibles á
todo. No se pierden el oído ni el olfato,
pero no se obtiene resultado ninguno
cuando se obra sobre estos sentidos.

—¿ Dura mucho ese estado terrible ?

—A veces dura dos horas, á veces más;
y sus ataques son siempre imprevistos.
Hiere como el rayo. He leído en Plinio
que un cómico, á quien el público acababa
de darle una corona, se quedó una hora
entera en actitud de quitársela. Buchanan
refiere que un hombre atacado de catalepsis, al bajar una escalera, se quedó sus-
penso en medio de ella. Un enfermo de
quien cuidaba el doctor Frank, al ponerse
á escribir duró tres días con la vista fija
en el papel y con la pluma en la mano.

—Eso es horroroso!

—Se habla también de un músico que
tocaba una flauta y de repente cortó sus
notas para continuarlas ocho ó diez horas
después, al volver en sí. Pero lo más común es que el cataléptico ruede por el
suelo, agitado por fuertes sacudidas y
arrojando espuma por boca y narices.

—¿Y á vos, señor, os da el ataque con
frecuencia?

—No me ha dado sino dos veces. La
primera fué cosa de poco momento, pero
la segunda me iba costando la vida. Viajaba yo en.... y según mi costumbre iba
acompañado de Man.

—¿Quién es Man, señor?

—Es un criado, ó mejor dicho, es uno
de los pocos amigos que tengo, porque yo
no tengo muchos amigos. Tengo admira-

dores, tengo émulos, tengo contrarios y
tengo enemigos feroces; pero amigos no.
Probablemente es mía la culpa de no te-
nerlos. Bien; viajaba en.... y en ese
país, como lo tengo por costumbre, fre-
cuentaba los círculos sociales más distinguidos. Pronto trabé allí relaciones con
una señora muy bella y muy espiritual,
que empezaba á perder sus gracias bajo
los golpes del tiempo. Esa señora decía
que me estimaba mucho; yo también la
estimaba y nos era muy grato servirnos y
obsequiarnos. Un día me pidió con mucho
empeño que le diese un pomito de Ginseng.

—¿Qué es eso?

—Es un pretendido *elíxir de la inmortalidad.* Por aquel tiempo pasaba yo por
un médico muy hábil, lleno de secretos
maravillosos, adquiridos en la India; por
un frenólogo superior á Gall y por un
magnetizador más entendido que Mesmer.
Yo me reí de la exigencia de mi amiga, y
le dije que no creyera en mi elíxir; pero
ella no quiso conformarse y tuve que darle gusto.

Hay ocho ó diez especies de Ginseng,
pero entre éstas, la planta preferida es la
oriental, por las maravillas que se le atribuyen. Los chinos la tienen en tal estimación (en general todos los asiáticos),

que se han escrito libros enteros sobre ella. La llaman *simple espirituoso, espíritu de la tierra, receta de la inmortalidad* y la hacen entrar en todas sus recetas. Un kilogramo de Ginseng vale seis kilogramos de plata pura. Los iroqueses la conocían y se cultiva en los Estados Unidos de América, pero la preferida es la planta silvestre que crece en las selvas de Tartaria.

—¿Tiene muchas propiedades esa planta?

—Sí tiene, pero no tiene la que le atribuyen la credulidad, la hipérbole y el deseo: la inmortalidad es un dón peculiar de los dioses.... Yo tenía el elíxir, pero no conmigo, y tuve que enviar á Man a buscarlo á muchas leguas de distancia. Mientras volvía Man le dije á mi amiga:
—Dentro de tres días tendréis lo que deseais.

Mi amiga creyó que yo me tomaba ese tiempo para preparar el elíxir, y esperó con gusto. Vuelvo ahora á la catalepsis. Pocas horas después de haberse ido Man en busca del Ginseng, me dió el ataque de que os he hablado. Empecé por sentir un calofrío general y oír un zumbido que me aturdía, y vi una multitud de figuras extrañas, imágenes de personas desconocidas y conocidas, que me hablaban, que gesticulaban y que bailaban al derredor mío. Luégo pasó todo eso y con las convulsiones, que cesaron, cesó también la confusión de mis ideas y la dificultad de mis recuerdos. Quedé sumido en una inmovilidad física completa, pero conservé el uso del oído, del olfato y de mi razón. Sentí que se me hicieron muchos remedios y que fuí el objeto de mil solicitudes; pero no se consiguió que volviese á mi estado natural. Por último, oí decir al médico que me asistía:

—Es inútil todo esfuerzo: está muerto y debe disponerse su entierro.

Al oír yo estas terribles palabras, hice cuanto me fué posible por mover un pie, una mano, un párpado siquiera.... por proferir una palabra, por lanzar un suspiro. Todo fué inútil. Mi casa estaba llena de gente. Se hablaba junto de mí de mi talento, de mi ciencia, de mi juventud, de mis riquezas, de mis triunfos. Se decía que mi pérdida era irreparable. También se dijeron otras cosas poco agradables. Luégo se me puso en el féretro y se cubrió éste de flores y de coronas, obsequio de las señoras principalmente y de algunas sociedades científicas de que era yo miembro.

—¿ Por qué no os embalsamaron ? ¿ Fué una casualidad....?

—No. Hace mucho tiempo que tengo la costumbre de poner mi memorandum sobre mi mesa de noche y de escribir todos los días en una de sus páginas al tiempo de acostarme: "En caso de que yo muera de repente, no quiero ser embalsamado; pero sí suplico que no se lleve mi cuerpo al campo santo hasta después de que los médicos hayan dicho que estoy *muerto realmente.—*RAUZAN.*"

—¿Por qué escribís todos los días eso?

—Para ponerle la fecha correspondiente. Como debéis suponerlo, yo quería evitar que se me diese por muerto durante un ataque de catalepsis y se me quitase la vida embalsamándoseme festinadamente. Mi memorandum fué visto y leído. Eso me salvó.

—Hallo muy mortificante estar temiendo constantemente un golpe semejante.

—Oh! sí, muy mortificante. Todos los días al ver la luz, pienso que con ella va á llegar mi última hora. Todas las noches, al ver sus sombras, me pasa lo mismo. A eso hay que agregar que yo no quiero que se sepa que padezco una enfermedad de tan terrible carácter. Eso me pondría en ridículo.

—¿Oíais todo lo que se hablaba cerca de vos?

—Todo lo oía, pero no veía nada. Sentí

cuando mi amiga la señora del elíxir vino
á cerrarme los ojos y á darme el último
adiós.

—Me hacéis temblar!.... ¿ Cómo no os
moristeis de veras ?

—Terrible fué el momento en que clavaron mi ataúd, más terrible aquel en
que, llevado en brazos de varios caballeros á quienes yo conocía por la voz, me
metieron en el coche mortuorio y me condujeron al cementerio, en medio de una
concurrencia extraordinaria, pues mi muerte, si no había causado una gran sensación, era al menos causa de un *grande espectáculo*. Empero, la gravedad de mi situación fué mayor cuando llegámos al
campo santo y, previas las ceremonias de
costumbre, fuí colocado en mi última morada. Entonces cesó todo ruido y el silencio de la eternidad cayó sobre mí como si
el cielo fuera de plomo y me hubiese
aplastado. Entonces flaqueó mi esperanza....

—Señor !

—Mi primer cuidado fué entregarme á
Dios ; después medité. Mi pasado y mi
presente eran como dos antorchas que iluminaban mi cerebro. Sabía lo que había
sido, sabía lo que era ; pero ignoraba lo
que iba á ser de mí. Dicen que Carlos V
asistió á su propio funeral, pero aquello

era fingido.... lo mío era una realidad!
—Esperabais algo?
—No esperaba nada, absolutamente
nada; pero pensaba en que si todo aquello era una pesadilla, yo debía sacar un
gran partido de ella; y pensaba en que
si era un hecho y me salvaba, debería ser
entre los hombres lo que debe ser un individuo que muere y vuelve á la vida; lo
que debe ser un *resucitado*, si los hay.
Pensaba en la transformación completa
que tendrían entonces mis ideas, mis sentimientos, mis relaciones, mis estudios,
mi vida entera. La muerte es el único
libro en que está escrita la *verdad*, y yo
leía ese libro! Todas mis facultades estaban concentradas en él y los minutos tenían, para mí, la duración y el poder de
los siglos.... Esa lectura me purificó....
Yo había oído decir muchas cosas junto
al lecho en que pasé la enfermedad, junto
al ataúd en que fuí puesto en mi calidad
de difunto, y junto á la bóvedad donde se
me sepultó. Esas cosas las habían dicho
las personas que más estimación me habían mostrado y las que más me habían
asediado con sus adulaciones; el velo que
me cubría á mí mismo, quedó, pues, roto
ante mis ojos. *Vi* desde el fondo de mi
tumba y con la ceguedad de que era víctima, lo que no había visto durante mi

vida.... lo que no podía ver con los ojos de la carne.... Ver es conocer.... la sociedad perdió sus encantos para mí, su bondad voló de mi presencia.

—Pero, señor, ¿ cómo teníais valor para pensar en esas cosas ?.... vos ?.... un hombre en tan terrible situación ?....

—Mi situación no era terrible por mucho que lo parezca. Yo era como un reo condenado á muerte, á quien le llega su última hora; pero yo la veía llegar con serenidad. Yo había nacido mortal, y mi muerte era como cualquiera otra. Cuando clavaron mi ataúd hice de cuenta que había sido condenado á muerte y que los soldados disparaban sus armas contra mí.

No sé cuánto tiempo permanecí en ese estado; lo único que sé es que siempre pensaba, que siempre meditaba en el mismo tema: lo que debe ser un resucitado. De repente oí unos golpes seguidos.... era el choque de un hierro contra el muro; pero de un hierro movido por un brazo vigoroso, febricitante. Una idea, una esperanza, un relámpago cruzó por mi cabeza.

—¿ Qué idea, señor ?

—Es Man, me dije. La misericordia de Dios me salva ! En efecto, era Man, quien, al llegar á la ciudad con el elíxir de mi amiga, se había informado de todo y corrió á salvarme.

—El!

—Sí, él; la única persona que conocía mi enfermedad. Man trabajó como un héroe y pronto me sacó fuera de la bóveda. La tapa del féretro voló en pedazos; yo percibí las esencias y las brisas nocturnas y oí á Man que me decía:—Levantaos, señor; yá estoy aquí! ¿Qué han hecho de vos estos insensatos?

Pero como no hice movimiento ninguno, Man, para cerciorarse de si yo estaba vivo, no me tomó el pulso ni registró mi pecho, sino arrimó sus narices á las mías y aspiró con fuerza. Hizo lo mismo en mis oídos; luégo me volteó hacia diferentes lados y dijo lleno de júbilo:—No hay señal de corrupción; debe estar vivo. Si lo hubieran embalsamado, lo habrían matado.

—¿Man estaba solo?

—Sí; Man es un hombre á quien le gusta obrar solo.... Man no acepta mas compañero que á mí. Nos entendemos como Pilades y Orestes. Sólo él era capaz de volverme á la vida. Sólo él me volvió á ella.

En seguida me sacó del ataúd y me puso sobre el césped. No para prodigarme socorros inútiles sino para ver cómo me sacaba del cementerio. Un momento después dí algunos suspiros muy débiles

13

y caí en un ligero delirio. Man me cubrió
con mi capa española (que había llevado
al efecto) y cuando yá estuve en capacidad de responder á sus preguntas, me
dijo:

—¿Me esperabais, señor?

—Sí, le dije, porque haberle dicho lo
contrario hubiera sido afligirlo. Sin embargo, yo no me había acordado de él,
quizá por lo mismo que era la única persona á quien no he debido olvidar! Además, meditaba sobre tántas cosas.... tan
extrañas, tan profundas.

—Ha sido un capricho terrible el de esa
señora.... pensad en que yo no hubiera
podido volver á tiempo.... vos....

—La buena señora no sabía lo que podía suceder.... las mujeres son siempre
caprichosas y hay que darles gusto, pues
viven de que se les dé gusto; y como los
pájaros de regalo, sólo se alimentan de
determinadas sustancias.... ¿Qué horas
son, Man?

—Las dos de la madrugada.

—¿Cuánto hace que nos separamos?

—Hoy hace cinco días.

—Bien; oye lo que voy á decirte....
Vuelve á la posada, y para no infundir
sospechas, ve si todas mis cosas están re-
cogidas y selladas. Ve luégo á una casa
de postas y toma un coche de alquiler.

—Es decir....

—Es decir que quiero *seguir muerto*. Ni una palabra acerca de mi enfermedad.... Si el gran mundo supiera que yo estoy expuesto á sufrir ataques de catalepsis, se burlaría de mí tristemente.... habría dado con el talón de Aquiles y trataría de hacerle chorrear sangre. Yo no gusto del ridículo, Man. Esperaré el coche en el comienzo de la calle de árboles que cruza el ferrocarril del Este. Actividad y secreto.

Man se alejó de mí. Yo me quedé mirando las estrellas, que desaparecían, y gozando de los primeros rosicleres del día. La soledad que me rodeaba era dulce, como el bienestar que sentía en todo mi sér. Los árboles empezaban á agitar su follaje y á dar sus aromas al ambiente. Las aves corpulentas dejaban las ramas en que habían pasado la noche y los los ruiseñores cantaban en los enebros. El día iba á despuntar espléndido. Entonces me dije:

—He estudiado la ciencia de los hombres y la ciencia de las cosas. He sondeado el espíritu de las criaturas y el espíritu del siglo.... he encontrado á Dios en todas partes y desde que he sabido amarle he dejado de temerle.... he recorrido todas las partes del mundo y ahora vengo del seno de la tierra; he leído mucho y

no he escrito nada.... ¿qué hubiera podido escribir y para quiénes? No tengo
ilusiones, pero tengo fe. La enemiga de
ésta, la *duda*, nunca ha roído mi corazón.
Satanás no podrá nada contra mí, porque
su reino es el de los débiles. Los que han
hecho en el mundo la misma jornada que
yo, han caído en la sima; yo estoy en el
camino de la cumbre y aspiro á coronar-
la.... carne, levántate! alma mía, crece!

Algún tiempo después vino el coche.
Dí en él un paseo de algunas horas y fuí
hasta un hermoso y apartado hotel que
hay junto de un pequeño lago, que visitan
los curiosos en grupos, llamados *partidas
de placer*. Tomé allí un alojamiento. Man
cambió de vestido, de corte de pelo y de
corte de barba; yo hice otro tanto; también nos cambiamos los nombres. Yo pasé
á ser un turista italiano, pintor de paisa-
jes y gran tirador de armas de fuego.

—Es singular!.... ¿Y vuestra salida
del cementerio no fué notada?

—Supongo que sí; pero el sepulturero
debió callarla, para aprovecharse del valor
de la urna en que fuí colocado, pues era
magnífica. Si habló, fué en vano, pues no
se persigue á los resucitados.

Pocos días después le escribí á mi amiga del elíxir el siguiente billete: " Hermosa señora. El inesperado accidente que

me ha conducido al sepulcro, no puede
ser causa de que falte á mi palabra. Habéis querido el *elíxir de la inmortalidad* y
os lo envío por el correo. En esto no hay
nada de extraordinario ; y debéis tomar
la cosa como una prueba de que continúo
amándoos desde más allá de la tumba.
Sentiré, sí, que toméis el elíxir, pues si os
hacéis inmortal, no tendré el gusto de veros en estas misteriosas regiones.—RAU-
ZAN.*"*

—Señor !.... ¿ queríais volver loca á
esa buena señora ?

—Ella yá lo estaba un poco, puesto que
creía en el elíxir de la inmortalidad....
en cuanto á mí, ella siempre me dijo que
yo tenía algo de diabólico, y aun solía
llamarme *Mefistófeles.*

—Me confundís, señor.

—Hice más. Al hablar un día, en una
comida, de la costumbre española de edi-
ficar templos y monasterios en lugares
pintorescos y solitarios, se trajo á cuento
el monasterio de San Francisco del Monte, fundado por Martín Fernández de An-
dújar en 1385, y el patio de ese monasterio, llamado de *Los Aljives,* en donde hay
un ciprés que pasa por el más grande de
España. Alguien dijo—quiza fuí yo—que
en las ramas de ese ciprés se habían ocul-
tado doce músicos para dar un concierto

al rey don Felipe IV, quien, viniendo de
la villa del Carpio en 1624, había llegado
á aquel convento y hecho cierto regalo de
tierras á sus monges. La idea de un concierto dado en semejante sitio hirió la
imaginación de una señorita que estaba
sentada á mi lado. Esta me dijo que en
una casa de campo de su padre y precisamente en frente de las ventanas del aposento de élla, había una encina en que
podía hacerse lo mismo. Yo le dije:

—Contad con una serenata, dada en la
encina, pero es con dos condiciones.

—Cuáles ?.... dadlas por aceptadas,
me respondió la señorita con alguna viveza.

—Que me guardéis el secreto y que os
acordéis de mí cuando oigáis la música.

—Es de justicia, observó la joven.

Pues bien, un mes después de mi muerte y en una noche oscura, al sonar las
doce, le cumplí la oferta.

—Qué capricho! Esa señorita debió
temblar de pies á cabeza. Permitidme que
os diga que no fué ésa una galantería.

—Quién sabe, Edda. La joven de que
hablamos es algo amiga de las leyendas
.... También debo deciros que cierto
caballero que solía hostigarme con sus
ofertas y adulaciones, me tenía invitado
á una comida, que me dijo daba única-

mente en mi obsequio. Después de enterrado yo y sin respeto á nuestra amistad, dió la comida, pero no en mi nombre sino en el de un potentado social, de un Ministro en són de privanza. Yo lo supe, é hice que al sentarse á la mesa le fuese entregado un billete mío, que decía así:

"Perdonadme por no asistir á vuestra comida, pero bien sabéis que *no puedo hacerlo*. Proponed en mi nombre una copa fúnebre y aceptad mis recuerdos y mis agradecimientos. Cementerio de...... á tantos de...... &c. RAUZAN."

—Señor!....

—Mi amigo tembló como un azogado y palideció. El billete circuló por la mesa y los que lo tuvieron en sus manos convinieron en que era de mi puño y letra. El suceso hizo mucho ruido, y mi fama de resucitado subió hasta las estrellas. Todo el mundo se decía:—¿Quién era ese hombre?....¿Qué es ahora ese hombre? ¿En dónde está ese hombre? Los espiritistas se apoderaron del asunto y lo explicaron, á su manera, satisfactoriamente. Yo me hice uno de sus afiliados, me les presenté como *medium* y los dejé atónitos siempre que fué evocado el espíritu del caballero de Rauzán.

La señora del elíxir no se atrevió á tomarlo, é hizo mal porque no le faltan al Ginseng algunas buenas propiedades.

—Como no os creo malo, señor, no puedo explicarme por qué hacíais esas cosas. Eran burlas diabólicas!

—Las hacía por dos razones: para castigar la falsía de esas personas y para rodear mi memoria ó mi nombre de una atmósfera maravillosa. Pronto se empezó á decir que yo había resucitado, y no faltaron personas que jurasen que me habían visto errar en las sombras de la noche y penetrar en los salones de la aristocracia, bajo la forma de un vampiro enorme. Otros dijeron que yo asistía á las asambleas de las brujas los sábados, que bailaba con ellas y era el amante de algunas. Se habló del *billete del muerto*, de la *serenata del muerto*, del *elíxir del muerto*....

—¿Y las dos señoras qué hicieron?

—La del elíxir, de quien yo tenía motivo para esperar algo más, se limitó á decirles á sus amigos, que siempre me había creído un *sabio de teatro*, una especie de nabad vendedor de drogas falsas.

—¿Y la otra?

—¿La de la serenata? Esa la oyó, junto con su amante, y como creyó que era él quien se la daba, se la pagó con una caricia. La aturdida no se volvió á acordar de mi oferta.

Dice la historia que Alcibíades tenía el dón de amoldarse á los usos, costumbres y maneras de los países que visitaba. Yo he avanzado un poco más : me he nacionalizado en los países donde he vivido y he sido persa con la misma facilidad que turco, inglés, tártaro, español y griego.

Calló el barón y Edda se sumió más y más en la oscuridad de sus pensamientos. A pesar de todo, había algo punzante, algo doloroso en lo que su padre le decía, y mucho de temerario en llevar una existencia como la que él había llevado.

El barón leyó lo que pasaba en el corazón de su hija y le dijo :

—No extrañéis que os diga lo que soy (lo que no he dicho á nadie) y no os espantéis al ver mi vida al resplandor lúgubre de mi aureola de muerto.... No se padece en vano de catalepsis. No se medita en vano debajo de la losa del sepulcro.... no se vuelve al mundo desde el seno de la tierra para reír como un necio ni para llorar como un niño. Lo que os he dicho hoy os ha infundido miedo.... pero creedme, hija mía, vuestro padre sólo ha aspirado á ser el mejor de los hombres. No le imputéis á él las frivolidades de nuestra especie ni toméis como verdades los errores, hijos de la pobreza de nuestra mente. Los hombres que no son verdugos son cómicos ó idiotas, y el filósofo que se reía de la humanidad andaba más acertado

que el que lloraba por élla. Los hombres
sólo descienden del mono en cuanto no
saben mas que imitarse los unos á los
otros. Yo me he entretenido en ser *original*.... he nacido para morir de convulsiones, como un perro envenenado, de
repente, en medio de un sarao, de una
plaza pública, en el parlamento ó en los
brazos de una mujer querida. Sin vos, no
tendría en el mundo sino á Man, que es
un corazón de oro, pero que es un criado.
Pero vos estáis enferma de tristeza, sois
casi una muerta.... Dicen que un rey de-
rrotado daba su reino por un caballo, para
correr, para huír. Ese rey no había perdido sino una batalla, ¿qué diremos los
que hemos perdido la batalla de la vida?
La felicidad no consiste en los goces efímeros, sino en lo que el hombre atesora
en su espíritu y en su corazón—ciencia y
afectos—para la tarde de la vida. Esa
tarde ha empezado yá para mí, y veo que
no he atesorado nada.... mi caudal se ha
extinguido con los días que han pasado.... he sido el juguete de las esperanzas y la víctima de la realidad. Esa es la
historia de la mayoría de las criaturas...
En el apogeo de la fortuna y de los años,
en la plenitud de la fuerza social y cuando parecía que iba á traspasar el nivel
vulgar de la existencia, la catalepsis me

ha alcanzado, me ha detenido, me ha humillado, me ha envilecido y me ha gritado:—"Alto ahí, orgulloso! Sois polvo, nada más que polvo!" Hé ahí vencida mi soberbia, abatidos mis propósitos; heme ahí traído por las leyes naturales al rebaño de la humaninad vulgar, del que quise huír, del que nadie puede apartarse. Soy como cualquiera otro hombre, menos que cualquiera otro hombre.... soy algo así como un rey leproso.... soy un miserable.... he reflexionado y estoy vencido. No es la espada de Dionisio la que pende sobre mi cabeza: es el rayo de Dios.·

—Señor, sed grande como siempre: no os quejéis. No quejarse es ser más grande que el dolor.

—Sí, Edda, soy fuerte.... sufro, pero no lloro. Desde que esa terrible enfermedad se manifestó en mí, mis días no tienen sol ni mis noches estrellas.... temo, á cada instante, que el paso que doy sea el último; y nada emprendo, ni hago nada, que no tenga el sello de la *desconfianza*, del *temor*, de la *duda*.... Cada hora que empieza puede ser mi última hora. Veo venir el día con tristeza y lo veo irse con miedo. Quiero detener el placer, la gloria, el encanto, la ilusión; pero mi brazo cae desfallecido; quiero levantarme coloso y caigo en tierra hecho un pigmeo!

—¿Por qué os habéis separado de Man, siendo ese hombre el único que conocía vuestra enfermedad?

—Porque deseo concluir.... Os he encontrado; pero vos no me amáis.... yo necesito de un instante de amor. Hay aún auroras en mi corazón. Con vos, pudiera amar la vida, pero os veo más desalentada que yo. Quizá tenéis razón: ¿qué haríais vos junto á un condenado á muerte? No me casé con Eva por no espirar en sus brazos, trocado en un cadáver inmundo, y no debo haceros á vos de peor condición que á ella. Hice desgraciada á vuestra madre, os he hecho desgraciada á vos.... justo es.

—No es mía la culpa: mi tristeza se justifica por sí misma.

—Mucho me contraría ese tedio, hija mía. Estáis enferma del alma.

—No inquiráis la causa de mi pena, ni creáis que mi energía y mi altivez están sojuzgadas. Por el contrario, yo lucho con valor, pero lucho por el *no*, no por el *sí*. Lo negativo no se ve ni se estima. Se cuentan los pasos del que camina y se aplaude su esfuerzo; pero no se repara en la labor del que está inmóvil. Se observa la violencia del huracán, que levanta las olas del mar y las arenas del desierto, que sumerge los buques y se lleva consigo los cedros; pero no se observa á ese mismo huracán cuando se enfrena y quiebra sus alas para dominarse.

—¿Qué queréis decir?

—Quiero decir que hay *labores negativas,* sordas, terribles; que hay inercias que matan....

—Y vos?....

—Quiero decir que hay martirios invisibles, continuó Edda exaltada; que hay sacrificios ocultos.... ay! señor, el alma que batalla en la oscuridad y en la soledad es una alma grande; pero no hablemos de eso. Mirad vuestro bello Rhin, hermoseado con las últimas caricias del sol, y dejad á esta pobre huérfana entregada á su misantropía salvaje.

IX

Mientras pasaban estos acontecimientos, si pueden ser llamados de ese modo, Túsculo continuaba siendo un lugar de incontinencia. Habían llegado á los oídos de Lais rumores de que el barón llevaba una vida de boato y de ruido, en compañía de una joven de-incomparable hermosura y de incomparables caprichos; quienes, después de haber sido allí la fábula universal, se habían marchado para el Bajo Rhin, con ánimo de visitar sus orillas antes de encaminarse hacia Francia. El viaje del barón á ese país, según esos mismos rumores, tenía por objeto que la beldad desconocida, á quien le daban el nombre de *la irlandesa* á falta de otro, probase el clima de Niza, una vez que los baños de Wisbaden no habían aprovechado á su salud. Decían otros que la compañera del barón no era sino una circasiana, que él había comprado en un bazar oriental.

Paquito y la casada anónima eran los que llevaban á Túsculo estas noticias, deseoso el primero de mostrarse instruído de lo que pasaba en todas partes; y con ánimo, la segunda, de exasperar el carácter impetuoso de su amiga, para acabar de perderla.

Mas, ¿por qué procedía de ese modo aquella señora? Procedía así por dos razones: primera, porque, acusada de ciertas faltas, le gustaba que esas faltas se hiciesen lo más generales que fuera posible; y segunda, por vengarse de Lais, á quien no podía perdonarle que se hubiera casado con el caballero de Rauzan. Cuando el escándalo de la velada literaria, exclamó como si fuera una culebra la que hablara:—"Al fin la he mordido!"

La irritación de Lais crecía por momentos, parte por los decires relativos al ba-

rón, con los cuales se creía humillada;
parte por el desprecio en que había caído.
Dos ó tres veces había mandado llamar
al doctor Remusat y éste no había ido á
verla ni se había excusado. Mortimer le
hacía una guerra sangrienta y Hércules,
que solía visitarla de cuando en cuando,
entraba en su casa como entraba en el
cuartel y se tomaba allí unas libertades
muy propias de su grosería.

Lais vivía, en consecuencia, de muy
mal humor, muy aislada, muy mortificada. Sentía que el vacío la rodeaba, y cada
paso que daba, eu cualquiera dirección
que fuese, era un semillero de desagrados.
Empero, en lugar de detenerse y reflexionar, se aturdía más. Acusaba al barón de
haberla obligado á llevar una vida odiosa
y tal vez culpada; pero es lo cierto que
no hacía nada para ponerle término á esa
vida, ni para declinar esa culpabilidad.
El despecho la tenía embargada.

Una noche, cerca de la una, sintió Man
que alguien entraba furtivamente en Túsculo, y se puso en acecho. En efecto, un
hombre que había ganado el jardín, pasó
de prisa por delante de las habitaciones
de los criados, y avanzando de árbol en
árbol, detrás de cuyos troncos se ocultaba
por instantes, llegó hasta el ángulo en donde estaban los aposentos de la baronesa.

Esta, que sin duda aguardaba al noctur
no visitante, cerró la celosía junto á la
cual se hallaba colocada y bajó al jardín,
envuelta en un albornoz de cachemira.

Lais estaba pálida, febricitante, despei-
nada y casi sin vestir. Se conocía que se
había acostado y que había vuelto á levantarse. Quizá sus ideas estaban tan
desordenadas como su traje. Al acercarse
á ella el visitante, le dijo:

—Me habéis hecho esperar más de dos
horas.

—He llegado á Túsculo desde las once,
pero los criados no se han retirado á sus
habitaciones sino hasta hace poco.

—¿Habéis aguardado?

—Sí, porque los criados son ojos y son
lenguas.

—Bien, subid.

—No, quedémonos aquí. Siempre es peligroso en estos casos encerrarse úno mismo. Aquí podemos hablar con más tranquilidad y ver lo que pase á nuestro alrededor. ¿Por qué me hacéis venir á Túsculo
de este modo y qué temores son esos de
que estáis poseída, según me decís en
vuestra carta?

—El barón está para llegar.

—Bien; viene á su casa y á donde su
esposa.

—Sí, pero yo no estoy en capacidad de
recibirlo.

—Pues poneos eñ capacidad de hacerlo.

—Sois estúpido, Hércules.

—Pues si soy estúpido, ¿ para qué consultáis conmigo vuestros asuntos ?

—Porque esos asuntos son también vuestros.

—No me parece.

—¿ Lo negáis ?

—Digo que no estoy seguro.

—Me insultáis !

Oyóse en aquel momento un ruido extraño, y la luna, que extendía uno de sus rayos sobre los dos interlocutores, dejó ver á un hombre que, amartillando una pistola y apuntando con élla al Capitán, le dijo :

—Salid !

Lais reconoció á Man y se desmayó.

—¿ Quién sois ? preguntó Hércules.

—Ahora soy el barón de Rauzan.

—Vos ? un lacayo ?

—Un lacayo, que os va á levantar la tapa de los sesos, en representación de su señor ultrajado.

—Miserable !

Man era hombre de pocas palabras, y respondió á aquel apóstrofe con un pistoletazo.

La bala rompió el hombro derecho del Capitán, quien vaciló pero no cayó.

—Salid ! volvió á decir Man, aún me

queda una bala en el otro cañón de la pistola, y aunque no quiero mataros, sí quiero baldaros dos veces.

Hércules tomó el camino que llevaba á la puerta de la quinta, la que había dejado abierta por precaución, y salió de ella echado á puntapiés como un mastín dañino.

Man volvió al lado de su señora. Esta, que había recobrado yá el sentido, se postró á los pies de su criado y imploró misericordia. Man había oído todo lo que élla le había dicho al Capitán.

. Así suelen ser las cosas de este mundo incomprensible! La mujer que creía que era deshonor acceder á las justas exigencias de su esposo, suplicaba ahora á las plantas de su fámulo.

—No le diréis nada.... ¿ es verdad que no le diréis nada á *él*, ni á nadie ? Man, disponed de mi vida, de mis joyas, de mi gratitud !.... seré vuestra esclava.... cuánto oprobio! cuánto ridículo! Maldición !

Man pensó que no tenía nada que hacer allí y se fué sin responder á su señora. Esta lo siguió por algún trecho, andando de rodillas y exclamando : *piedad ! piedad !*

Man era un corazón honrado y una mano de acero.

Al día siguiente, á la hora oportuna, Man se dirigió a una inspección de policía y declaró que había sido asaltada la quinta de Túsculo por unos ladrones, y que él, para defender las propiedades de sus amos y el honor de su señora, había hecho fuego sobre uno de ellos, quien debía estar herido porque había manchas de sangre en el jardín. El sumario iniciado por Man se quedó en ese estado, porque no se pudo averiguar más sobre el asunto.

Lais cayó enferma de gravedad y gracias á los buenos oficios de Paquito, el doctor Remusat vino á visitarla; pero no dió receta ni prescribió ningún tratamiento. No, y en cierto momento se puso de pie bruscamente y le dijo á la enferma: —Lo que me proponéis es imposible. Habéis pecado, señora, y el cielo os castiga.

Dicho esto, el doctor se retiró. Cuando pisaba éste las últimas gradas de la escalera, Lais llevó á sus labios un frasquito lleno de un licor rojo—oscuro, que parecía sangre, y lo apuró. Luégo dijo:—"Prefiero la muerte á la humillación.... además, el barón es el responsable, porque no se ha estado á mi lado para defenderme...."

Lais terminó, pues, siendo asesina y suicida. Su vaticinio se había cumplido:

oo había matado por el señor de Rauzan. Este se había colocado entre dos tumbas: la de Eva y la de Lais.

En aquel momento Hércules se quejaba de su herida y se decía:—" Reniego de las cortesanas: si úno fuera débil, lo meterían en mil embrollos.... es muy singular lo que me ha dicho aquella señora al cabo de las mil y quinientas."

Todos los días tiene lugar en la vida este mismo drama. Las mujeres, en un instante de aturdimiento, de cólera ó de ociosidad, se dejan morder de la serpiente. Esta huye luégo y va á dormir tranquila en la maleza, y ellas espiran en la tortura del dolor y de los remordimientos. Hay algo muy cruel en esta desigualdad de los sexos, pero esta crueldad no alcanza á las que saben llenar sus deberes. Esta ciencia la da la virtud orgánica y la virtud moral.

La muerte de Lais fué rápida é inconciente, aunque murió faltando á todas las conveniencias divinas y humanas. Al no haber sido así, el alma de Eva, que era yá un ángel en el paraíso, habría venido á buscar á su amiga á los términos del mundo.

La *imaginación,* cuando hace las veces del talento; la *terquedad,* cuando hace el papel de un firme carácter, y la *vanidad,*

cuando se sobrepone á la dignidad verdadera, dan resultados desastrosos. El señor
de San Luz tenía razón cuando decía:
" Debe preferirse que las gentes llenen
en el mundo su misión vulgar—que es la
natural—á que se levanten, en alas de la
soberbia ó de la fortuna, á eminencias
donde no pueden sostenerse. Las olas que
se alzan sobre su nivel común, se rompen
y despedazan con más furia. ¿ Qué títulos
tenía Lais para querer dominar á su marido? El la había hecho su igual, ¿ por
qué quería ella hacerse superior á él y
exhibirlo ridículamente? El matrimonio
no es un combate sino una alianza.

X

Cuando el caballero de Rauzan volvió
á la ciudad de *** era viudo por segunda
vez. El doctor Remusat fué el primero en
ir á presentarle sus respetos, y al verlo
con un libro en la mano, le preguntó qué
leía.

—He dejado á Voltaire y á Beaumar-
chais, le dijo el caballero, y leo á Francisco de Sales. En la vida hay días de luz y
días de tinieblas, y tiempos de reír y
tiempos de llorar.

—¿ Vos lloráis acaso?

—Hago algo mejor: medito. Me alzo,

por decirlo así, sobre mí mismo y domino el horizonte de mi vida, hoy todo él cubierto de sombras. Vos, doctor, habéis estudiado los dolores físicos de la humanidad y yo sus miserias morales. ¿Cuál es el resultado? Que vos os aproximáis á la tumba cubierto de canas y con paso tranquilo, porque, si no esperáis nada, tampoco teméis nada; y yo, joven todavía, voy también hacia élla, pero con el alma llena de confusiones.

—No es extraño: yo he lidiado la materia y vos el espíritu de las gentes. En la materia hay enfermedades....

—En lo otro hay misterios y horrores. La lepra física tiene antídotos; la lepra moral casi no tiene ninguno. Aunque los hombres no somos sino barro y vanidad, ¡qué caverna tan oscura es nuestra alma .... cuántos monstruos la habitan! He vivido diez siglos en veinte años, y aunque tengo salud, dinero, fuerzas, instrucción, talento y fortuna para vivir otros veinte, me alejo del mundo antes de que él se aleje de mí, y voy á sentarme en mi hogar á esperar la muerte. Viviré del pasado, como viven los obreros de sus ahorros. Cada día que pase arrancará una hoja del libro de mi existencia.... llegará un momento en que esa hoja será la última. Entonces, doctor, nada habrá

˙quedado en la tierra de esta *organización privilegiada*, como vos la llamáis, que alcanzó todo, menos lo que ansiaba de veras.... eso *único*, que tuve siempre delante de mis ojos, pero que se disipó siempre como una nube del cielo de los sueños.... Eso era lo que yo amaba, eso lo que buscaba. No lo conseguí, y tuve que envidiar á los estúpidos y á los malos, á quienes coronan en todas partes la fortuna y la gloria. Prometeo es una creación pagana y por lo mismo material. Sentir en las entrañas el pico acerado de un buitre no es mayor tormento, si el alma, que se percibe divina, no se percibe también roída!

Después de un corto silencio, el barón añadió:

—Aunque prematuramente, he entrado en el frío círculo de la vejez, y deseo acabar cuanto antes. La decrepitud es peor que la muerte. Esta destruye de un golpe, con generosidad, aquélla atormenta con encono. El beso de la muerte hiela, pero respeta; las injurias del tiempo ultrajan y envilecen. He dejado de vivir y voy á vegetar. De hoy en adelante seré el *hombre-animal*, el *hombre-planta*, como todos los que viven del rodaje de sus órganos y no de su espíritu, ni de la elevación de sus sentimientos.

—¿Os agobia algún dolor reciente?....
la pérdida de vuestra esposa....

—No: una mala esposa es un mal so-
cio, y Lais ha caído hiriéndose ella sola.
Afortunadamente no teníamos hijos.

—¿Lo sabéis todo?

—Lo sé, por Man.

—¿Si viviera la perdonaríais?

—Como se perdona al que se desprecia.
No es un desengaño el que me impulsa:
es una esperanza agostada. Cuando me
casé con Lais, no creí que ésta levantase
un templo á la *fidelidad*, pero ha ido más
lejos: se lo ha levantado al crimen y al
escándalo.

El barón había recibido aquella mañana un papel en que estaban escritas unas
palabras, y se lo dió al doctor. Este leyó
lo que sigue: "He pronunciado los votos
solemnes y me he vestido el cilicio. Es
inútil que preguntéis por mí, porque he
muerto para vos. Seco la tinta de estas líneas con las cenizas de mi madre. EDDA."

Al devolverle el doctor el papel al barón, le dijo:

—Vuestra historia es muy interesante.

—No: es como la de todo el mundo,
zozobras primero, *esperanzas* después y
realidades incompletas por último. La vida
del hombre es como el océano, que no
conserva nada de lo que altera su super-

ficie. Cada día es una ola, que borra la ola anterior. Discrepamos en nombres propios y en fechas, en nuestra ración de *placer* y *dolor;* pero en conjunto somos el mismo polvo.... los seres más felices son quizá los más estúpidos y los desheredados por completo. No hay un símbolo absoluto de la felicidad, y los medios parciales de ésta, cuanto más vigorosos son, tanto más hacen resaltar nuestros defectos y miserias. El *oro* en unos, el *talento* en otros, la *belleza,* la *sabiduría* y hasta la *fortuna* en muchos, son crueles ironías. Yo tengo todo lo que envidian los hombres, todo, pero muero pidiéndole á mi hija una sonrisa, una mirada de amor filial. Edda huye de mí y casi me arroja á la cara los huesos de su madre!

También había escrito Edda la siguiente carta al hermano Miguel:

"Padre mío. Al fin está decidida mi suerte: he pronunciado los votos eternos. No soy feliz, pero quiero estar tranquila. El mundo no tiene yá para mí ningún problema, ni llegará yá hasta mí ninguna de sus agitaciones.... Mi destino estaba fijado desde que el mar me arrojó á una isla salvaje y me dió por padre un enano y por familia un perro y un rebaño. Me alcé contra mi suerte y volví al mundo.... mi suerte me ha vencido y castigado....

" Como soy joven y como pudiera encontrar el tesoro de Erico, buscándolo con más cuidado, me pongo á pensar si hallaría la felicidad lanzándome al torbellino de la vida con tales elementos, y decido que no. Hay un frío en mi alma que no puede destruirse,' y hay en mi corazón un fuego que no puede apagarse. En medio de las grandezas sociales, me asemejaría á una momia egipcia, envuelta en brocados y cubierta de perlas. No puede el oro colmar mi existencia. Un trono no me daría lo que necesito ; y fuera de lo que necesito—la *tranquilidad* absoluta, el *olvido* absoluto—lo demás es humo para mí.

" He buscado el claustro sin vocación, y he entrado en él como en una cueva : para ocultarme, para huir, para llorar en la oscuridad.... el claustro es un refugio contra mí misma.

" No puedo teneros á mi lado, pero mi pensamiento estará siempre con vos, hermano Julián ! No me olvidéis en vuestras oraciones, que bien las necesito ; y decidle todos los días al Padre celestial que tenga piedad de la *huérfana*. Al huir del mundo, hago de mi inocencia el objeto de mi vida.... Siempre que os acordéis de mí, pedid por una *alma turbada*. Hay dentro de mí un universo de aflicciones.

Comprendo lo que son los deberes del mundo, que otros llaman *cadenas*, y me someto á ellos, auxiliada de la luz de la religión, porque sin esta luz, las cosas de la vida moral no tendrían para mí forma ni colores. Pero ¡ay, padre mío! cuántas dudas me quedan! Dios ha criado la tierra y ha puesto entre élla y nosotros ese muro misterioso y terrible que llaman la MUERTE. No quiero penetrar con mi vista más allá de él; pero mi pensamiento, á pesar mío, como ave de empuje fortísimo, se huye de mí y se pierde en los espacios desconocidos de lo ideal. Con todo, dejando á los santos en la posesión del paraíso eterno, decidme, padre mío, ¿qué son esos ensueños que nos arroban y nos muestran lontananzas soberbias, acá, en el mismo estrecho horizonte de nuestra vida pasajera? Os hablo de los ideales del mundo, de las auroras de las almas iluminadas por la esperanza. ¿Cuáles son sus causas? ¿cuáles son sus fines? ¿Por qué se sueña en la hermosura y se despierta en la fealdad? ¿Quién pone en nuestro corazón los afectos, y quién nos los quita con las garras enfurecidas de la conciencia? ¿Me diréis que la *casualidad*, que las *circunstancias*, y que, en ocasiones, también la *naturaleza?* Muy bien, padre mío! Muy bien! Mas, ¿quién ó qué es esa naturaleza, que no sabe obrar desde el primer momento? que oculta su ley y luégo la impone, más como verdugo que como juez?

"Empero, no me acuséis de rebeldía: raciocino, pero cedo. Me entrego, pero no soy autómata. Respeto lo que la ley moral y el mundo me mandan respetar, y temblaría de no hacerlo; pero mi cabeza está llena de sombras. Si fuera hombre, me suicidaría. Pobre de mí! soy una loca, nada más, nada menos que una loca.

. . . .

"Ayer suspendí esta carta, y hoy la continúo. He reflexionado y me he entregado á Dios; me he entregado completamente. La oración me sirve para hablar con él.... el cilicio reduce mi sér á sus términos mortales. Diréis que estoy aún muy lejos de la virtud. Es cierto; pero estad seguro de que sabré seguirla y podré alcanzarla. El claustro es una tumba, y el que está en él nada puede, aunque sea un cíclope y quiera romperlo, haciendo un martillo de su cráneo. No intentaré eso, ni eso tendría objeto. El sayal mata las pasiones, la disciplina embota la memoria y la soledad encamina el alma hacia el Creador. Mañana seré una ceniza, y nadie podrá descubrir si esa ceniza, cuan-

do estaba organizada, era una Santa Te-
resa ó una Mesalina.... En cambio, yo
estaré al lado de mi madre y seré lo que
élla en el seno de la eternidad."

XI

¿Qué diremos de los otros personajes
de esta historia ?

Poco; nada, en una palabra.

De ninguno de ellos, la vida estaba
constituída en excepción. Los seres huma-
nos son como las hojas de un árbol. Toma-
das en conjunto, por su forma, por su
color, por la savia de que están llenas, por
su adherencia á las ramas y al tronco, for-
man un sér. Separadamente no son nada,
ni valen nada. Son átomos, no cuerpos.

Así es el árbol de la humanidad, por
lozano que crezca y se muestre en todos
los climas del mundo. Sólo lucen en él
las flores y los frutos; pero por cada uno
de éstos hay cien mil hojas, que nacen,
crecen y se secan en una esterilidad intrínseca completa. Necesarias para el
todo, son inútiles para sí mismas.

Mortimer continuó siendo frívolo. Primero fué un joven insustancial y luégo
un viejo insustancial. Cuando terminó sus
días, condujeron sus restos al cementerio
media docena de solterones descreídos y

aburridos.... algo lustrosos, como la ropa
de paño viejo que se acepilla mucho, pero
no más.

De un modo semejante acabaron Cortés
y Paquito. El primero fué reservado hasta
su último instante. Dejó de frecuentar la
sociedad, de mostrarse al público y luégo
no se volvió á saber de él. Filósofo ó misántropo, murió en alguna aldea retirada
ó en algún país distante; murió á escondidas. Paquito alcanzó muchos años, siempre
limpio y siempre entrometido. Murió en
su puesto, y su muerte fué lo que en el
gran mundo se llama *una novedad*. Las
gentes exclamaron:—"Ha muerto Paquito! Pobre Paquito!" y fueron á su
entierro como se va á cualquiera parte:
hablando de todo, menos del difunto,
riendo y charlando como en un paseo. Los
periódicos sólo dijeron: " El .estimable
don Francisco Sota Gutiérrez y Alba ha
pasado á mejor vida."

Don Rodrigo de Navas vivió largo
tiempo estimado de todos y siendo el modelo del hombre *cumplido*, del caballero
sin reproche. Si no estamos mal informa-
dos, alcanzó la cruz de la orden sin par
del *Fénix*.

El capitán Hércules perdió el brazo que
le hirió Man, y como no abandonó la
carrera de las armas, en su vejez; se le

llamaba el *león del ejército*. Se le conce-
dió una fuerte pensión del tesoro, y era
tenido por artículo de fe, que había sido
mutilado peleando bravamente contra los
enemigos de la patria. Unos decían que
en Lepanto y otros que en las Navas de
Tolosa. Era una *reliquia* sagrada.

De la señora casada nada nuevo tenemos que decir.

La tumba de Eva, durante mucho tiempo, fué un ramillete de flores, humedecido
con las lágrimas de los crepúsculos. Bien
estaban sus cenizas entre ese cerco de
colores y perfumes, que refrescaban las
brisas de la tarde y que las aves de la
mañana venían á saludar con sus cantos.
Muchas de ellas incubaban en sus rosa-
les. En medio de la muerte, todo anun-
ciaba en ella vida, alegría y algo que, á
falta de otra frase para expresarlo, llamaremos la *pompa del sentimiento*, que tánto
comprenden los que aman y los que creen.

Junto de ella fueron sepultados los restos de Lais, en una tumba de mármol y
hierro, fría y dura como el carácter de
esa infortunada.

El señor de Rauzan mandó grabar en
letras de oro el nombre de su esposa y la
fecha de la muerte de ésta; pero nunca le envió una corona ni fué á visitar
el soberbio túmulo. Solía, sí, suspirar,

pero en sus suspiros iba envuelto el nombre de *Sulima*. Era á ésta á quien había
amado, y sus recuerdos eran para ésta
sola.... El corazón puede ser el libro
de muchas historias, pero lo único que
hay inmortal en él es el poema del primer
amor.

FIN.

LaVergne, TN USA
06 January 2011
211323LV00003B/23/P